MacBook

Corentin Orsini

Micro Application

Copyright © 2009 Micro Application
20-22, rue des Petits-Hôtels
75010 Paris

Édition Octobre 2009

Auteur(s) Corentin ORSINI

ISBN : 978-2-300-021510

MICRO APPLICATION
20,22 rue des Petits-Hôtels
75010 PARIS
Tél : 01 53 34 20 20
Fax : 01 53 34 20 00
http://www.microapp.com

SUPPORT TECHNIQUE :
Également disponible sur
www.microapp.com

Retrouvez des informations sur cet ouvrage !
Rendez-vous sur le site Internet de Micro Application www.microapp.com. Dans le module de recherche, sur la page d'accueil du site, entrez la référence à 4 chiffres indiquée sur le présent livre. Vous accédez directement à sa fiche produit.

1

Premiers contacts avec votre portable

Vous venez d'acheter un Mac portable et vous avez eu raison : pensez un peu à toutes les utilisations rendues possibles par un tel objet ! Aujourd'hui, il est devenu facile de se connecter à Internet depuis le pont d'un bateau, la terrasse d'un restaurant ou même le wagon d'un TGV. De plus, les Mac portables sont les champions de l'autonomie : ils atteignent 7 heures, ce qui vous permet de travailler, jouer ou naviguer sur le Web pendant toute la durée d'un Paris - Nice en train et même presque celle d'un Paris - New-York en avion !

Vous avez donc devant vous une petite boîte blanche sur laquelle vous pouvez lire MacBook, MacBook Air, ou MacBook Pro ! Notez que cette boîte peut se révéler pratique pour transporter votre Mac portable avec tous ses câbles et en sécurité. À conserver éventuellement, donc. Ouvrez votre boîte. Comme vous allez le voir, Apple a pensé l'étape du déballage et l'a particulièrement soignée. Suivez le guide !

DÉBALLAGE ET BRANCHEMENTS DU PORTABLE

Une fois la boîte en carton ouverte, tirez sur la languette noire pour faire venir le Mac portable à vous. Prenez-le et posez-le à côté de la boîte. Vous pouvez maintenant enlever le socle de plastique noir et vous saisir des câbles rangés dans un compartiment, en dessous. Il ne reste plus dans la boîte que la garantie et les DVD de restauration du système.

Deux pièces s'imbriquent pour former un gros carré blanc : branchez-les ensemble. Puis raccordez la plus petite extrémité du câble à votre portable : il s'agit de la dernière prise du côté gauche. Elle est aimantée et le câble se branche donc parfaitement de lui-même lorsque vous l'approchez. C'est un brevet déposé par Apple, sous le nom de MagSafe et c'est assez malin : imaginez que vous vous preniez les pieds dans ce câble alors que votre Mac est posé sur une table. Eh bien, le fil va instantanément se débrancher, au lieu d'entraîner le Mac par terre, comme ce serait le cas avec une prise classique. Il fallait y penser ! Pour débrancher manuellement le MagSafe, inclinez-le vers le haut, le bas, la gauche ou la droite, plutôt que de tirer dessus : cela augmente sa durée de vie. Raccordez ensuite l'autre extrémité à une prise de courant.

Sur la tranche de votre portable se trouvent différents ports, qui servent à brancher des périphériques, autrement dit des appareils qui fonctionneront avec le Mac. Immédiatement à droite du MagSafe, c'est le port FireWire 800, au taux de transfert très élevé, qui peut servir à brancher un Caméscope ou un disque dur externe. À droite, vous avez le connecteur Mini DisplayPort, pour brancher un écran externe (voir le chapitre *Boostez votre Mac portable*). Ensuite, vous voyez deux ports USB, sur lesquels brancher n'importe quel périphérique usuel comme une imprimante. Encore à droite, il y a un lecteur de carte SD (pour les possesseurs de MacBook Pro 13 et 15 pouces), pour transférer rapidement vos photos, puis une entrée et une sortie audio, pour brancher un micro et des écouteurs !

La tranche du MacBook Pro

Il est temps d'ouvrir votre Mac portable lui-même, en le dépliant. Là encore, il y a un aimant, pour éviter que votre Mac ne s'ouvre tout seul. Une fois qu'il est déplié, vous pouvez l'allumer en appuyant sur le petit bouton discret, en haut à droite du clavier.

VOTRE PREMIER DÉMARRAGE

C'est ici que les choses sérieuses commencent. Ce qui suit concerne uniquement votre tout premier démarrage : c'est l'installation du système (Mac OS X) une fois pour toutes. Vous n'aurez plus à faire cela avant votre prochain Mac !

En fait, il s'agit de suivre les instructions données par votre nouveau Mac. Entrez les informations qu'il vous demande au fur et à mesure. Mais ne vous inquiétez pas : si vous sautez une ou plusieurs étapes, ce n'est pas grave ! Il vous suffira de procéder à quelques réglages par la suite, tous décrits dans ce livre.

Certaines étapes correspondent en fait aux applications livrées par Apple avec tous ses Mac, comme Mail, la boîte aux lettres électroniques. C'est donc simplement pour configurer Mail que votre Mac vous demande votre adresse électronique par exemple.

Mac World

Des publicités originales

Peut-être avez-vous été influencé, dans votre décision d'acheter un Mac, par l'une de ces désormais fameuses publicités destinées aux switchers, ces utilisateurs qui passent du PC au Mac. Il s'agit de petits spots vidéo diffusés sur le Web et à la télévision, dans lesquels le Mac est incarné par un jeune plutôt cool et le PC, par un homme plus vieux, plus enrobé et assez gauche. Ce dernier est toujours tourné en ridicule parce qu'il pense pouvoir effectuer une tâche que, finalement, le Mac effectuera bien mieux et bien plus vite que lui. Très percutantes, ces pubs ont connu un vif succès sur le Web.

UN ENVIRONNEMENT ESTHÉTIQUE

Une fois le système installé, votre Mac est prêt à être utilisé. Un petit tour du propriétaire s'impose, car vous pourriez être un peu dérouté au début.

Le Bureau

Le Bureau, c'est tout cet espace « vide » que vous avez devant vous après le démarrage du Mac. Enfin, pas tout à fait vide, puisque vous pouvez y admirer une magnifique photo d'aurore boréale ! Souvent, on y place une photo que l'on aime bien (nous verrons comment faire dans quelques pages). En haut à droite du Bureau se trouve le disque dur et en bas ce qu'on appelle le Dock, que nous allons étudier juste après.

Le Bureau porte bien son nom : il peut accueillir des piles désordonnées de dossiers et de fichiers, ou au contraire être impeccablement rangé, exactement comme dans la réalité ! C'est tout simplement ici qu'apparaîtront les clés USB et les disques durs externes que vous brancherez sur votre Mac, ainsi que les dossiers, mais dotés d'une icône particulière bien reconnaissable, tout comme celles des DVD que vous lirez sur le Mac, qui s'afficheront aussi sur le Bureau.

Si le disque dur est un peu comme votre maison, le Bureau en est le jardin ! C'est chez vous, mais ce n'est pas là que vous rangez vos affaires, bien que ce soit tout à fait possible !

Un Bureau de Mac affichant une clé USB et un CD-Rom

Le Dock

Le Dock, c'est cette barre horizontale grisée en bas de votre écran, sur laquelle des icônes sont alignées. Ce ne sont pas les « vraies » applications, mais des images qui vous permettent d'y accéder plus rapidement, en un clic ! Les vraies applications sont, comme nous le verrons un peu plus loin, dans le disque dur.

Le Dock tel qu'il est au premier démarrage

C'est vous qui organiserez cette barre, ce Dock, comme vous le voudrez. Vous pourrez y placer des applications et des documents que vous utilisez très souvent, pour pouvoir y accéder rapidement. Il est possible également d'enlever presque toutes les icônes qui y sont placées par défaut si vous n'en avez pas besoin. Pour cela, il vous suffira de cliquer sur l'icône dont vous voulez vous débarrasser, de maintenir le clic enfoncé et de glisser l'icône au-dessus du Dock, sur le Bureau ! Cela n'effacera pas l'application à proprement parler, qui est stockée sur votre disque dur, mais seulement son alias (son raccourci) qui se trouvait là pour des raisons pratiques. Vous pourrez l'y replacer quand bon vous semblera, simplement en glissant l'icône originale depuis votre disque dur vers le Dock ! Mais tout cela vous semblera plus clair un peu plus loin.

Retirez du Dock les raccourcis dont vous ne vous servez pas

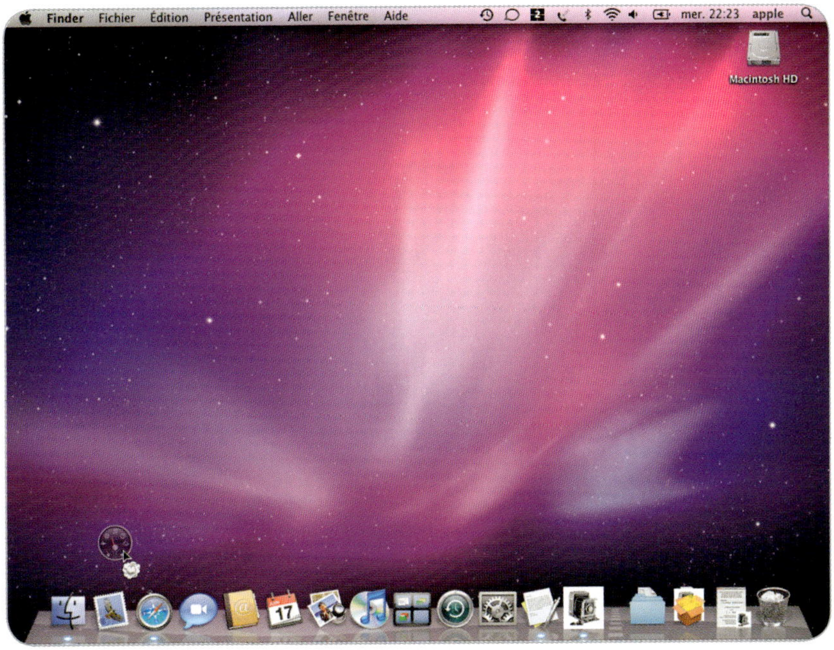

À l'extrême gauche du Dock se trouve une icône bleue représentant un visage : c'est l'icône qui se réfère au système Mac OS X que vous avez devant les yeux ; vous pouvez d'ailleurs remarquer la petite loupiote en dessous qui signifie que le système est en marche. Cette petite loupiote apparaît sous chaque icône, dès lors que l'application en question est ouverte. Par exemple, lorsque vous lancez Safari pour naviguer sur Internet, vous remarquerez qu'une petite loupiote s'allume sous son icône dans le Dock.

À l'extrême droite du Dock se trouve la Corbeille. C'est là que vous devez glisser un fichier ou un dossier que vous souhaitez effacer. Vous pouvez toujours le récupérer tant que vous n'avez pas vidé la Corbeille. Cependant, après l'avoir vidée, il n'y aura plus rien à faire (à moins de faire appel à un logiciel ou une société spécialisée…). Pour vider la Corbeille et ainsi libérer de l'espace sur votre disque dur, vous pouvez au choix faire un :

Pour vider rapidement la Corbeille

— Clic droit sur la Corbeille (Ctrl + clic pour l'instant), puis choisir **Vider la corbeille** dans le menu contextuel qui apparaît.

— Clic gauche sur le menu **Finder** en haut à gauche, puis sélectionner **Vider la corbeille**.

Le Dock sert aussi parfois à réduire, donc à masquer temporairement, certaines fenêtres encombrantes. Vous voyez le bouton orange avec un trait horizontal, en haut à gauche de chacune de vos fenêtres ? Eh bien, si vous cliquez dessus, la fenêtre va se nicher dans le Dock, comme aspirée vers le bas. Vous la ferez réapparaître en cliquant sur sa miniature, dans le Dock. Essayez !

Les menus

Le Mac affiche en permanence ce qu'on appelle une barre de menus, tout en haut de votre écran. Il s'agit de listes contenant des actions, dont voici l'aperçu :

Le fameux menu Pomme

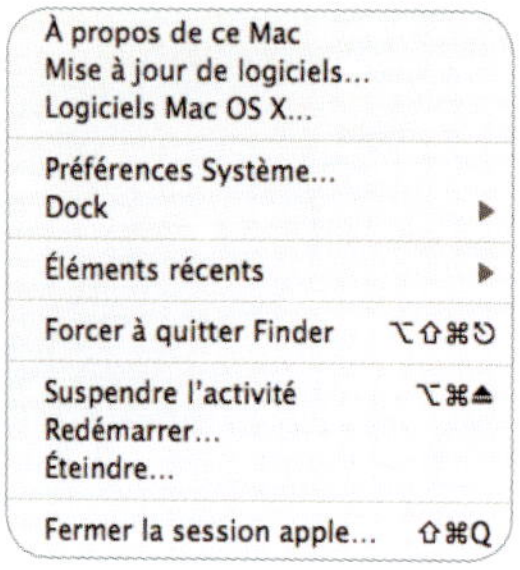

Le premier menu est toujours le menu **Pomme** (), représenté par le dessin d'une pomme croquée, logo d'Apple depuis toujours. Vous y trouverez, outre quelques raccourcis et infos, cinq actions utiles : **Forcer à quitter** au cas où une application serait bloquée, **Suspendre l'activité** pour mettre votre Mac en veille, **Redémarrer**, **Éteindre** et **Fermer la session** si vous avez créé plusieurs sessions pour différents utilisateurs.

*Toutes ces fonctions sont détaillées à la fin de ce livre, dans le chapitre **Extinctions et débogage**.*

Le deuxième menu est toujours dévolu à l'application dans laquelle vous vous trouvez et porte d'ailleurs son nom. Ainsi, au démarrage, c'est **Finder** qui est affiché, un mot qui se rapporte au système Mac OS X en entier. Si vous démarrez une application, son nom apparaîtra ici. Les deux principales utilités de ce menu sont en général **Préférences**, pour régler les façons d'utiliser l'application en question, et **Quitter**, pour arrêter cette application.

- Le troisième menu, **Fichier**, permet principalement de créer de nouveaux dossiers lorsque vous êtes dans le système, ou de nouveaux documents lorsque vous êtes dans une application, ou bien encore de sauvegarder vos fichiers lorsqu'ils sont ouverts et ont été modifiés. Mais nous verrons tout cela plus en détail pour chaque application dans les chapitres thématiques de cet ouvrage.

- Le quatrième menu, **Édition**, que vous retrouverez lui aussi partout, du système aux applications, permet principalement d'utiliser le **Copier-coller** ainsi que l'action **Annuler**.

- Ensuite, le menu **Présentation** vous servira à configurer l'affichage de votre système, nous y reviendrons en détail au prochain chapitre.

- Le menu **Aller** propose des raccourcis vers certains dossiers importants du Mac, comme *Applications* ou *Utilitaires*.

- Le menu **Fenêtre** vous permet de basculer d'une fenêtre à l'autre, au sein d'une même application : par exemple entre deux documents Word.

- Enfin, le menu **Aide** propose, comme son nom l'indique, un glossaire d'aide pour votre Mac.

- À droite de la barre de menus, vous trouverez un menu représentant trois petites croix au-dessus d'un signe composé de deux triangles, ressemblant un peu à un nœud papillon à la verticale : il s'agit du menu **Bluetooth**, cette liaison sans fil qui permet de connecter votre Mac à une souris, un téléphone portable ou un autre Mac - voir à ce propos le chapitre *Configurez et utilisez votre Mac portable*. Via ce menu, vous pouvez activer ou désactiver cette liaison et configurer un appareil sans fil.

- Immédiatement à droite de ce menu se trouve le menu **Airport**, en forme d'éventail : Airport est le nom donné par Apple à ce que vous connaissez peut-être sous le nom de Wifi. Comme pour le Bluetooth, ici, vous pouvez activer et désactiver cette liaison.

Le menu Airport

- En continuant vers la droite, vous avez le menu du volume sonore, puis, immédiatement à droite, celui de la batterie. En le déroulant, vous pourrez savoir en un clin d'œil quelle est la source d'alimentation utilisée alors (batterie ou secteur), mais aussi le temps qui reste pour la batterie, le cas échéant. Vous pourrez également ouvrir les préférences **Économiseur d'énergie**, dont nous parlerons au chapitre *Configurez et utilisez votre Mac portable*.

En continuant vers la droite, vous avez le menu du volume, puis celui du clavier, ensuite l'heure et la date, et enfin une loupe (Spotlight) qui vous permet de rechercher un terme dans un nom de fichier sur votre ordinateur et dans le fichier lui-même ! Par exemple, si vous tapez le mot `Vacances` dans le champ de texte de cette petite loupe et si ce mot apparaît dans un texte stocké sur votre Mac, dont le fichier s'appelle, disons, *Textes divers*, Spotlight est capable de vous désigner ce fichier comme contenant le mot « Vacances » ! N'hésitez pas à employer Spotlight pour chercher n'importe quel terme, n'importe où sur votre Mac. Les résultats peuvent ensuite être consultés facilement en cliquant sur **Tout afficher**, et même filtrés efficacement grâce aux petits boutons situés au-dessus de la liste de résultats.

Spotlight, pour une recherche efficace

Le disque dur

Le disque dur, c'est un peu votre maison virtuelle. C'est à l'intérieur du disque dur que vous allez placer toutes vos données, installer vos applications, télécharger vos fichiers depuis Internet, etc.

En fait, le disque dur fonctionne exactement comme n'importe quel dossier, mais il est « posé » sur le Bureau, en haut à droite, et il est reconnaissable à son look… de disque dur ! En effet,

« disque dur » désigne également le support de stockage physique, le vrai, celui qui est en métal et qui est enfermé sous le clavier de votre portable ! Pour l'ouvrir (virtuellement), cliquez deux fois dessus (on appelle cela un double-clic).

La fenêtre qui s'affiche comporte deux parties : une partie principale à droite, et une colonne à gauche, présentant des accès rapides aux dossiers importants (le dossier *Utilisateur*, qui porte le nom de votre session et qui est représenté par une petite maison, le Bureau, le dossier *Applications* et le dossier *Documents*). Vous pouvez y ajouter des dossiers que vous avez souvent besoin d'ouvrir.

Le contenu du disque dur

— Le dossier *Utilisateur*, qui porte le nom de votre session (celui que vous avez entré lors du premier démarrage du Mac) et qui est symbolisé par une petite maison, contient plusieurs dossiers aux intitulés multimédias : *Séquences*, *Musique*, *Images*, etc. C'est là que vous pouvez stocker manuellement vos fichiers si vous en avez envie, mais c'est surtout là que seront rangés d'office les originaux de vos fichiers si vous utilisez les applications Apple : iTunes, iPhoto, etc. Ne vous inquiétez pas, nous allons étudier tout cela en détail par la suite ! Contentez-vous d'observer pour le moment. N'ayez pas peur d'explorer les dossiers à votre guise, sans toutefois changer leur place.

Le dossier d'utilisateur, portant le nom de votre session

— Si vous cliquez sur *Bureau*, les images de tout ce que vous stockez sur votre Bureau s'afficheront dans la fenêtre principale. L'intérêt est limité, puisque vous pouvez y accéder simplement en fermant la fenêtre…

— Le dossier *Applications*, lui, est la parfaite destination des nouveaux logiciels que vous installerez sur votre Mac. Si vous comptez utiliser souvent une application que vous venez d'installer, glissez-la sur le Dock, comme nous l'avons décrit précédemment : cela vous évitera d'avoir à ouvrir chaque fois le dossier *Applications*.

Le dossier Applications

— Le dossier *Documents* est prévu pour stocker vos fichiers texte, vos feuilles de calcul ou ce que vous voulez !

Au fait, connaissez-vous la différence entre un dossier et un fichier ? Un dossier peut accueillir un nombre infini de fichiers, c'est une sorte de boîte. Par défaut, l'icône d'un dossier sur Mac est bleutée.

Et un fichier, c'est un document, donc un texte, un tableur, une photo, etc. Il possède généralement une icône en rapport avec l'application dont il est issu.

Il peut donc y avoir dix fichiers dans un dossier, ou même dix dossiers et cent fichiers dans un dossier, mais il ne peut pas y avoir de dossiers dans un fichier ! Vous me suivez ?

Mac World

Les virus en question

Avec un Mac, vous n'avez aucun besoin d'acheter ou d'installer un antivirus. Cela fait vingt ans que j'utilise des Mac et je n'en ai jamais rencontré un seul, ni personnellement ni mes amis autour de moi ! Le fait est qu'il n'y en a tout simplement pas. Mac OS X est un système très sûr et très résistant, et puis les concepteurs de virus préfèrent se focaliser sur Windows, un « marché » beaucoup plus vaste ! Cependant, il est tout à fait possible de se faire intercepter son numéro de carte bancaire sur Internet, même à partir d'un Mac, cela n'a rien à voir avec un virus. Mais rassurez-vous, c'est tout de même assez rare. De plus, les banques ont des assurances pour vous rembourser en cas de piraterie. Bref, surfez tranquille !

LES POINTS ESSENTIELS À RETENIR

L'environnement graphique du Mac est plutôt agréable, mais s'y retrouver n'est pas simple lorsqu'on débute. Vous verrez qu'à l'usage vous acquerrez les bons réflexes et n'aurez plus aucun besoin de vous référer à ce chapitre !

- Lorsque vous allumez votre Mac, vous vous retrouvez sur le Bureau. Votre disque dur est posé dessus, en haut à droite. C'est là aussi que s'affichent vos éventuels CD, DVD, clés USB et autres volumes de stockage.

- Tout en bas, c'est le Dock : bien pratique pour lancer rapidement une application, qui se trouve en réalité dans le dossier *Applications* de votre disque dur. Le Dock ne fait qu'afficher des raccourcis.

- N'hésitez pas à fouiller dans les menus lorsque vous ne savez pas comment effectuer telle ou telle tâche. La solution s'y trouve certainement !

2

Configurez et utilisez votre Mac portable

A réception, votre Mac est configuré selon des paramètres d'usine, qui ne tirent pas tout à fait parti de toutes ses fonctionnalités et ne correspondent pas forcément à votre utilisation. Il convient d'adapter quelque peu l'ordinateur à vos habitudes. Mais rassurez-vous, tout cela est très simple. Lorsque vous entrez dans une nouvelle voiture, vous réglez la hauteur des sièges, l'inclinaison des rétroviseurs, la clim, le volume de la radio… Eh bien c'est exactement pareil pour votre Mac !

LES PRÉFÉRENCES SYSTÈME

S'il y a bien une application incontournable à connaître dans Mac OS X, c'est celle des Préférences Système, accessible via l'icône grise représentant trois roues crantées, dans le Dock. C'est ici que vous réglerez vos préférences en matière d'ergonomie, mais aussi que vous découvrirez certaines options malignes et utiles.

● Bureau et économiseur d'écran

Bureau

1/  Cliquez sur l'icône grise affichant des roues crantées, celle des *Préférences Système*, dans le Dock.

2/ La fenêtre principale des Préférences Système s'affiche, avec de nombreuses icônes, chacune dévolue à un thème ou à un type de périphérique. Cliquez sur la deuxième icône, celle de *Bureau et économiseur d'écran*, de la fenêtre des Préférences Système.

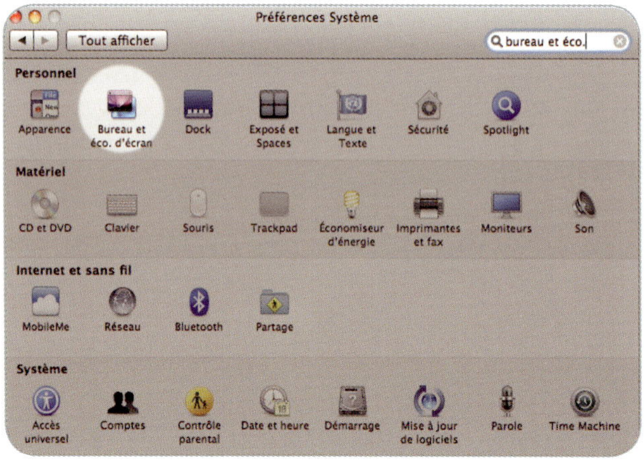

Les Préférences Système

3/ Dans la colonne de gauche, choisissez un thème d'images parmi ceux qui sont proposés par Apple. Notez que vous pouvez également sélectionner le dossier *Images*, qui se trouve dans le dossier *Utilisateur* de votre disque dur (qui porte le nom de votre session, créé au tout premier démarrage du Mac) et aussi les *Albums iPhoto*, qui représentent tout le contenu de votre bibliothèque iPhoto.

*Voir le chapitre **Vos photos avec iPhoto**.*

4/ Dans la colonne de droite, sélectionnez l'image que vous voulez mettre en fond d'écran, c'est-à-dire sur votre Bureau, à la place de celle de l'aurore boréale.

Sélectionnez la photo de votre choix

5/ Vous pouvez ajuster la photo par rapport à la taille de votre écran, grâce au menu déroulant au-dessus de la colonne de droite : si vous choisissez **Ajuster aux dimensions de l'écran**, il se peut que la photo en question soit déformée. Et si vous choisissez **Centrer** ou **Adapter à l'écran**, il se peut que certaines zones du Bureau ne soient pas couvertes par la photo (notamment si celle-ci est trop petite), auquel cas un cadre de couleur apparaît à droite du menu déroulant pour que vous puissiez choisir la couleur de remplissage de ces zones.

6/ Une option originale est accessible en bas de la fenêtre : le changement d'image. Vous pouvez en effet faire en sorte que toutes vos photos, ou seulement certaines d'entre elles, défilent à intervalle régulier, ou simplement qu'elles changent chaque fois que vous démarrez votre ordinateur. Pour cela, sélectionnez un dossier ou un album dans la colonne de gauche et cochez la case *Changer d'image*, puis choisissez la fréquence de changement dans le menu déroulant à droite.

Économiseur d'écran

L'économiseur d'écran, comme son nom l'indique, permet de préserver l'écran d'un affichage statique trop long qui lui serait néfaste. Et puis cela sert aussi à faire joli quand on passe devant son ordinateur !

1/ Cliquez sur l'icône grise affichant des roues crantées, celle des *Préférences Système*, dans le Dock.

2/ Cliquez sur la deuxième icône, *Bureau et économiseur d'écran*.

3/ Cliquez sur l'onglet **Économiseur d'écran** en haut de la fenêtre.

4/ Dans la colonne de gauche, vous pouvez sélectionner une série de photos parmi celles qui sont livrées par Apple. Lorsque vous aurez vos propres photos sur votre Mac (grâce à iPhoto, voir le chapitre *Vos photos avec iPhoto*), vous pourrez revenir ici les choisir.

5/ À droite s'affiche un aperçu de l'économiseur. Vous pouvez le voir en plein écran en cliquant en dessous sur le bouton **Tester**. À gauche, en cliquant sur le bouton **Options**, vous avez accès à quelques réglages d'ordre esthétique.

De nombreux économiseurs d'écran

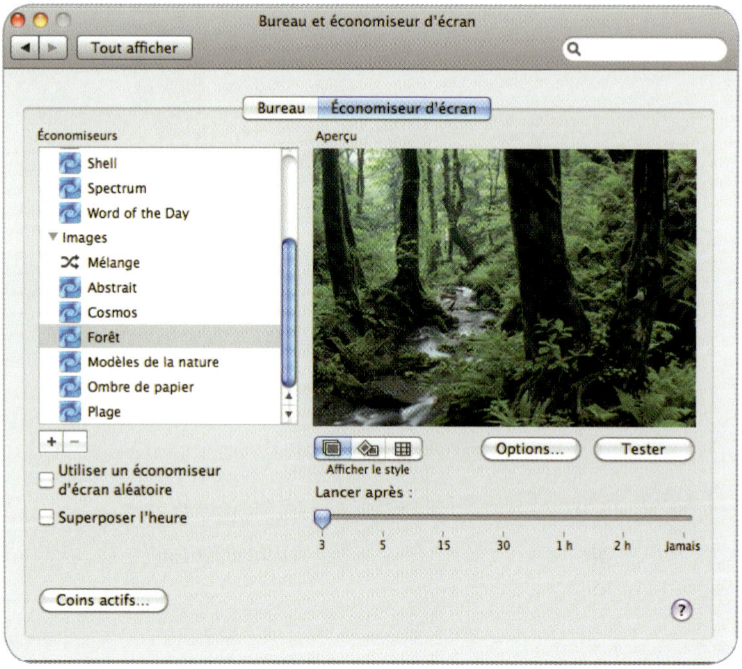

6/ À gauche du bouton **Options** se trouvent trois petits boutons. En cliquant sur chacun d'eux, vous verrez apparaître un autre style de diaporama dans l'aperçu au-dessus : choisissez celui qui vous convient. Le troisième est assez impressionnant, mais il faut avoir une grosse bibliothèque de plusieurs milliers de photos pour qu'il soit vraiment efficace. Il s'agit d'une mosaïque affichant l'une de vos photos composée de plusieurs centaines ou milliers d'autres !

7/ Enfin, en dessous, la réglette vous permet de déterminer après combien de temps d'inactivité doit se lancer l'économiseur d'écran.

Une mosaïque dynamique formée avec vos photos !

Dock et Stacks

Dock

1/ Dans les Préférences Système, cliquez sur *Dock*, soit la troisième icône.

2/ La première réglette vous permet de déterminer la taille du Dock : déplacez le curseur et constatez l'effet sur le Dock en temps réel.

Personnalisez le Dock

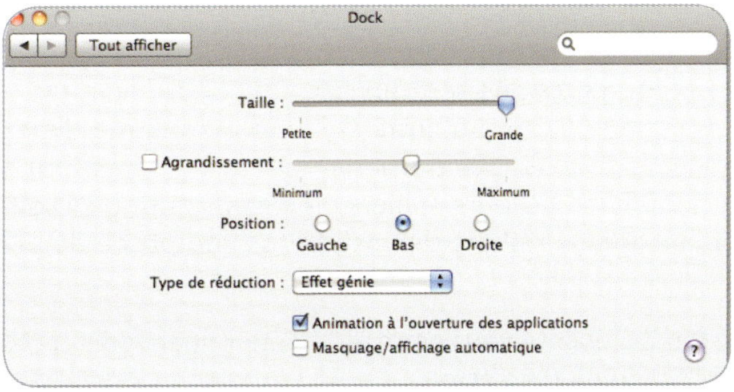

3/ La deuxième réglette peut être activée ou pas, selon que vous décidez d'agrandir ou non le Dock lorsque vous passez la souris dessus. Certains aiment, d'autres non. À vous de voir, à l'usage.

4/ Vous avez ensuite la possibilité de placer le Dock verticalement, à gauche ou à droite, ou horizontalement, en bas de l'écran.

Le Dock à gauche, avec un effet d'agrandissement maximal

5/ Le type de réduction, un peu gadget, influe sur l'animation à laquelle vous avez droit lorsque vous cliquez sur le petit bouton orange en haut à gauche des fenêtres, pour les réduire et les cacher dans le Dock.

6/ Vous avez la possibilité également d'activer le rebond de l'icône d'une application lorsqu'elle s'ouvre : c'est un peu gadget aussi, mais cela permet de vous assurer que vous n'avez pas cliqué sur la mauvaise icône !

7/ Enfin, si vous cochez la case *Masquage/affichage automatique*, le Dock disparaît. Il n'apparaîtra que lorsque vous placerez le pointeur de votre souris à l'extrême sud de votre écran, essayant presque de le sortir de l'écran. Essayez et voyez si cela vous convient : cela peut vous faire gagner un peu de place si vous avez un petit écran.

Stacks

1/ À droite du Dock, juste avant la Corbeille, il y a deux icônes : *Documents* et *Téléchargements*.

2/ Lorsque vous cliquez sur l'une des deux, puis sur le bouton **Afficher**, apparu immédiatement après, vous constatez que vous avez ouvert le dossier correspondant qui se trouve sur votre disque dur, plus précisément le dossier *Utilisateur* (la petite maison qui porte votre nom). Il s'agit donc d'un accès rapide vers ces dossiers.

Le dossier Téléchargements, dans le dossier Utilisateur

3/ Maintenez la touche Ctrl de votre clavier enfoncée (cela correspondra à un clic droit à l'avenir, comme nous allons le configurer juste après) et cliquez à nouveau sur l'une des deux icônes : un menu contextuel apparaît, dans lequel vous pouvez choisir les modes de classement et de présentation de tous les fichiers que vous placerez dans ces dossiers.

En optant pour le classement par *Date de l'ajout* et un affichage en *Éventail*, vous aurez accès très rapidement au dernier fichier téléchargé ou enregistré, via le Dock, ce qui peut se révéler pratique. Nous verrons plus loin (voir le chapitre *Internet, vos courriels et le Wifi*) comment désigner le dossier *Téléchargements* comme dossier de destination par défaut pour les fichiers que vous récupérez sur Internet.

Les derniers documents ajoutés au dossier s'affichent en éventail

● Le trackpad

Le trackpad, c'est la zone tactile de votre portable, avec laquelle vous dirigez le pointeur. C'est l'équivalent de la souris sur les portables. Le trackpad des Mac a beaucoup évolué ces derniers temps (inspiré par l'iPhone) et il est désormais très complet et un peu plus difficile à maîtriser.

1/ Dans les Préférences Système, cliquez sur *Trackpad*.

2/ Dans lele haut de la fenêtre, vous pouvez régler comme bon vous semble semble la vitesse de déplacement du pointeur à l'écran, celle du double-clic et celle du défilement des fenêtres.

3/ La partie basse de la fenêtre est organisée de la façon suivante :

- Un doigt : quatre actions possibles.

  — *Taper pour cliquer* : en activant cette option, vous n'aurez plus besoin d'enfoncer mécaniquement le trackpad, il vous suffira de taper sa surface avec le bout du doigt. Certains se sentiront plus à l'aise avec l'une ou l'autre des méthodes. Testez-les toutes les deux ! Notez que si vous activezvous activez cette fonction le clic mécanique reste quand même disponible.

Les fonctions du trackpad

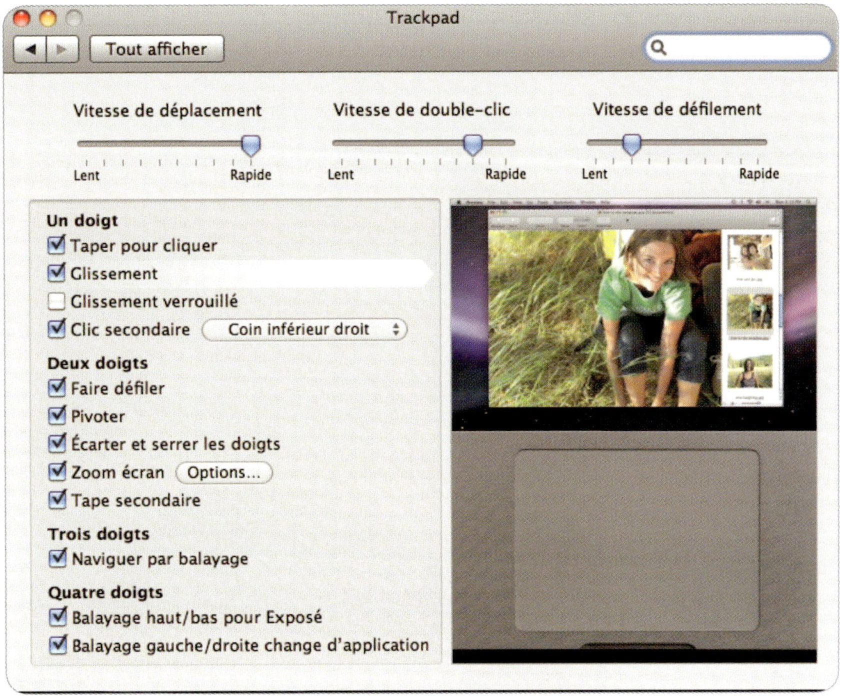

— *Glissement* : cocher cette case permet de déplacer les fenêtres en faisant un double-clic (ou plutôt un double tapotement) sur le haut de ces fenêtres et en enchaînant immédiatement un un glissement avec le doigt, comme la vidéo de droite vous le montre.

— *Glissement verrouillé* : c'est la même chose que l'option précédente, avec en plus la possibilité de reprendre le déplacement de la fenêtre après quelques instants, simplement en remettant le doigt sur le trackpad et en le refaisant glisser. Pour sortir du mode de déplacement de fenêtre, tapez deux fois.

— *Clic secondaire* : en cochant cette case, vous activez le fameux clic droit. Vous y avez accès en cliquant mécaniquement dans le coin inférieur droit (ou gauche, si vous changez ce paramètre dans le menu déroulant à droite).

➔ Deux doigts : cinq actions possibles.

— *Faire défiler* : en plaçant votre souris au-dessus de cette ligne, vous verrez la vidéo décrivant lele mouvement dans la partie droite de la fenêtre. Il s'agit de faire défiler les ascenseurs des fenêtres avec les deux doigts posés sur le trackpad. C'est en fait l'équivalent de la molette de la souris, pour les portables.

— *Pivoter* implique aussi un mouvement des deux doigts : formez un cercle avec ceux-ci sur le trackpad pour tourner une photo lorsqu'elle est ouverte avec l'application Aperçu.

— *Écarter et serrer les doigts* : toujours pour vos photos, c'est la fonction de zoom et « dézoom », rendue célèbre avec l'iPhone. En écartant ou en serrant les doigts sur le trackpad, vous agrandirez ou réduirez l'affichage d'un cliché.

— *Zoom écran* : pour zoomer sur n'importe quelle partie de l'écran et pas seulement sur une photo, utilisez la touche [Ctrl] et faites glisser deux doigts sur le trackpad en même temps.

— *Tape secondaire* : en cochant cette case, vous pourrez activer le clic droit en tapanten tapant des deux doigts en même temps; ; plus besoin du clic mécanique dans le coin inférieur droit.

- Trois doigts : une action possible.

— *Naviguer par balayage* : pour passer d'une photo à l'autre dans un diaporama, faites glisser trois doigts vers la droite du trackpadtrackpad.

Faites pivoter une photo d'un mouvement de doigts !

- Quatre doigts : deux actions possibles.

— Pour activer **Exposé**, vous disposez de la touche [F3], mais aussi de cette option de balayage à quatre doigts, de haut en bas et de bas en haut. Cela peut être très pratique.

— Et pour changer rapidement d'application, faites glisser quatre doigts horizontalement puis choisissez l'application à afficher. Cette option est l'équivalent du raccourci ⌘ + Tab.

● Ajoutez une souris à votre Mac portable

Si vous n'êtes pas à l'aise avec le trackpad, vous pouvez bien entendu brancher une souris à votre Mac portable. Dans ce cas, je vous recommande l'achat de la souris d'Apple, la Mighty Mouse. Malgré les apparences, elle possède quatre « boutons » (dont trois zones tactiles), s'accorde parfaitement avec le Mac et offre une bonne ergonomie. Branchez-la simplement sur votre Mac à l'aide d'une prise USB (évitez le modèle Bluetooth pour ne pas décharger la batterie de votre portable trop vite !) et suivez les instructions :

1/ Dans les Préférences Système, cliquez sur *Souris*, sur la deuxième ligne.

2/ Le Mac reconnaît la souris USB.

3/ La souris d'Apple (Mighty Mouse) s'affiche alors. Pour activer la fonction de clic droit dont tout ex-utilisateur de Windows est friand, sélectionnez **Bouton secondaire** dans le menu déroulant de droite, désignant la zone droite de votre souris tactile.

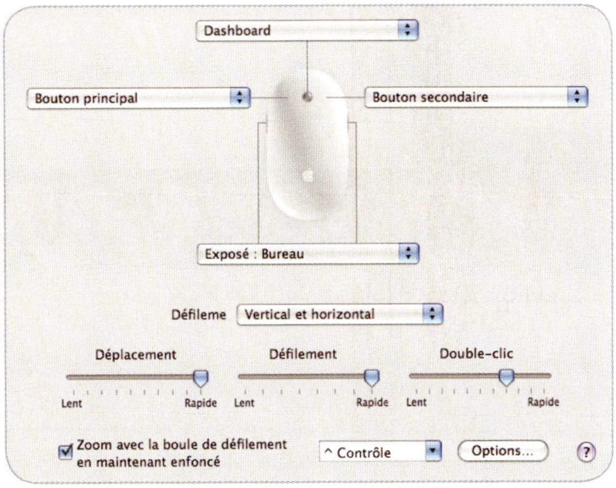

Assignez vos fonctions préférées à la souris

4/ Le menu déroulant du haut se rapporte au petit bouton que constitue la molette de défilement de la souris. Je vous conseille de sélectionner **Dashboard** ici (nous aborderons le Dashboard plus loin, au chapitre *Internet, courriels et Wifi*).

5/ Le menu déroulant du bas est réservé en fait à une action bien particulière : le pincement des deux zones grises de la souris, situées de part et d'autre de celle-ci, vers le bas. Si vous vous sentez à l'aise avec cette souris, je vous conseille de sélectionner **Exposé : Bureau**, qui vous permettra d'accéder très rapidement à votre Bureau : faites l'essai en pinçant la souris ! Vous pouvez aussi choisir un autre type d'**Exposé : toutes les fenêtres**, qui permet d'avoir un aperçu rapide de toutes les fenêtres ouvertes (c'est la même action que la touche F3). Sur Mac, on a tendance à avoir beaucoup de fenêtres qui « flottent » les unes derrière les autres : il faudra vous y habituer ! Testez la fonction, et si vous pensez que cela va vous déstabiliser, choisissez *Désactivé*.

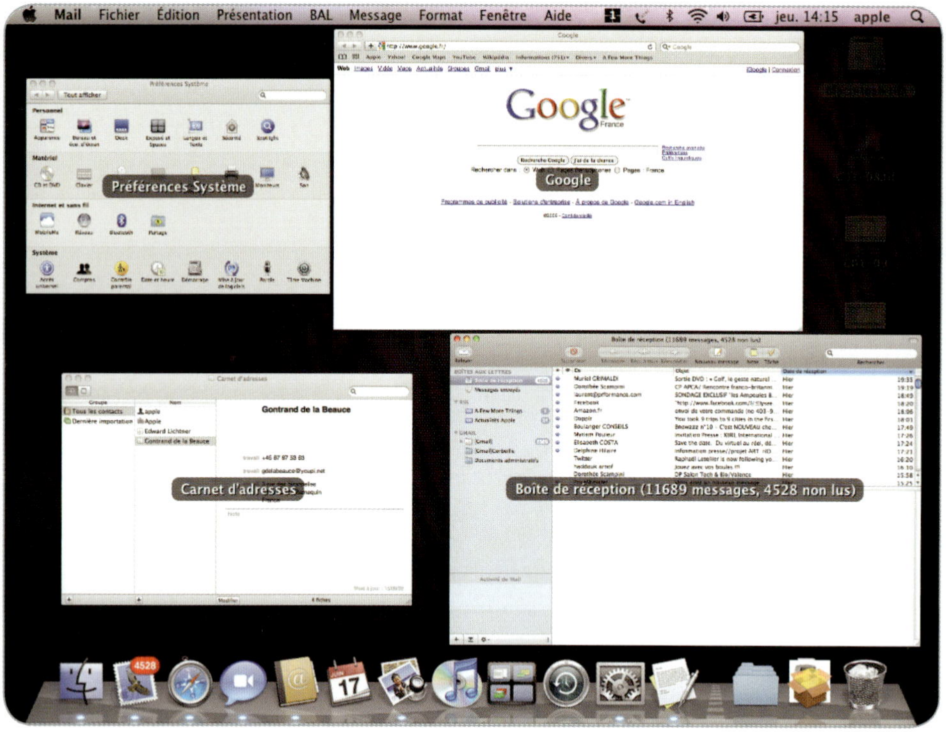

Exposé, une fonction pratique pour basculer d'une application à une autre

6/ Laissez le menu déroulant **Défilement** à sa valeur par défaut : **Vertical et Horizontal.** Ainsi vous pourrez profiter à fond de la molette intelligente d'Apple.

7/ En dessous, les trois réglettes influent sur la vitesse de déplacement du curseur, le volume de défilement de la molette et la vitesse du double-clic. À vous de régler ces petites préférences à votre convenance !

8/ Vous avez aussi la possibilité d'activer un zoom en maintenant une touche du clavier enfoncée simultanément à l'utilisation de la molette. Par défaut, il s'agit de la touche Ctrl. Ne l'activez que si vous maîtrisez bien la souris.

9/ L'onglet **Bluetooth** permet de voir d'un coup d'œil où en est le niveau des piles de votre souris si vous avez opté pour le modèle sans fil.

Un zoom qui peut s'avérer utile

● Économisez la batterie de votre portable

Une version spécifique de l'économiseurl'économiseur d'énergie existe sur les Mac portables. Elle comporte deux onglets : **Batterie** et **Adaptateur secteur**.

➔ L'onglet **Batterie** : comme son nom l'indique, il influe sur le Mac uniquement lorsque celui-ci est alimenté par la batterie et donc non raccordé au courant électrique. Je vous conseille donc d'utiliser des réglages assez stricts pour économiser au maximum la batterie de votre portable. Vous pouvez par exemple régler la mise en veille de l'écran après 1 ou 2 minutes d'inactivité et la mise en veille complète de l'ordinateur après 5 ou 10 minutes. Vous pouvez également cocher les trois cases en dessous, pour éviter tout gaspillage ! Cochez aussi *Afficher l'état de la batterie dans la barre des menus* pour savoir en permanence où vous en êtes, d'un coup d'œil en haut à droite de votre écran.

Si vous voulez vraiment économiser au maximum votre batterie, utilisez la touche de fonction [F1] sur votre clavier, pour baisser la luminosité de l'écran. Appuyez plusieurs fois sur la touche [F2] pour renforcer la luminosité, lorsque le Mac est branché au secteur par exemple.

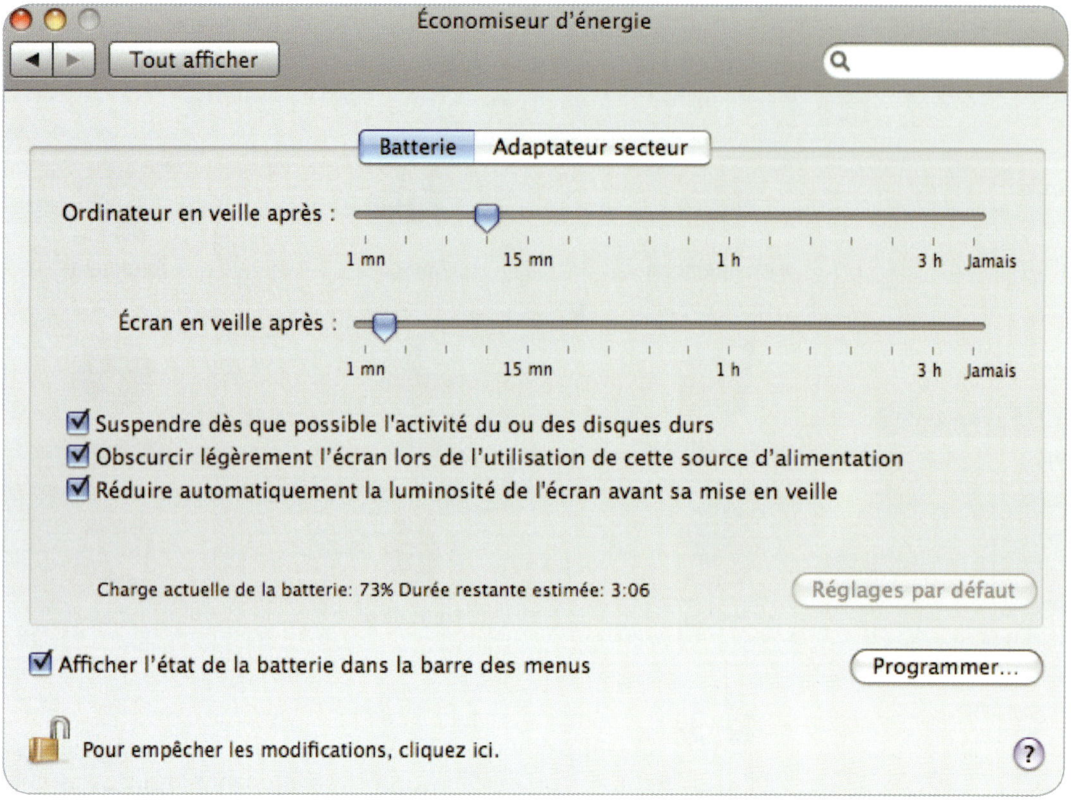

L'économiseur d'énergie des Mac portables

➔ L'onglet **Adaptateur secteur** : celui-ci influe sur le Mac portable uniquement lorsqu'il est branché à une prise électrique. Ici, vous avez plus de marge pour les mises en veille. Choisissez par exemple 5 ou 10 minutes d'inactivité pour la mise en veille de l'écran et 30 minutes pour la mise en veille de l'ordinateur. Mais. Mais attention, s'il vous arrive de laisser « travailler » votre ordinateur de longs moments en votre absence, positionnez la réglette sur *Jamais*. Vous pouvez laisser les trois cases suivantes cochées et éventuellement cocher la quatrième si vous y tenez. Enfin, en bas à droite, le bouton **Programmer** vous sera utile pour démarrer votre ordinateur automatiquement tous les matins par exemple, ou l'éteindre le soir.

● Comptes

Si votre Mac doit être utilisé régulièrement par plusieurs utilisateurs, il peut être pratique de leur créer leur propreprope compte utilisateur, oùutilisateur, où chacun pourra conserver ses documents et personnaliser ses fonds d'écran et autres petits réglages.

1/ Dans les Préférences Système, cliquez sur *Comptes*, sur la quatrième ligne.

2/ Ici, vous pouvez modifier le mot de passe de votre session, celui que vous avez choisi lors de votre premier démarrage. Commencez par cliquer sur le cadenas en bas à gauche de la fenêtre et entrez votre mot de passe de session.

La gestion des comptes d'utilisateurs

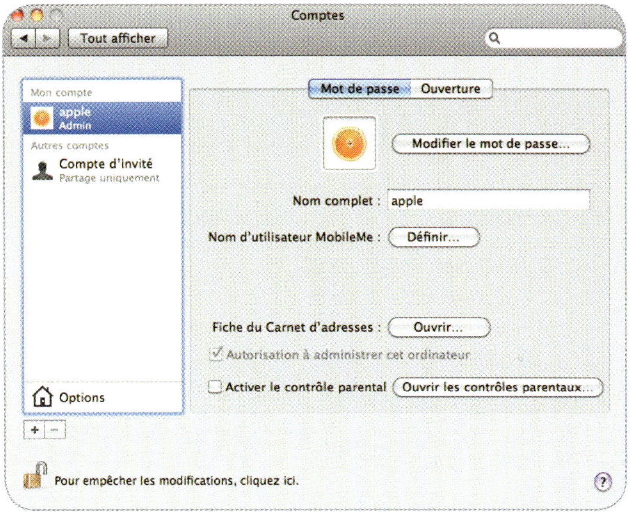

3/ À présent, pour créer une session supplémentaire, pour un membre de votre famille par exemple, cliquez sur le bouton + , en bas à gauche. Si vous avez maintenant plusieurs sessions mais que vous voulez que le Mac démarre toujours automatiquement sur une en particulier, cliquez sur **Options** en bas, puis sélectionnez la session qui doit se lancer par défaut dans le menu déroulant en haut à droite.

L'ouverture de la session par défaut

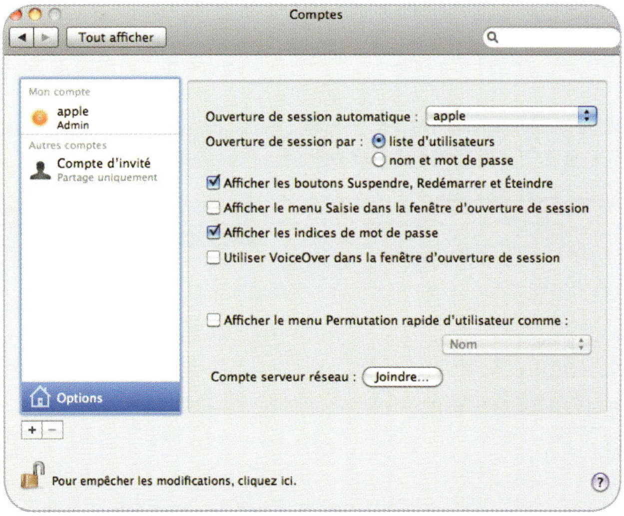

4/ Pour chaque session créée, vous pouvez décider d'assigner une ou plusieurs applications ou documents qui se lanceront automatiquement au démarrage. Pour cela, cliquez sur l'onglet **Ouverture** en haut à droite, en ayant bien pris soin de sélectionner une session dans la colonne de gauche. Puis, cliquez sur le bouton + apparu en dessous de la liste d'applications pour désigner la ou les applications qui s'ouvriront toutes seules à chaque démarrage de cette session.

Le lancement automatique d'applications au démarrage

Pour partager des documents entre plusieurs utilisateurs, il suffit de les glisser dans le dossier *Partagé*, qui se trouve dans le dossier *Utilisateur*, lui-même sur votre disque dur. Au besoin, dupliquez-les avant de les partager en faisant un clic droit et en choisissant **Dupliquer**.

Le dossier Partagé, commun à toutes les sessions

Mac World

Steve Jobs écarté par les actionnaires

En 1985, neuf ans après avoir fondé Apple, Steve Jobs est nommé président du directoire par ses actionnaires, ce qui équivaut à le mettre de côté. C'est à l'instigation de John Sculley que Jobs est écarté, alors qu'il était allé le chercher chez Pepsi deux ans plus tôt pour venir diriger Apple. Après cette décision, Jobs démissionne et fonde Next, une nouvelle entreprise informatique… qui sera rachetée par Apple pour 400 millions de dollars en 1996 !

Exposé et Spaces

Dans les Préférences Système, cliquez sur *Exposé et Spaces*. Cette partie comporte deux onglets et s'ouvre par défaut sur **Spaces**.

Spaces

Spaces est une fonction empruntée à Linux, qui permet de scinder virtuellement votre écran en plusieurs parties (de deux à seize), de manière à réduire l'encombrement de votre Bureau. En effet, sur Mac, les utilisateurs ont tendance à multiplier les fenêtres ouvertes et à « noyer » l'écran. Avec **Spaces**, vous allez pouvoir garder vos applications et vos fenêtres ouvertes, tout en les mettant de côté.

1/ Pour commencer, cliquez sur **Activer Spaces**.

Spaces est très utile pour dégager le Bureau

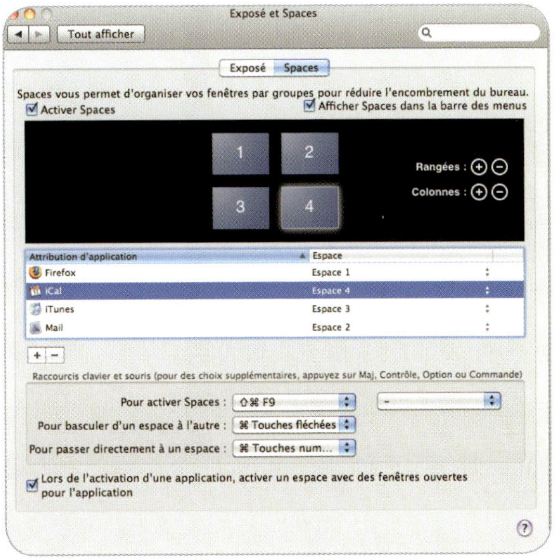

2/ Le schéma en dessous est assez explicite. Par défaut, **Spaces** offre quatre tableaux. Vous pouvez ajouter et enlever des colonnes et des rangées à loisir, en vous aidant du petit + et du petit - à droite. Cochez également la case *Afficher les espaces dans la barre des menus*, au-dessus, pour un accès rapide à vos différents espaces.

3/ En dessous, dans la zone qui est pour l'instant vierge, vous pouvez attribuer des applications à des espaces en particulier. Dès lors, chaque fois que vous ouvrirez l'une de ces applications, elle se chargera automatiquement dans l'espace défini. Ajoutez une application grâce au bouton + , au-dessous de la liste.

4/ Le bas de la fenêtre est consacré aux raccourcis clavier et propose d'abord, pour activer **Spaces**, de choisir l'une des touches de fonction (F1, F2, F3, etc.). Attention, si vous choisissez par exemple F12, qui est la touche dévolue à l'augmentation du volume, il vous faudra utiliser la combinaison de touches fn + F12 (fn pour activer la deuxième fonction de F12, en plus de celle du volume) pour activer Spaces.

5/ Ensuite, *Pour basculer d'un espace à l'autre* vous propose de choisir trois touches à adjoindre aux flèches, pour passer rapidement d'un espace à l'autre. Testez les raccourcis immédiatement et vous comprendrez tout seul le fonctionnement de **Spaces**. Revenez au bon espace et terminez vos réglages avec le troisième menu, dans lequel vous pouvez par exemple choisir les touches numérotées.

À chacun son espace !

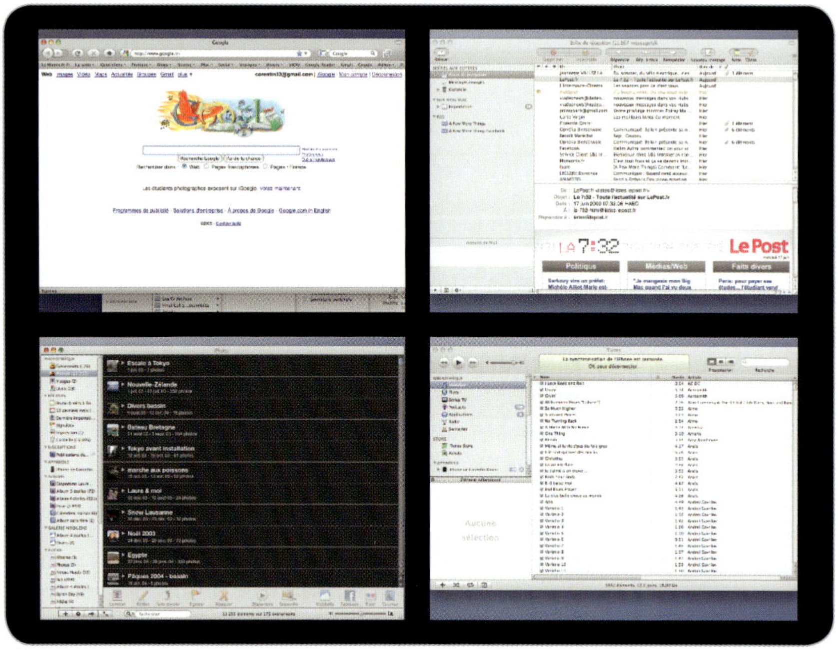

Exposé

1/ Cliquez sur l'onglet **Exposé** en haut. Vous allez pouvoir choisir les différentes façons d'accéder aux fonctions d'**Exposé**. Il s'agit de fonctions purement pratiques, qui cachent les fenêtres affichées en un clin d'œil et qui peuvent les faire réapparaître aussi vite. Comme je vous le disais ci-dessus, il est fréquent qu'un utilisateur Mac se retrouve avec de nombreuses fenêtres flottantes. Il peut alors être très utile de faire appel à **Exposé**, pour glisser un fichier depuis une fenêtre jusque sur le Bureau par exemple, ou pour faire passer devant les autres une fenêtre jusqu'ici inactive.

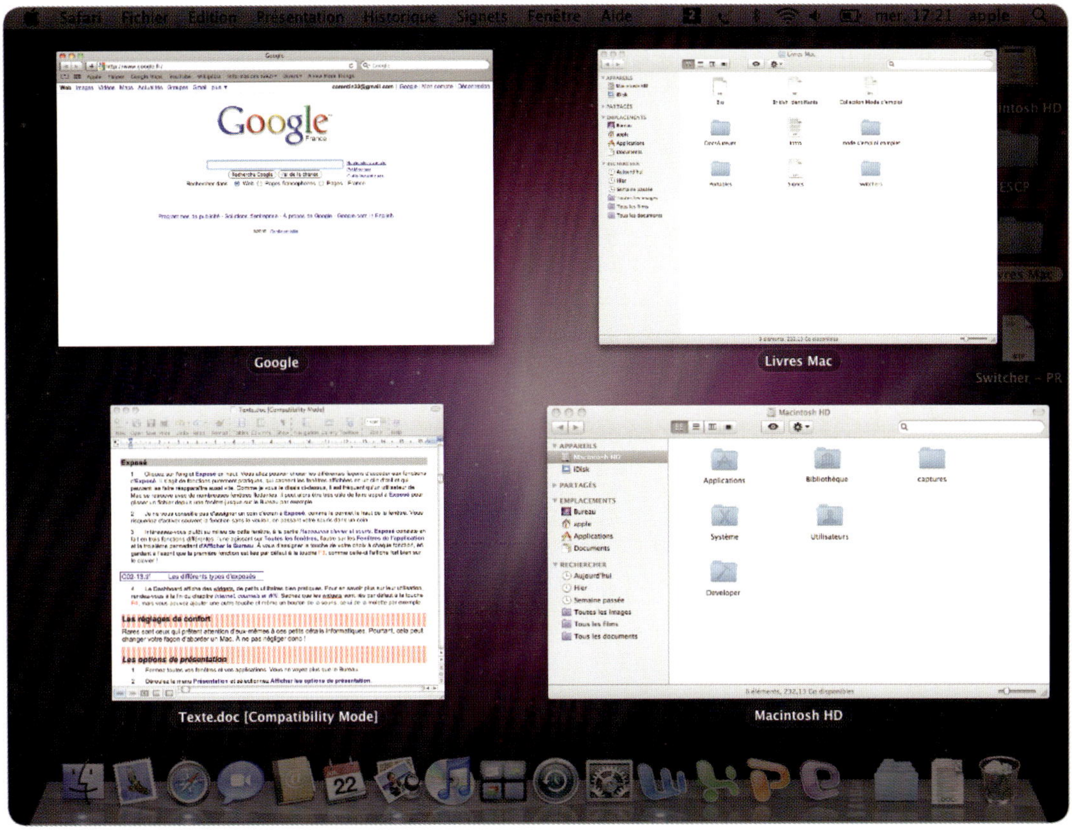

L'une des fonctions Exposé

2/ Je ne vous conseille pas d'assigner un coin d'écran à **Exposé**, comme le permet le haut de la fenêtre. Vous risqueriez d'activer souvent la fonction sans le vouloir, en passant votre souris dans un coin.

3/ Intéressez-vous plutôt au milieu de cette fenêtre, à la partie *Raccourcis clavier et souris*. **Exposé** consiste en fait en trois fonctions différentes, l'une agissant sur **Toutes les fenêtres**, l'autre sur les **Fenêtres de l'application** et la troisième permettant d'**Afficher le Bureau**. ÀÀ vous d'assigner la touche de votre choix à chaque fonction, en gardant à l'esprit que la première fonction est liée par défaut à la touche F3, comme celle-ci l'affiche fort bien sur le clavier !

Les différents types d'exposés

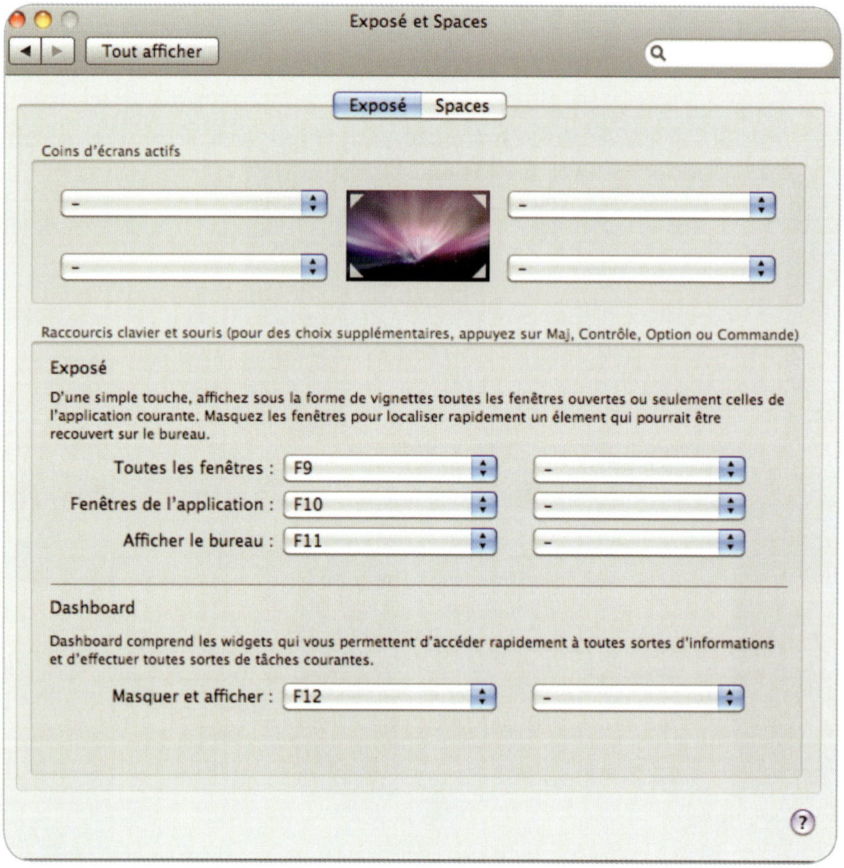

4/ Le Dashboard rassemble les widgets, de petits utilitaires bien pratiques.

*Pour en savoir plus sur leur utilisation, rendez-vous à la fin du chapitre **Internet, courriels et Wifi**.*

Sachez que les widgets sont liés par défaut à la touche F4, mais vous pouvez ajouter une autre touche et même un bouton de la souris, celui de la molette par exemple.

LES RÉGLAGES DE CONFORT

Rares sont ceux qui prêtent attention d'eux-mêmes à ces petits détails informatiques. Pourtant, cela peut changer votre façon d'aborder un Mac. À ne pas négliger donc !

Les Widgets

● Les options de présentation

1/ Fermez toutes vos fenêtres et vos applications. Vous ne voyez plus que le Bureau.

2/ Déroulez le menu **Présentation** et sélectionnez **Afficher les options de présentation**.

3/ La première réglette influe sur la taille des icônes, la deuxième, sur leur espacement. En dessous, vous pouvez régler la taille de la police, l'emplacement du texte par rapport aux icônes et l'affichage des informations de poids des fichiers, etc.

4/ Si vous ouvrez à présent le disque dur, les options de présentation s'appliquent aux dossiers ouverts et non plus au Bureau. Vous pouvez également définir la couleur de fond de la fenêtre principale : cette couleur s'appliquera uniquement au dossier ouvert à ce moment.

Les options de présentation

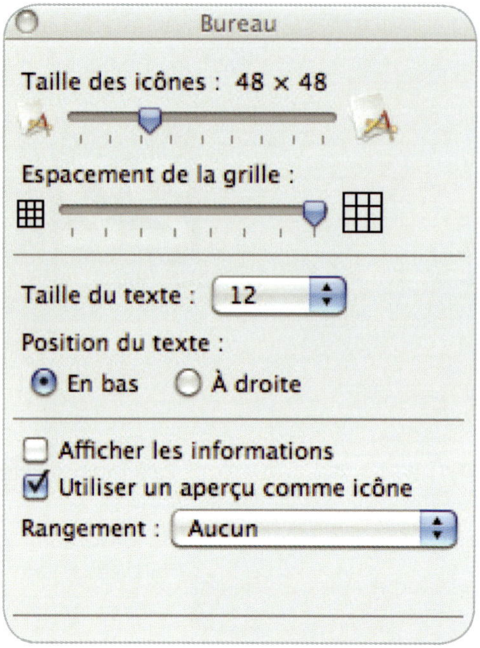

Liste, colonnes, icônes ou images…

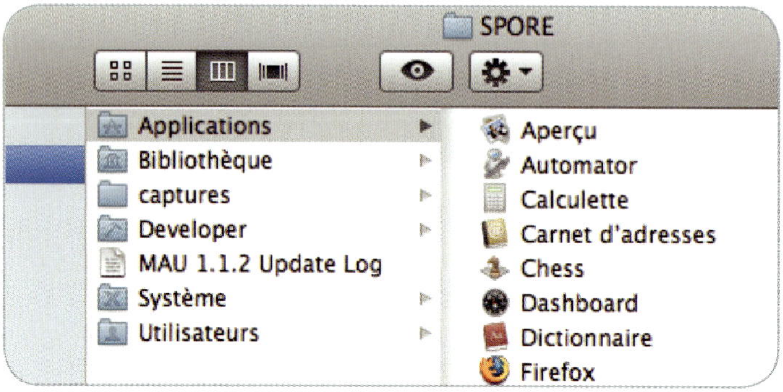

5/ En haut à gauche de chaque fenêtre, vous avez quat re boutons correspondant chacun à un type de présentation des fichiers et dossiers : par icônes, par liste, par colonnes ou par images défilantes (Cover Flow). Choisissez celle que vous préférez !

Le dossier Applications avec un fond jaune et de grandes icônes

La luminosité et le volume sonore

➔ Pour la luminosité de l'écran, c'est très simple, Apple a tout prévu : sur le clavier des Mac, vous trouverez deux touches arborant un soleil plus ou moins grand, aux emplacements F1 et F2.

➔ Pour le volume des haut-parleurs, vous avez trois touches, F10, F11 et F12, pour enlever le son, le diminuer et l'augmenter.

Mac World

La période des clones

En 1994, alors qu'Apple commence à être sérieusement mise à mal par Microsoft, le nouveau PDG, Michael Spindler, autorise d'autres constructeurs à produire et vendre des Mac, c'est-à-dire des machines capables de faire tourner le système Mac OS. Umax, Motorola et PowerComputing deviennent donc des producteurs de "clones" : des Mac moins chers, au design quelconque, mais aussi puissants que les originaux. Mais l'aventure ne va pas durer longtemps : lorsque Steve Jobs revient, en 1997, il prend la décision de mettre fin aux contrats liant Apple aux cloneurs.

ARCHIVAGE DES DONNÉES

Lorsque vous souhaitez archiver des données, plusieurs solutions s'offrent à vous : la compression, la gravure et même les deux méthodes combinées. Pour transférer vos données d'un Mac à un autre, vous pouvez créer un réseau entre les deux ou utiliser la technologie Bluetooth.

Compression et décompression

Parfois, pour gagner de la place, il peut être utile de compresser des données. Mac OS X intègre une fonction de compression facile à utiliser et bien sûr, son indispensable cousine, la décompression.

Pour compresser des fichiers ou des dossiers, c'est très simple : il vous suffit de les sélectionner puis de faire un clic droit sur l'un d'eux et de choisir la commande **Comprimer X éléments**. Cette opération crée un fichier nommé *Archive.zip*, dans lequel est compressée une copie des fichiers ou dossiers.

Compression de dix dossiers

Lorsque vous souhaitez décompresser une archive que vous avez créée ou que vous avez téléchargée depuis Internet (la quasi-totalité des applications téléchargeables sur le Web est compressée), double-cliquez simplement dessus et les fichiers contenus à l'intérieur de l'archive apparaîtront à l'endroit même où l'archive est stockée.

Un fichier zippé et son contenu

Les archives comportant l'extension *.dmg* sont particulières : il s'agit d'images disque. Lorsque vous en ouvrez une, elle fait apparaître un disque virtuel sur votre Bureau, dont l'icône est la même que celle d'une clé USB. Ouvrez ce disque virtuel : l'application que vous avez téléchargée se trouve à l'intérieur. Mais elle n'est pas totalement installée sur votre ordinateur pour le moment, même si vous pouvez l'ouvrir. Pour l'installer définitivement, glissez son icône vers votre dossier *Applications*, dont un raccourci est parfois présent dans le disque virtuel. Si tout cela vous paraît étrange, vous avez probablement raison ! Souvenez-vous simplement qu'il vous faut toujours installer vos applications dans le dossier *Applications*, ce qui coule de source…

L'installation d'une application depuis un disque virtuel

● Gravure de CD et DVD

Vous pouvez graver des fichiers, qu'ils soient compressés ou pas. La seule condition, c'est qu'il y ait suffisamment de place sur le volume vierge. Je vous conseille aussi de brancher votre portable au secteur pendant une gravure.

Créez un dossier à graver

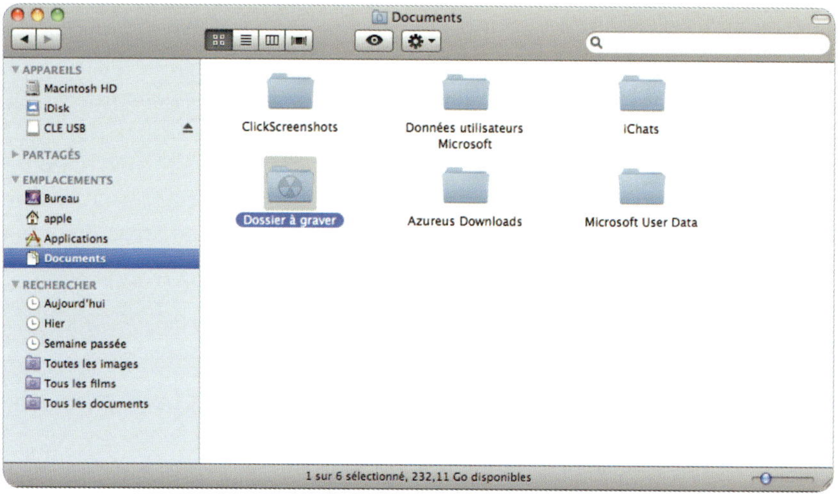

1/ Commencez par créer un **Nouveau dossier à graver**, à l'aide du menu **Fichier**, où vous le souhaitez dans votre système. Un dossier avec un symbole de CD apparaît. Vous pouvez le renommer comme bon vous semble.

2/ Glissez dans ce dossier spécial tous les fichiers que vous souhaitez graver. Vous remarquerez que les originaux restent en place et que ce sont des copies qui se retrouvent à l'intérieur du dossier à graver.

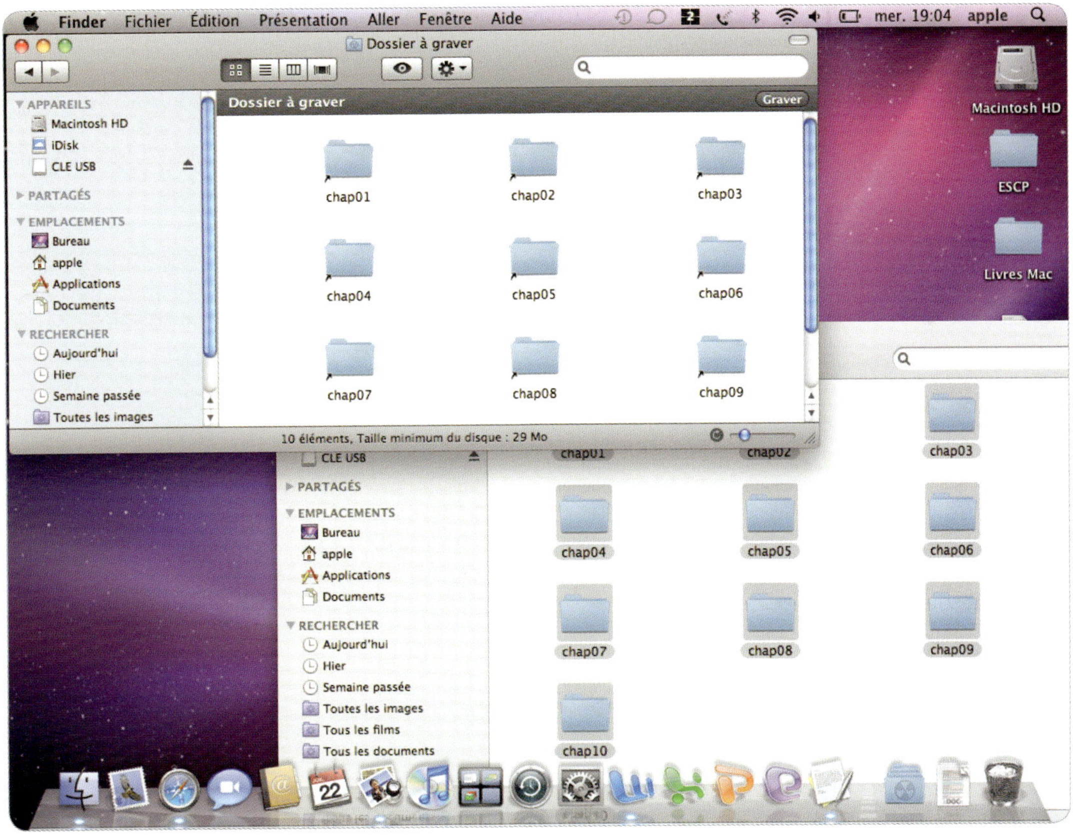

Des raccourcis temporaires sont créés

3/ Introduisez un disque vierge et sélectionnez **Ouvrir le Finder** (c'est-à-dire le système) dans la boîte de dialogue qui s'affiche. L'option **Ouvrir iTunes** est utile si vous voulez graver un CD musical depuis votre bibliothèque de musique iTunes.

4/ Ouvrez le dossier à graver que vous avez créé et cliquez sur le bouton **Graver** en haut à droite de la fenêtre. Une boîte de dialogue vous demande d'entrer un nom pour le disque et une vitesse de gravure. Validez et la gravure commence.

Ouvrir le Finder

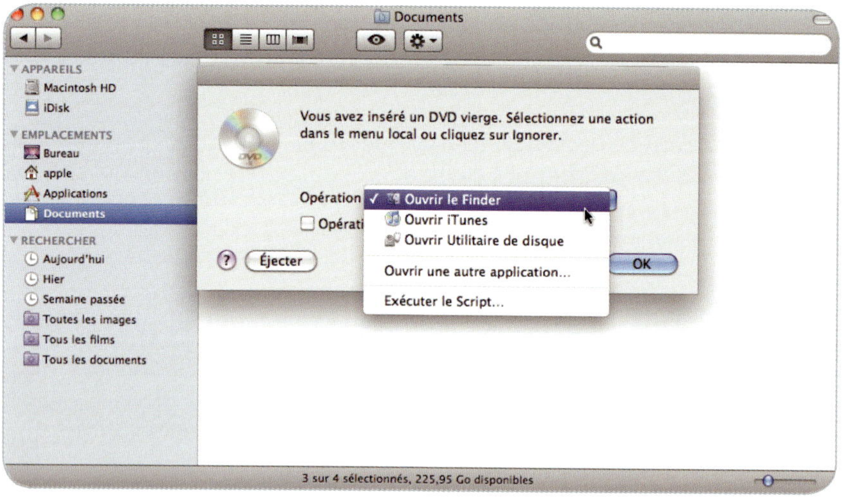

Gravure depuis un dossier du Finder

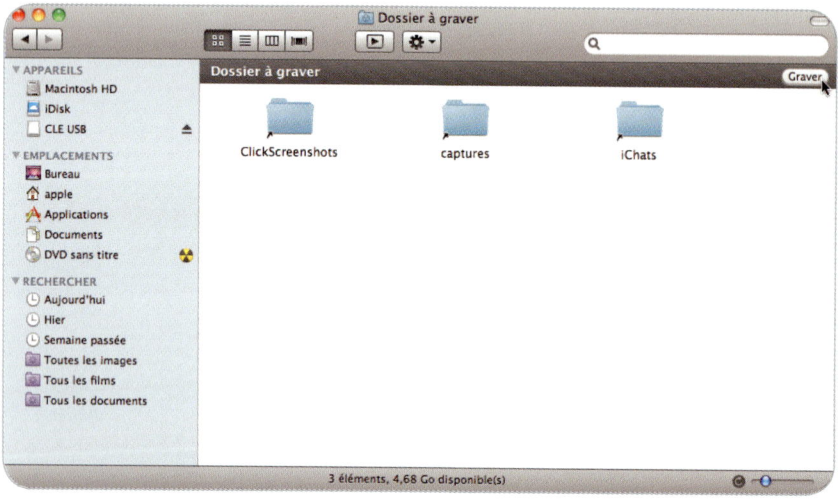

● Transférez vos fichiers d'un Mac à un autre (ou à un PC)

Via le Bluetooth

Si vous avez plusieurs Mac ou si vous apportez votre Mac portable chez un ami qui possède lui aussi un Mac et que vous souhaitez échanger des fichiers facilement et rapidement, vous pouvez utiliser le Bluetooth, une technologie sans fil présente sur tous les Mac, mais aussi sur de nombreux téléphones portables. Sachez simplement que si vous avez un gros volume de fichiers à échanger (vidéos, photos, etc.), le transfert par Bluetooth peut être long et vous devriez plutôt utiliser une clé USB.

1/ Commencez par activer le Bluetooth sur chacun de vos Mac, grâce au menu qui ressemble un peu à un nœud papillon à la verticale, en haut à droite de l'écran de votre Mac.

Le menu Bluetooh

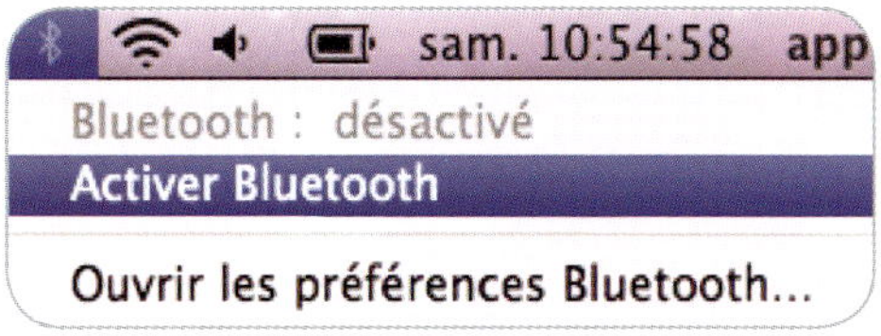

2/ Dans les *Préférences Système* des deux Mac, assurez-vous que le *Partage Bluetooth* est bien activé. Laissez les réglages de la partie droite tels quels pour l'instant. Vous pourrez les modifier plus tard si vous le souhaitez.

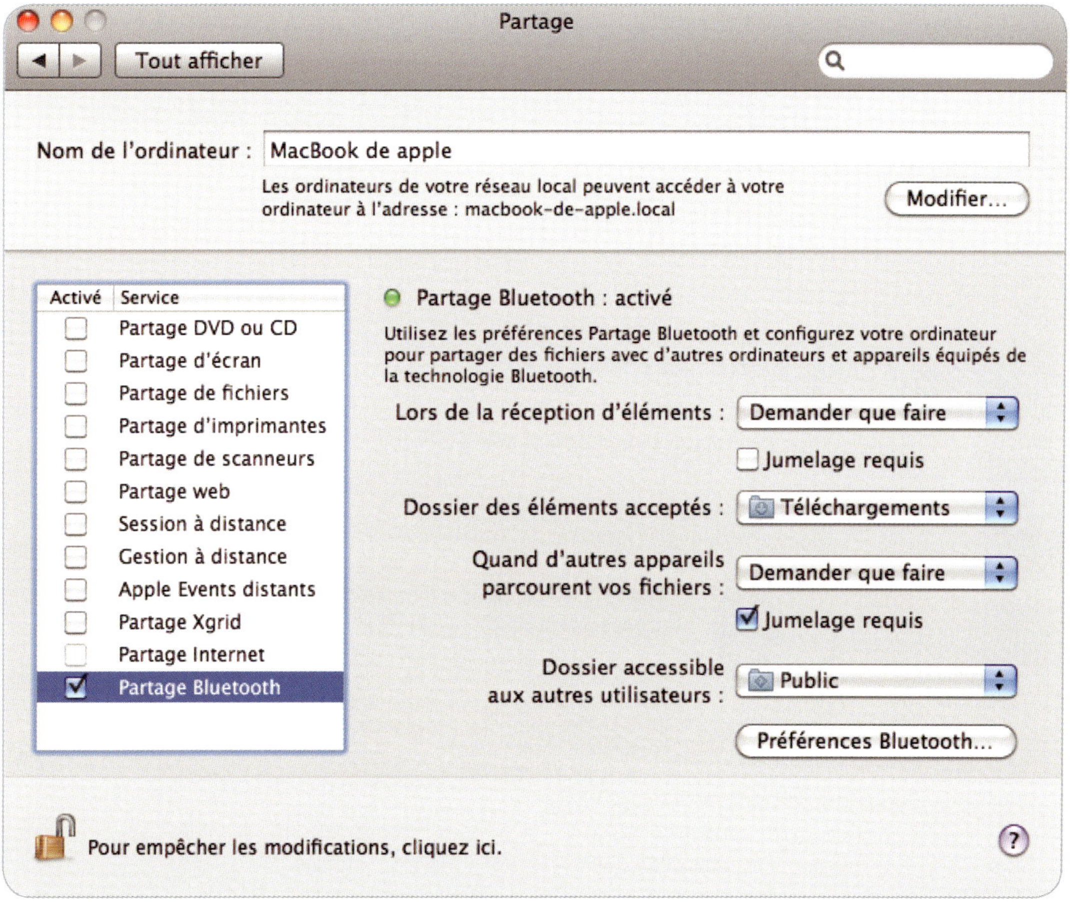

Activez le partage

3/ Sur le Mac dans lequel se trouvent les fichiers à transférer, déroulez le menu **Bluetooth** et choisissez la commande **Envoyer un fichier**. Sélectionnez le ou les fichiers à envoyer (touche majuscule enfoncée pour en choisir plusieurs) et validez.

Le Mac vous demande alors vers quel appareil envoyer ces fichiers. Ne soyez pas étonné de voir plusieurs appareils dans la liste, il peut s'agir de vos téléphones portables. Sélectionnez donc bien le Mac vers lequel vous désirez envoyer le ou les fichiers et cliquez sur le bouton **Envoyer**.

Sélectionnez l'ordinateur cible

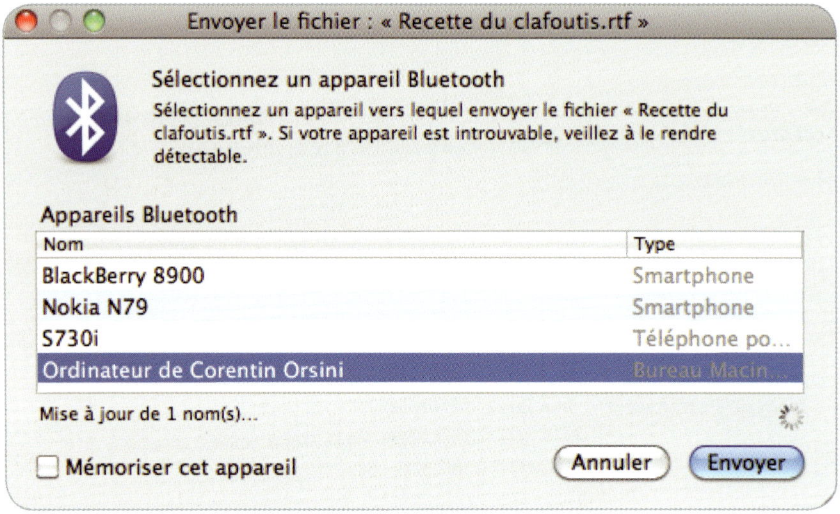

4/ Sur chacun des deux Mac, une fenêtre doit apparaître, vous invitant à jumeler vos ordinateurs. Il vous suffit en fait d'entrer le même code à quatre chiffres (par exemple 0000) sur les deux machines pour les jumeler. Cette opération est à effectuer une fois pour toutes.

Le jumelage

5/ Sur le Mac qui doit réceptionner le fichier, une petite fenêtre s'affiche, vous demandant d'accepter ou de refuser la réception. Cliquez sur le bouton **Accepter**, le transfert commence.

6/ Lorsqu'il est terminé, vous avez le choix entre **Fermer** ou **Afficher**, ou, dans le cas où vous avez envoyé plusieurs fichiers et dossiers, vous aurez accès à la liste complète et pourrez cliquer sur la loupe pour les ouvrir. En cliquant sur **Afficher**, vous ouvrez le dossier *Documents*, dossier de destination par défaut du *Partage Bluetooth*, que vous pouvez changer dans les *Préférences*. Vous avez ainsi à présent accès à vos fichiers sur votre deuxième Mac !

Acceptez le transfert

Si vous possédez un téléphone équipé du Bluetooth et capable de stocker des fichiers, la procédure de transfert est la même entre celui-ci et votre Mac, qu'entre deux Mac. Il vous suffit juste de choisir votre téléphone dans la liste de transfert. Et si vous vous souhaitez faire l'inverse, à savoir transférer une photo prise avec votre téléphone vers votre Mac, vous pouvez aussi utiliser la commande **Parcourir le contenu d'un appareil** depuis le menu Bluetooth de votre Mac. Référez-vous au mode d'emploi de votre téléphone pour savoir comment le jumeler et utiliser le partage Bluetooth.

Via le réseau

1/ Connectez-vous au même réseau wifi, sur les deux ordinateurs (comme décrit au chapitre *Internet, courriels et Wifi*). Si le deuxième ordinateur est un PC, déroulez le menu général, autrefois appelé menu **Démarrer** et cliquez sur **Réseau**. Le nom du PC s'affiche alors. Notez-le. Si c'est un Mac, déroulez le menu , choisissez **A propos de ce Mac** puis **Plus d'infos**.

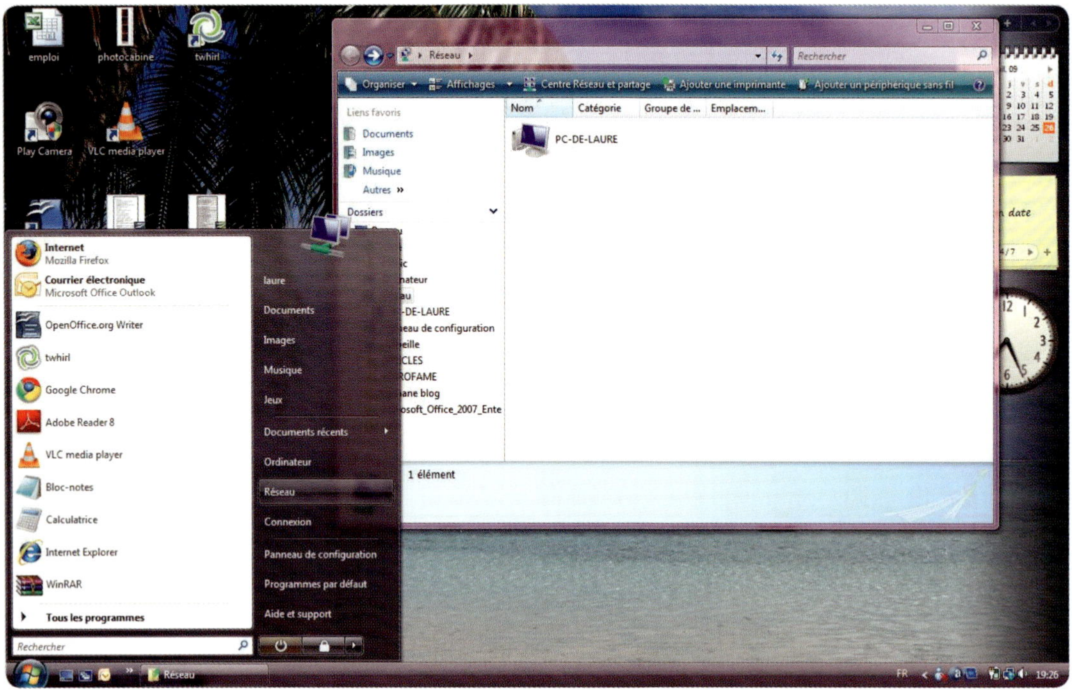

Le nom du PC

2/ Sur le premier Mac, dans le menu **Aller**, choisissez **Se connecter au serveur**. Dans le champ *Adresse du serveur*, laissez `smb://` et tapez à la suite le nom du PC ou du deuxième Mac.

Entrez le nom du PC sur le Mac

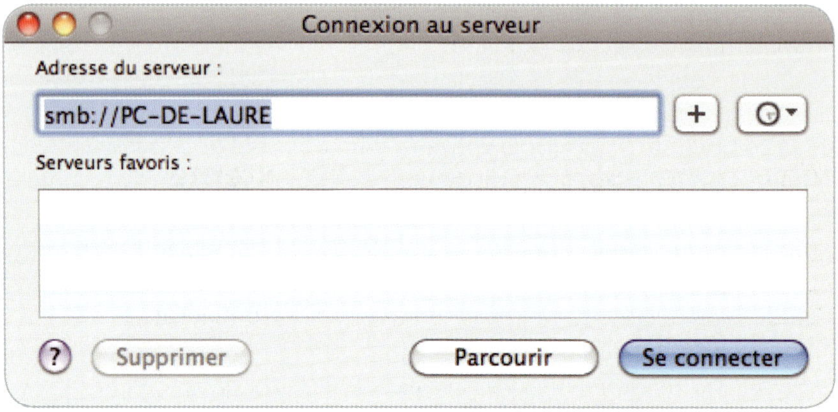

3/ Cliquez sur **Se connecter** sur le premier Mac. Au bout d'un instant, la boîte de dialogue d'authentification s'affiche. Entrez le nom d'utilisateur et le mot de passe du PC (ou du deuxième Mac) sur le premier Mac, pour vous y connecter : vous avez ainsi accès au contenu du dossier *Public* du PC (ou du Mac), lui-même dans le dossier qui porte le nom du PC (ici, PC-DE-LAURE).

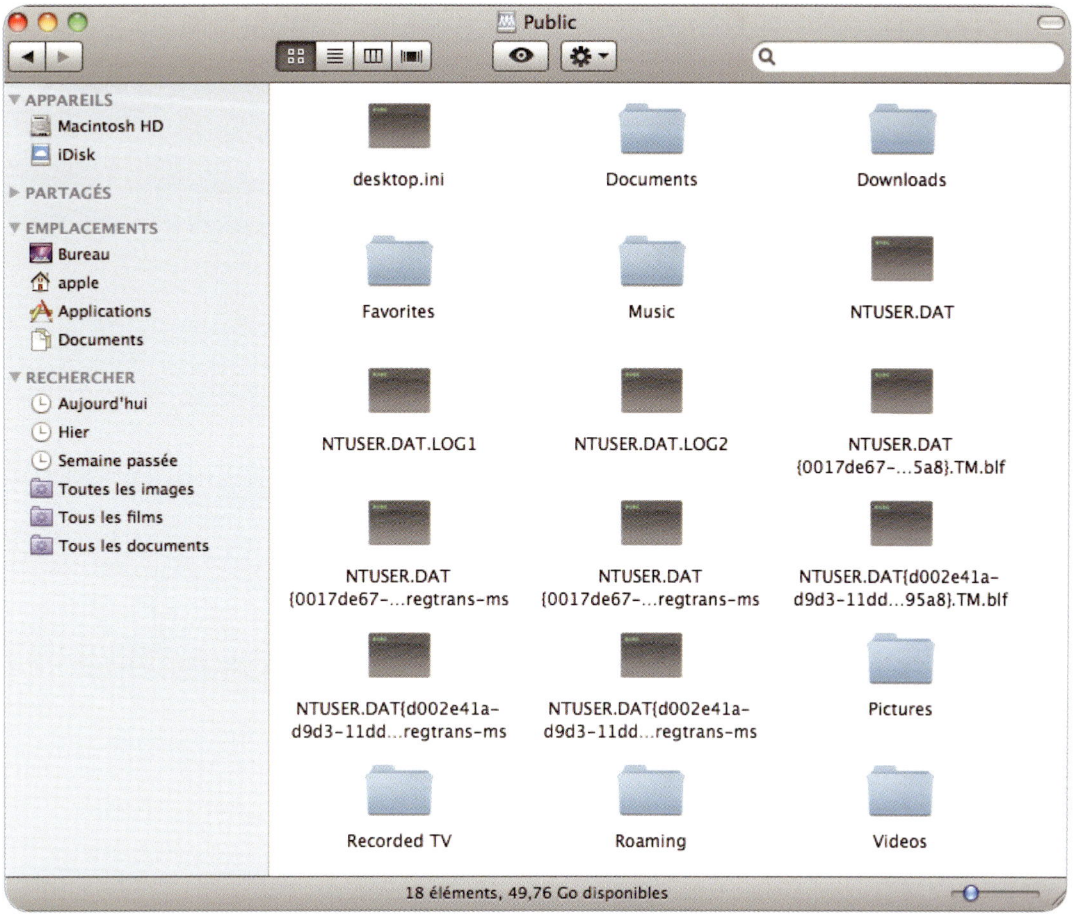

Le dossier Public du PC, depuis le Mac

Via une clé USB ou un disque dur externe

Si vous avez besoin de transférer des données de Mac à Mac, il vous faut formater votre clé USB ou votre disque dur externe en Fat32 ou en HFS + . Mais si vous voulez effectuer des transferts de PC à Mac, il vous faudra utiliser uniquement le format Fat32.

1/ Pour formater un volume externe comme une clé ou un disque externe, ouvrez le dossier *Applications*, le dossier *Utilitaires*, puis *Utilitaire de disque*.

2/ Sélectionnez le disque externe en question dans la colonne de gauche, puis cliquez sur l'onglet **Effacer** et choisissez le format de votre choix dans le menu déroulant (Mac OS X étendu = HFS + et MS-DOS = Fat32).

3/ Validez en cliquant sur le bouton **Effacer…** Attention, toutes vos données stockées sur la clé ou le disque externe seront effacées.

Importation de fichiers PC depuis une clé USB

Mac Malin

Lire le format NTFS

Peut-être avez-vous déjà rencontré un problème en branchant un disque dur externe sur votre Mac. Il se peut que vous ne soyez pas parvenu à y copier quoi que ce soit. La raison est simple : ce disque dur a dû être branché en premier lieu sur un PC et donc formaté en NTFS, un format que le Mac ne reconnaît pas à la base (le format des Mac étant le HFS). Si vous avez besoin des données qui se trouvent à l'intérieur du disque dur externe et que vous ne pouvez pas le formater en Fat32 (le format universel Mac et PC) sous peine de perdre ces fichiers, vous avez toujours la possibilité d'installer un module spécifique sur le Mac, pour le rendre totalement compatible avec le format NTFS. Pour 30 euros, vous pouvez acheter et télécharger un tel module sur www.paragon-software.com/fr/home/ntfs-mac/. Une version d'essai de 10 jours et même disponible gratuitement.

RACCORDEZ VOTRE PORTABLE À UN ÉCRAN EXTERNE

Lorsque vous utilisez votre Mac à la maison, vous pouvez profiter d'un grand écran externe à la place du petit écran du portable.

➔ Il suffit pour cela d'acheter le câble Adaptateur Mini DisplayPort vers DVI commercialisé par Apple. Une extrémité se branche sur la petite prise immédiatement à droite de vos ports USB, sur le côté de votre portable, et l'autre se branche sur l'entrée DVI de votre moniteur informatique : la liaison est ainsi numérique, de très bonne qualité. Tous les moniteurs récents possèdent une prise DVI.

➔ S'il s'agit d'un moniteur plus ancien ne disposant pas d'une prise DVI, vous devez acheter l'autre adaptateur : Mini DisplayPort vers VGA.

➔ Si vous souhaitez raccorder votre portable à un téléviseur LCD ou plasma récent (qui possède une prise HDMI), c'est tout à fait possible en utilisant le câble Adaptateur Mini DisplayPort vers DVI, couplé à un autre câble DVI vers HDMI.

LES POINTS ESSENTIELS À RETENIR

➔ Personnalisez votre Mac, son utilisation vous sera bien plus agréable. Choisissez un fond d'écran ainsi qu'un économiseur d'écran.

➔ N'hésitez pas à tester les fonctions de votre Mac, dont certaines sont accessibles viavia les touches de fonction du clavier (F3, F4, F5, F6...), puis à les assigner à certains boutons de votre souris.

➔ Si vous êtes plusieurs à utiliser le même Mac, créez plusieurs sessions : chacun aura ses propres réglages et documents.

3

Internet, courriels et Wifi

Les Mac sont conçus pour accéder à Internet facilement. Les pages qui suivent concernent la partie matérielle mais aussi l'utilisation du réseau au quotidien : mails, chat, navigation, flux RSS, etc. Depuis quelques années, il est aussi devenu possible de se connecter depuis n'importe où, grâce à une technologie appelée 3G, qui fonctionne comme le réseau de votre téléphone portable, mais fait transiter des données en plus de la voix. Si cela vous intéresse, n'hésitez pas à vous renseigner sur les offres de votre opérateur téléphonique.

VOTRE PREMIÈRE CONNEXION

Vous avez effectué les démarches nécessaires à l'installation d'un accès Internet chez vous et il ne vous reste plus qu'à raccorder votre Mac au réseau des réseaux. Pour cela, il y a trois manières différentes de procéder. C'est très facile, suivez le guide !

● Par câble Ethernet

Si vous possédez ce qu'on appelle une « box », qui regroupe l'accès à Internet, le téléphone et la TV, ou un routeur ou un modem/routeur :

1/ Vous devez d'abord vous procurer un câble Ethernet. Celui-ci est généralement inclus dans la boîte de votre box.

2/ Branchez le câble entre votre Mac (repérez le symbole ⟨···⟩) et la box, qui offre généralement trois, quatre ou cinq prises pour autant d'ordinateurs.

3/ Cliquez sur Safari, le navigateur web d'Apple, qui se trouve dans le Dock, en bas.

4/ Tapez une URL (une adresse Internet commençant par www) dans la barre d'adresse, en haut. Si le site ne s'affiche pas, recommencez plusieurs fois. Si vos essais sont toujours infructueux, redémarrez le Mac en déroulant le menu puis en choisissant **Redémarrer**, et réessayez.

Si vous possédez un MacBook Air, vous n'avez pas de port Ethernet. Si vous voulez, vous pouvez en ajouter un en achetant un convertisseur USB vers Ethernet chez Apple. Mais sachez que l'intérêt du MacBook Air est justement sa portabilité et sa connectivité sans fil !

● Par CPL (courant porteur)

Si votre modem/routeur est placé dans un endroit particulier de votre maison et votre portable dans un autre endroit, vous pouvez utiliser la technologie CPL, le courant porteur. Il s'agit de faire transiter votre connexion Internet par votre réseau électrique. Pour cela, vous devez acheter deux boîtiers CPL.

1/ Raccordez votre box à la prise de courant à l'aide de l'un des deux boîtiers CPL. L'autre extrémité doit être branchée dans une prise estampillée « ordinateur » ou « PC » de la box. En fait, votre routeur doit être relié deux fois au courant électrique : une fois pour l'alimentation et une fois pour partager la connexion.

2/ Raccordez maintenant votre portable à la prise de courant, de la même manière, avec le deuxième boîtier CPL.

3/ Lancez votre navigateur Safari : vous êtes connecté !

Pour le MacBook Air, c'est la même remarque qu'avec le câble Ethernet.

● Par Wifi

Chez vous

Il vous faut d'abord trouver vos identifiants de connexion au réseau sans fil Wifi, généralement inscrits sous votre box. L'identifiant est dénommé « ID » ou « login » et le mot de passe, « wep », « wpa » ou « key ». Une fois que ces informations sont connues :

1/ Cliquez en haut à droite, dans la barre de menus, sur le logo du Wifi en forme d'éventail et sélectionnez **Activer Airport**. Airport est le nom donné au Wifi par Apple.

Airport, le Wifi à la sauce Mac

Un réseau sécurisé

2/ Vous remarquez que le logo a changé. Cliquez à nouveau dessus et sélectionnez le nom de votre réseau sans fil, celui qui est inscrit sous votre box. Le cadenas à droite indique que c'est un réseau sécurisé : c'est le cas par défaut de tous les réseaux chez les particuliers.

3/ Une fenêtre s'ouvre, vous demandant le mot de passe du réseau. Cochez la case *Afficher le mot de passe* pour voir ce que vous tapez, puis entrez-le.

4/ Si cela ne fonctionne pas, réessayez en changeant la casse ou en enlevant ou ajoutant des tirets à la place des espaces.

5/ Si vos tentatives sont toujours infructueuses, c'est peut-être que vous devez « prévenir » votre box qu'un nouvel ordinateur va s'y connecter. Généralement, il suffit d'appuyer sur un bouton de la box une ou plusieurs secondes pour activer la reconnaissance d'un nouvel ordinateur. Référez-vous de toute façon au mode d'emploi de votre fournisseur d'accès à Internet.

6/ Si vous ne parvenez toujours pas à connecter votre Mac au réseau Wifi, sélectionnez **Ouvrir Préférences réseau** dans le menu en forme d'éventail, cliquez sur le bouton **Assistant** en bas et suivez les instructions.

L'assistant de configuration réseau

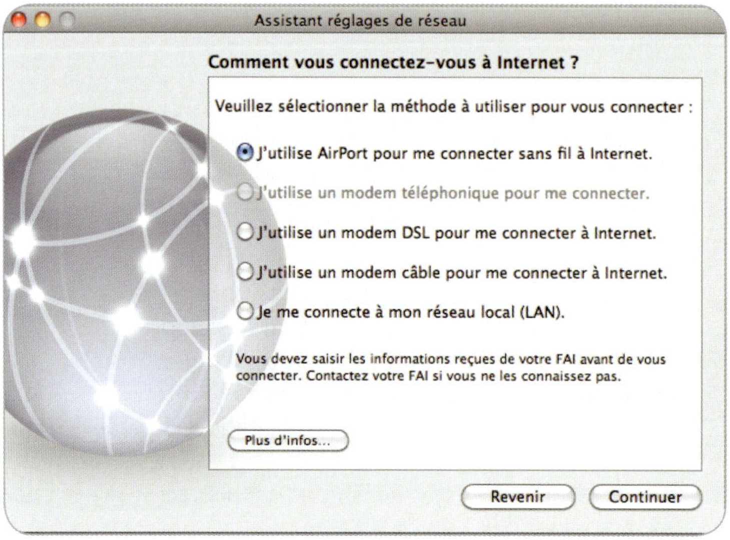

À l'extérieur

Lorsque vous souhaitez vous connecter à un réseau Wifi dans un lieu public (un hotspot), une gare, un train ou un hôtel, il vous suffit d'activer Airport comme cela est décrit ci-dessus puis de choisir le réseau de votre choix dans la liste qui apparaît. Ensuite, généralement, vous devez ouvrir votre navigateur (Safari ou Firefox), et une page vous invitant à vous enregistrer se charge. Si ce n'est pas le cas, il vous faut peut-être entrer une adresse spécifique dans le navigateur, disponible à la réception de votre hôtel ou à un comptoir d'information… Sachez que ces accès sont généralement payants, sauf ceux de Fon (www.fon.com/fr) et ceux de certaines villes dans le monde (Singapour, San Francisco, Paris…).

Mac World

En 1998, le premier iMac destiné à Internet

En août 1998, Apple dévoile ce qui allait devenir le modèle d'ordinateur le plus vendu dans le monde : l'iMac. Ce bloc de plastique bleu, doté d'un écran cathodique de 15 pouces, d'un petit clavier coloré et d'une souris toute ronde, détonne grandement à l'époque. Il est en plus équipé d'un modem interne permettant de le connecter à Internet 5 minutes après l'avoir déballé, ce qui est une prouesse pour l'époque. Le « i » de iMac se rapporte en fait justement à Internet, même si « interactif » est parfois cité. Le fait est que l'iMac a contribué à la démocratisation d'Internet chez les particuliers, tout comme celle du port USB et du lecteur de CD-Rom !

Par le réseau 3G

Deux solutions s'offrent à vous pour accéder à Internet depuis à peu près n'importe où :

- Vous achetez ce que l'on appelle une clé 3G chez votre opérateur de téléphonie mobile préféré, que vous branchez à votre Mac portable via le port USB et dans laquelle vous placez une carte SIM liée à un abonnement 3G souscrit chez cet opérateur - ou vous achetez des crédits de connexion, comme pour les téléphones portables. Vous devrez peut-être installer un logiciel de connexion, vous demandant des identifiants.

- Si vous possédez un iPhone 3G, vous n'avez pas besoin d'acheter une clé 3G : vous en avez en fait déjà une ! Il suffit d'appeler votre opérateur de téléphonie mobile pour activer la fonction de partage de connexion 3G (payante) de votre iPhone. Ensuite, sur votre iPhone, choisissez **Réglages** puis **Général** puis **Réseau** et enfin **Partage Internet**. Activez le partage. Branchez ensuite votre iPhone sur votre Mac portable via le câble USB et le partage commencera automatiquement. Lancez votre navigateur sur votre Mac : vous êtes connecté ! A noter : vous pouvez aussi lier l'iPhone au Mac portable via Bluetooh mais ceci aura pour effet de vider la batterie de l'iPhone assez rapidement.

La vitesse de connexion varie selon l'endroit où vous vous trouvez. De nombreuses zones urbaines et péri-urbaines sont à présent couvertes en France, mais encore assez peu de zones rurales. Si vous êtes à la campagne et que vous n'êtes pas sûr de la couverture du réseau, renseignez-vous auprès de votre opérateur mobile ou regardez votre iPhone 3G le cas échéant : celui-ci affiche, en haut de l'écran "3G" ou "E", pour "Réseau 3G" ou "Réseau Edge", ce dernier étant beaucoup plus lent.

À l'étranger, attention ! Vous pouvez vous connecter, mais consultez d'abord les tarifs de votre opérateur mobile, souvent prohibitifs. Il sera bien plus économique (et rapide) de vous connecter en wifi, même à un point d'accès payant (aéroport, hôtel…).

INTERNET AVEC SAFARI

Apple livre avec ses Mac un excellent navigateur Internet (une application qui permet d'afficher les pages placées sur le réseau) : Safari.
Si vous avez déjà l'habitude d'utiliser un autre navigateur et que vous vous sentez plus à l'aise avec lui (par exemple Firefox), vous pouvez télécharger sa version Mac sur le site www.mozilla-europe.org. Mais pour cela, vous devrez ouvrir et utiliser au moins une fois Safari !

● Safari

La première chose qui va probablement vous étonner avec Safari, c'est la vitesse de navigation et donc d'affichage des pages. Si vous avez une bonne connexion, votre surf sur Internet sera très fluide.

Configuration optimale

Nous allons à présent configurer correctement Safari pour l'utiliser de manière optimale. Comme pour presque toutes les applications sur Mac, il faut aller faire un tour du côté du menu spécifique à l'application, ici **Safari**, puis **Préférences**.

1/ Le premier onglet, **Général**, permet quelques réglages de base, très utiles au quotidien. D'abord, la sélection de votre navigateur par défaut, c'est-à-dire celui qui s'ouvre lorsque vous cliquez sur un lien dans un mail par exemple. En dessous, la classique page d'accueil, comme avec Internet Explorer, que vous personnaliserez entièrement. Entrez-y l'adresse de votre moteur de recherche préféré par exemple. Le menu juste en dessous détermine le délai avant la suppression automatique de l'historique des pages web consultées. Je vous conseille de choisir *Un an*, par confort. Immédiatement en dessous se trouve un menu important : il sert à choisir la destination des fichiers que vous téléchargerez via Safari, que ce soit une pièce jointe dans un mail, un nouveau logiciel ou encore une vidéo. Je vous recommande de choisir le dossier *Téléchargements*, qui se trouve dans votre dossier *Utilisateur* (représenté par une petite maison).

Ainsi, vous aurez accès à vos téléchargements très rapidement, grâce au raccourci vers le dossier *Téléchargements* qui se trouve sur la droite de votre Dock, comme nous l'avons vu précédemment. Les deux dernières options ont assez peu d'importance.

Les préférences de Safari

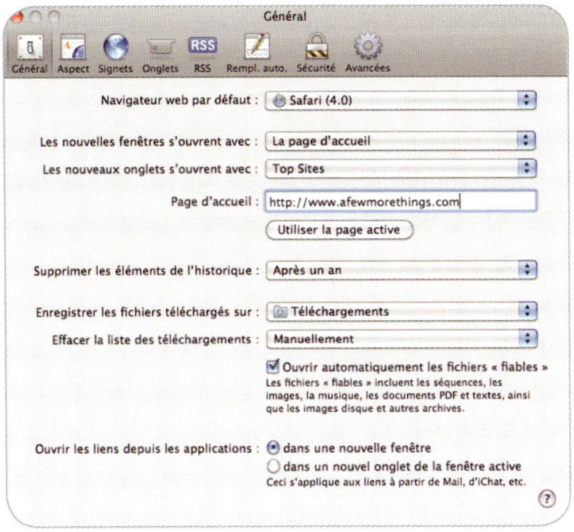

2/ Le deuxième onglet, **Aspect**, permet une personnalisation pointue de l'apparence du texte dans les pages web que vous visiterez.

3/ Dans le troisième onglet, **Signets**, vous choisissez d'inclure ou non dans les signets les adresses web stockées dans vos contacts (voir le chapitre *Votre bureautique*) ou dans iChat. Vous pouvez aussi choisir de synchroniser vos signets entre plusieurs Mac et même l'iPhone, grâce à MobileMe, le service de synchronisation automatique d'Apple.

*Pour plus d'informations sur MobileMe, consultez la section **Découvrez MobileMe** ci-après.*

4/ L'onglet **Onglets** (!) est réservé à celles et ceux qui naviguent frénétiquement, avec de très nombreux onglets (et donc de très nombreux sites web) ouverts simultanément. Vous pouvez y régler vos préférences en termes de raccourcis clavier.

Je vous recommande cette configuration

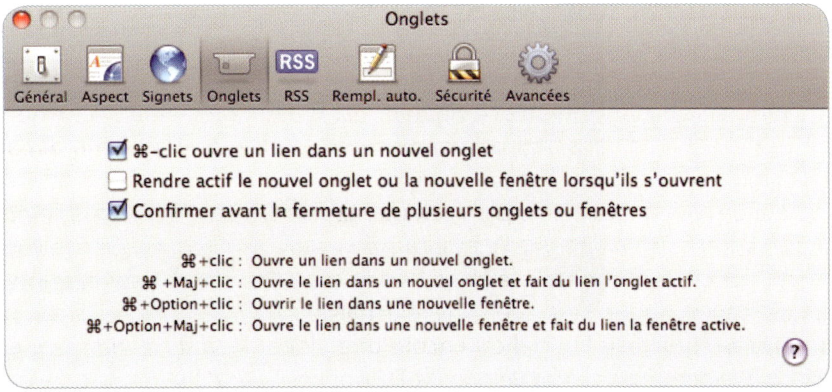

5/ L'onglet **RSS** influe sur vos abonnements à certains blogs et sites, dont vous pouvez consulter le contenu mis à jour depuis ce qu'on appelle un « lecteur RSS ». Safari peut faire office de lecteur RSS.

Pour plus d'informations sur les flux RSS, consultez la section ***Découvrez les flux RSS*** *ci-après.*

6/ L'onglet suivant, **Remplissage automatique**, vous propose d'activer ou de désactiver le remplissage automatique des formulaires avec vos coordonnées prérenseignées. En fait, Safari va chercher vos informations personnelles dans le Carnet d'adresses (voir le chapitre *Votre bureautique*) et les incorpore dans n'importe quel formulaire de renseignement que vous pouvez trouver sur le Web. Si vous n'avez pas encore rempli votre fiche dans le Carnet d'adresses, c'est le moment de le faire, en cliquant sur le premier bouton **Modifier**, en face de *Utiliser les informations de mon carnet d'adresses*. Ce dernier s'ouvre et vous invite à compléter les champs vides. Une fois ces champs remplis, quittez le Carnet d'adresses et revenez aux préférences de Safari. Vous pouvez également activer les deux autres options, à savoir le remplissage automatique des noms et des mots de passe et celui des formulaires divers, que Safari ne réussira pas à remplir tout seul. Ne cochez pas ces cases si votre ordinateur est utilisé sur une seule et même session par plusieurs personnes que vous ne connaissez pas. Mais dans un cadre familial et en présence de plusieurs sessions dédiées chacune à un membre de la famille, il n'y a aucun problème.

Le remplissage automatique lié au Carnet d'adresses

7/ L'onglet **Sécurité** est assez utile, notamment pour gérer les pop-ups ou « fenêtres surgissantes » en français. Je vous conseille de cocher la case *Bloquez les fenêtres surgissantes* pour ne pas subir les publicités intempestives. Et lorsqu'une fenêtre utile s'ouvre, vous avez la possibilité de l'afficher quand même, au cas par cas. Concernant les cookies, acceptez uniquement ceux provenant seulement des sites consultés.

8/ L'onglet **Avancées** concerne surtout les personnes souffrant d'un handicap visuel, qui pourront régler une taille de police minimale et activer une surbrillance spéciale.

Navigation directe contre navigation assistée

Avec les navigateurs nouvelle génération comme Safari ou Firefox, vous avez la possibilité de taper directement dans la barre d'adresse un mot, une marque par exemple, sans forcément inclure le .com et les www. On appelle cela la navigation directe : c'est très pratique puisqu'il vous suffit dans la plupart des cas de connaître le nom de l'entreprise que vous cherchez. Ainsi, en tapant seulement `Renault` dans la barre d'adresse de Safari, on accède au site du constructeur automobile français : Safari se charge d'ajouter les www et les .com/fr nécessaires. Et si vous avez déjà visité le site auparavant, Safari vous le conseillera même comme « meilleur résultat » et « historique », juste en dessous de la barre d'adresse. Il vous suffira alors de cliquer dessus avec votre souris ou d'appuyer sur la touche [Entrée] de votre clavier.

Safari vous propose les sites en rapport avec le mot-clé tapé

À l'inverse, certains utilisateurs (souvent des internautes débutants) tapent le mot-clé ou même l'adresse du site dans la barre de recherche de Google, à droite de la barre d'adresse, ou bien encore ils se connectent sur www.google.fr ou www.yahoo.fr pour taper ce mot-clé qui correspond par exemple à une marque ou un produit, puis ils cliquent sur l'adresse du site trouvé, qui n'est autre que le nom de la marque auquel on a ajouté le .com ou le .fr. Quelle perte de temps !

Je vous conseille vivement d'utiliser la navigation directe lorsque vous cherchez à vous connecter au site d'une grande marque ou d'un produit très connu, d'autant que la plupart des grands groupes ont acheté de nombreux noms de domaine en .fr, .com, .net et même leur marque mal orthographiée, qui renvoient tous vers la bonne adresse. Si vraiment cela n'aboutit pas, il sera toujours temps d'utiliser les moteurs de recherche !

N'hésitez pas à entrer directement une marque dans la barre d'adresses

Encore un conseil : pensez à utiliser les onglets, c'est très pratique ! Il s'agit de maintenir ouvertes plusieurs pages web sans pour autant avoir de nombreuses fenêtres qui « flottent ».

Pour cela, utilisez le menu **Fichier**, **Nouvel onglet** ou, mieux, la combinaison de touches ⌘ + T (la touche ⌘ est également identifiée par Cmd, elle se situe de part et d'autre de la Barre d'espace). Cette combinaison affiche une page vierge dans la même fenêtre principale, intitulée « Sans titre », et garde simultanément votre première page ouverte : son titre est affiché à gauche, juste en dessous de la barre de signets. Vous pouvez y revenir en cliquant simplement dessus. Vous pouvez aussi fermer un onglet en cliquant sur la croix située à gauche de chaque onglet.

Une autre possibilité pratique consiste à ouvrir un lien dans un nouvel onglet pour l'activer, le charger et le consulter par la suite. Pour cela, faites un clic droit sur un lien qui vous intéresse au sein d'une page web, puis sélectionnez **Ouvrir le lien dans un nouvel onglet**.

Ouverture d'un lien dans un nouvel onglet

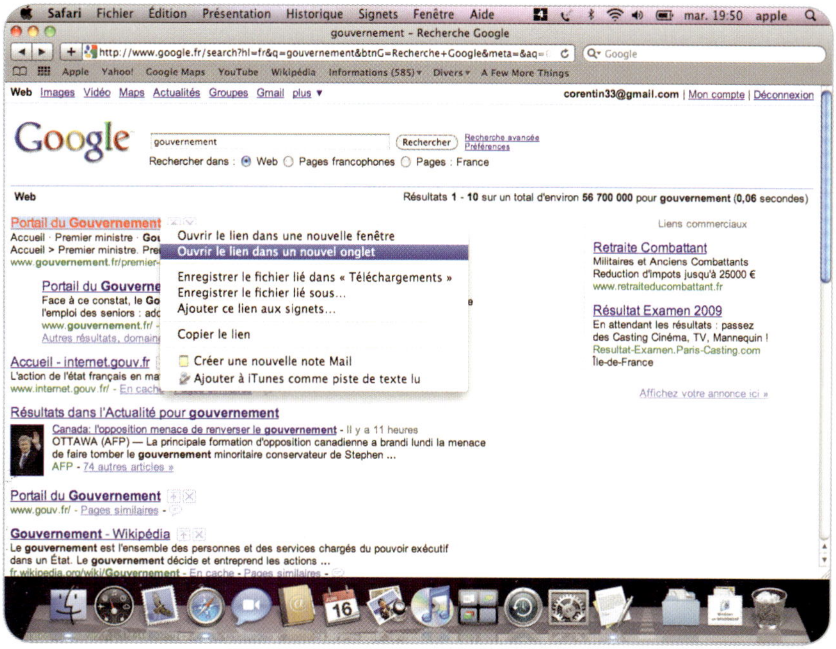

Si vous utilisez beaucoup les signets, sachez que vous pouvez en ouvrir un directement dans un onglet en faisant un clic droit sur son nom dans la barre des signets et en choisissant **Ouvrir dans un nouvel onglet**.

> **Mac Célère**
>
> **Pour utiliser Safari comme un pro**
> - ⌘ + T : nouvel onglet.
> - ⌘ + N : nouvelle fenêtre.
> - ⌘ + X + Flèche : onglet suivant/précédent.
> - ⌘ + - et ⌘ + + : réduire et agrandir la taille du texte.
> - ⌘ + R : rafraîchir la page (la recharger).

L'historique et les signets

Lorsque vous naviguez sur le Web, vous avez besoin de connaître des adresses (sous la forme www.xxx.com) et de les taper dans la barre d'adresse, en haut, pour y accéder. Le problème, c'est qu'au bout de quelques mois vous aurez visité des centaines de sites et il vous sera difficile de vous rappeler l'adresse d'un site en particulier, sur lequel vous voudriez vous rendre de nouveau. Pour vous faciliter la tâche, il existe deux outils : l'historique, qui garde en mémoire les adresses consultées, et les signets, qui proposent un accès direct à vos sites préférés.

→ L'historique est accessible via le menu du même nom. Déroulez-le et vous verrez listés les noms des sites sur lesquels vous avez été récemment. En en sélectionnant un, vous y accéderez immédiatement. En dessous se trouvent des sous-menus avec des dates : déroulez-les pour consulter les sites sur lesquels vous avez surfé ces jours-là. Encore en dessous, en choisissant **Afficher tout l'historique**, vous accéderez à une liste complète des sites, classés dans des dossiers datés et avec un aperçu, présentés avec Cover Flow en éventail horizontal (à la manière de l'iPhone).

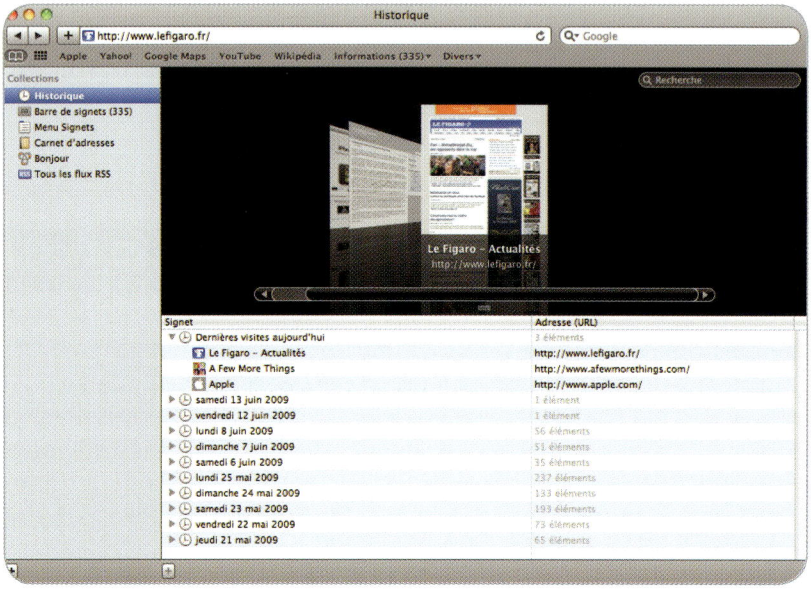

Un historique complet et esthétiquement présenté

Les signets fonctionnent un peu comme l'historique, sauf qu'ils ne retiennent que ce que vous leur demandez de retenir. Si vous vous rendez régulièrement sur un site et voulez y accéder rapidement, commencez par vous y connecter. Sélectionnez ensuite **Ajouter aux signets** dans le menu **Signets**. Safari vous demande de donner un nom à ce signet (choisissez ce que vous voulez) et de décider du dossier dans lequel l'enregistrer. Si vous choisissez **Barre de signets**, le signet ira se placer juste en dessous de la barre d'adresse de Safari, ce qui est plutôt pratique. En optant pour **Afficher tous les signets** dans le menu **Signets**, vous vous retrouverez en fait presque au même endroit que l'historique. Ici, vous pourrez organiser et classer vos signets en les faisant glisser dans des dossiers. Pour créer un dossier de classement, cliquez sur le petit bouton + , en bas à gauche.

Grâce à la barre de signets, vous accédez en un clic au site de votre choix

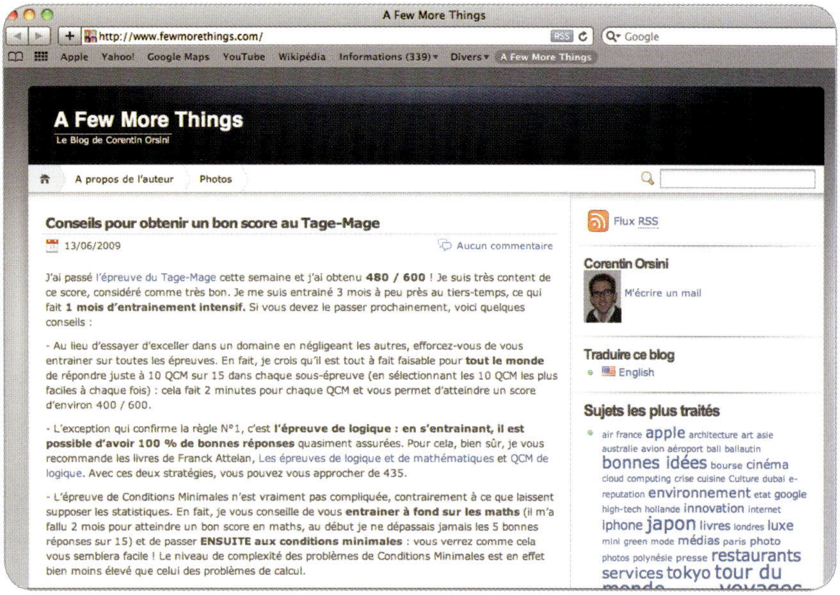

● Découvrez les flux RSS

La technologie des flux RSS, c'est le principe de l'abonnement à votre revue préférée transposé au Web. D'un côté, vous avez les sites éditoriaux, les blogs et autres sites de marques régulièrement alimentés et remis à jour, et de l'autre, un « lecteur de flux » qui regroupe les derniers articles en date, comme s'il s'agissait de mails. Cela vous intéresse ? Plusieurs méthodes de consultation de ces flux RSS existent. Si vous possédez plusieurs ordinateurs, préférez la troisième méthode, celle qui utilise les lecteurs en ligne. Ainsi, vos flux seront en permanence synchronisés et mis à jour, entre vos ordinateurs et même votre iPhone le cas échéant et vous n'aurez donc pas à faire le tri entre les articles déjà lus sur une autre machine et les nouveaux.

Méthode simple et rapide avec Safari

1/ Dans le menu **Préférences** de Safari, vérifiez bien dans l'onglet **RSS** que le lecteur RSS par défaut est Safari.

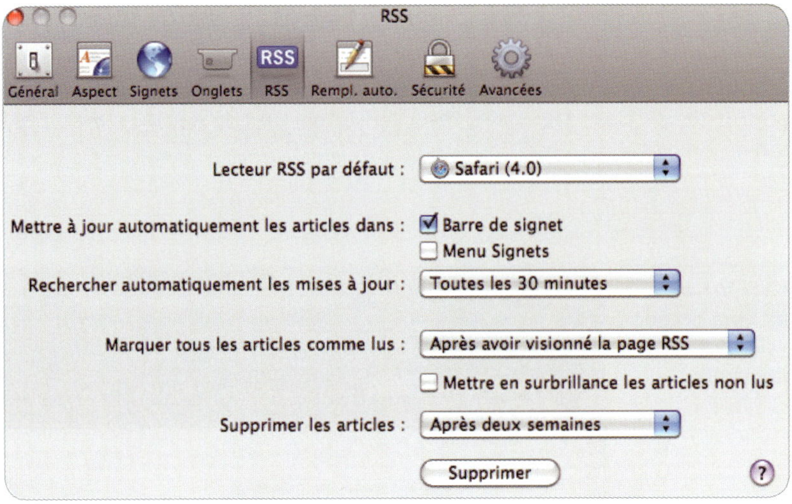

Safari, lecteur de flux RSS

2/ Connectez-vous à votre site d'actualités préféré ou à un blog que vous consultez régulièrement. Cliquez sur le bouton gris **RSS** à droite de la barre d'adresse de Safari et choisissez, le cas échéant, le type d'informations désiré. Attention : si vous ne voyez pas ce bouton gris, optez pour la troisième méthode, ci-dessous.

La liste des flux RSS disponibles sur Liberation.fr

3/ Les derniers articles en date s'affichent sous forme simplifiée, les uns à la suite des autres, sans mise en page esthétique. Sur la droite de la fenêtre, une colonne grise vous permet d'influer sur ces éléments : un champ de recherche, une réglette pour modifier la longueur de l'aperçu de l'article, et des possibilités de tri selon des critères divers.

Le site de Libération sous forme de flux RSS

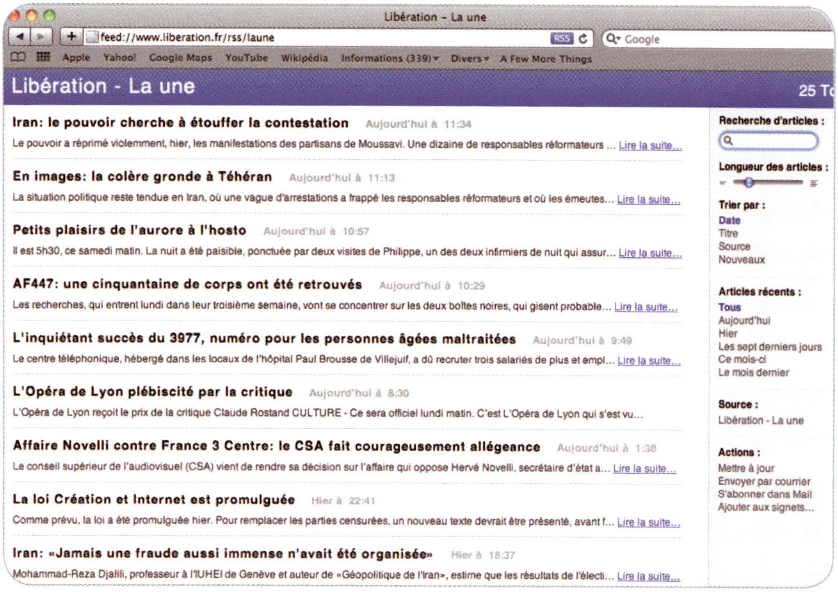

4/ Tout en bas de la colonne de droite, vous trouverez l'option **Ajouter aux signets** qui fonctionne exactement comme celle d'ajout de sites dans les favoris. Pour retrouver le flux par la suite, il vous suffira de cliquer sur le symbole du livre ouvert, à gauche de la barre de signets, puis sur **Tous les flux RSS** dans la colonne de gauche. Vous pouvez également les glisser vers la barre de signets pour y accéder encore plus vite.

Méthode simple avec Mail

1/ Dans le menu **Préférences** de Safari, vérifiez bien dans l'onglet **RSS** que le lecteur RSS par défaut est Mail.

2/ Connectez-vous à votre site d'actualités préféré ou à un blog que vous lisez régulièrement. Cliquez sur le bouton gris **RSS** à droite de la barre d'adresse de Safari et choisissez, le cas échéant, le type d'informations désiré. Attention : si vous ne voyez pas ce bouton gris, optez pour la troisième méthode, ci-dessous.

Réglage du lecteur RSS par défaut

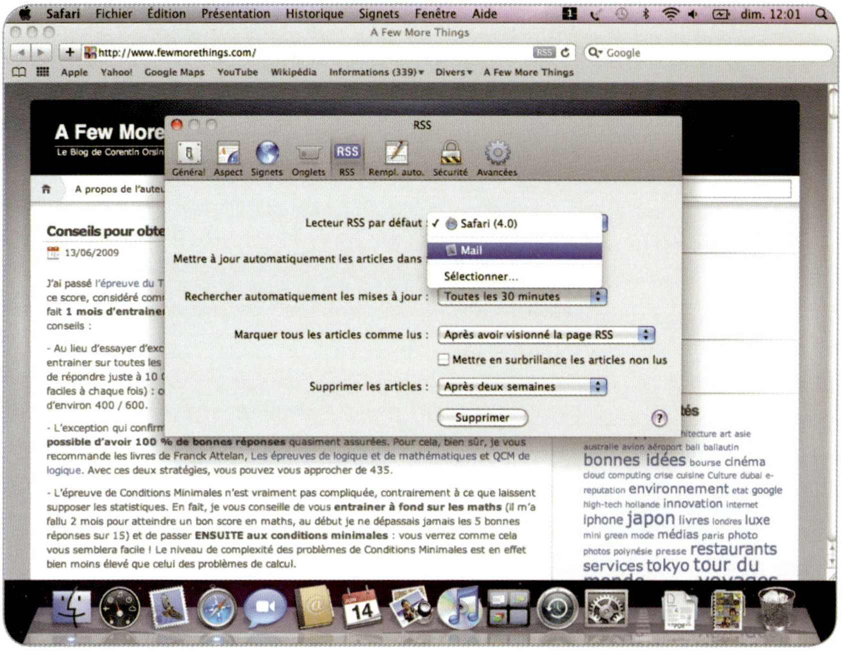

3/ Le logiciel Mail s'ouvre alors, avec une fenêtre **Ajouter des flux RSS**. Lorsque vous validez, le flux s'ajoute dans la colonne de gauche, sous l'étiquette *RSS*. Vous pouvez inclure autant de flux que vous voulez.

Lisez les nouvelles comme vos mails

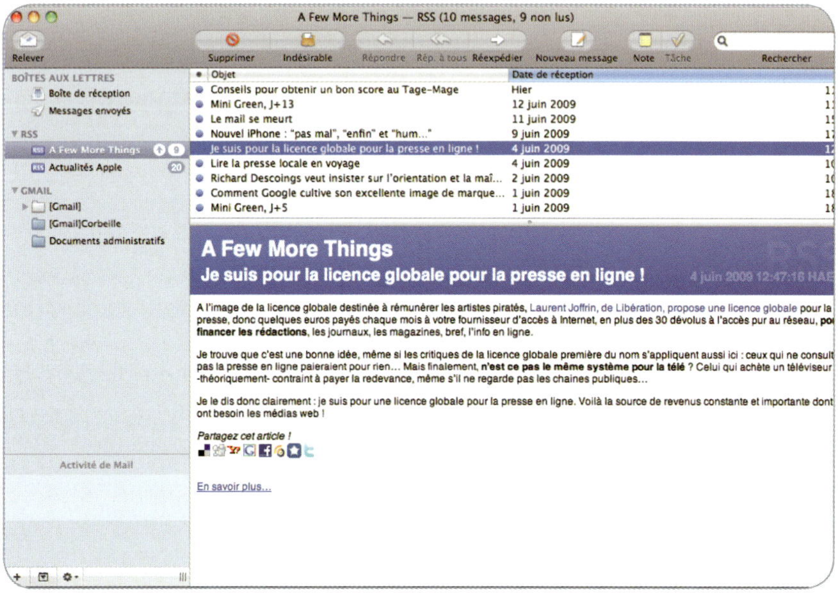

4/ Les flux RSS fonctionnent de la même manière que les mails au sein de l'application Mail : cliquez sur un flux pour faire apparaître les articles correspondants, précédés d'un point bleu lorsque vous ne les avez pas encore lus. Vous êtes prévenu dès la mise à jour du flux, comme lorsque vous recevez des mails, à condition que Mail soit ouvert.

Méthode plus complète avec des lecteurs en ligne

1/ Commencez par choisir un lecteur de flux RSS en ligne. Il en existe beaucoup, mais deux sont largement utilisés : Netvibes (www.netvibes.com) et Google Reader (www.google.fr/reader). Ils diffèrent beaucoup visuellement (l'interface du premier est recherchée, tandis que le second privilégie la vitesse d'affichage), mais le principe reste le même. Créez-vous un compte sur l'un des deux (ou les deux, pour comparer).

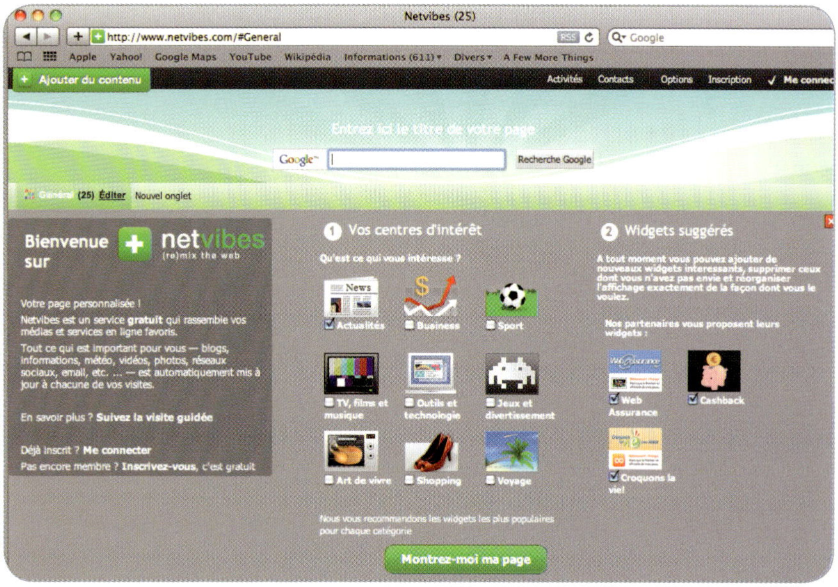

La page d'accueil de Netvibes

2/ Connectez-vous à votre site d'actualités préféré ou à un blog que vous lisez régulièrement. Repérez dans la page le logo orange du flux RSS et cliquez dessus. Sur les sites des grands médias, cette action affiche en général une liste des différents flux disponibles, avec des boutons d'abonnement correspondant aux principaux lecteurs de flux, soit Netvibes, Google Reader et parfois Mon Yahoo. Dans ce cas, cliquez sur le bouton correspondant au lecteur auquel vous vous êtes inscrit pour ajouter le flux directement dans votre lecteur.

3/ Deuxième solution : cliquez, comme avec les deux méthodes précédentes, sur le logo RSS bleu, dans la barre d'adresse de Safari. Ceci ouvre Mail ou la page RSS de Safari, selon votre configuration dans les préférences de Safari, mais cela n'a pas d'importance. Ce qui importe ici, c'est de récupérer l'adresse du flux RSS, qui est différente de l'adresse web classique. L'adresse du flux s'affiche donc soit dans la fenêtre d'abonnement de Mail, soit carrément dans la barre d'adresse de Safari. Sélectionnez-la, copiez-la et allez la coller dans votre lecteur de flux en ligne, Netvibes ou Google Reader, après avoir choisi **Ajouter un flux**. Cette méthode peut vous sembler complexe, mais elle permet une utilisation optimale des flux RSS, au sein desquels vous pouvez, avec Google Reader notamment, effectuer des recherches précises, qu'il est possible d'archiver, classer, commenter, etc. Idéal pour de la veille sur un sujet bien précis par exemple !

Choisissez votre lecteur de flux RSS pour vous abonner

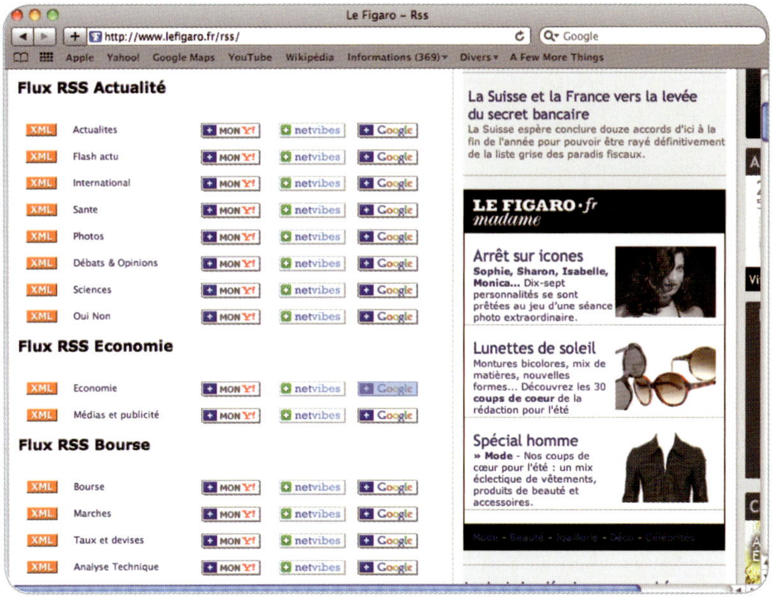

Ajoutez manuellement une source de flux RSS

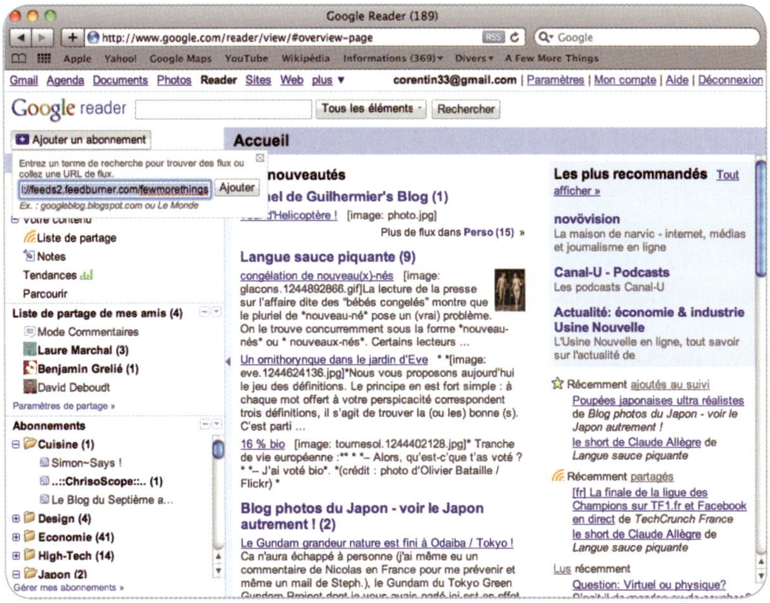

Mac Community

Les fans de Mac sont présents en très grand nombre sur la Toile. Voici quelques adresses incontournables :

- www.macgeneration.com : une mine d'informations en temps réel et en français sur Apple et son univers.

- http://store.apple.com/fr : c'est l'adresse du magasin Apple en ligne. En bas à droite de cette page, vous trouverez un lien vers les offres spéciales. Il s'agit de produits Apple reconditionnés, vendus avec des rabais importants !

- www.aventure-apple.com : des chronologies détaillées autour d'Apple, ainsi que des biographies, sans oublier une rubrique Flops.

- www.versiontracker.com : ici vous trouverez des milliers de sharewares et de freewares à télécharger pour votre Mac.

Découvrez MobileMe, le parfait compagnon du Mac portable

Pour 79 euros/an, Apple propose un service de synchronisation/stockage en ligne intéressant pour les utilisateurs nomades. Il s'agit d'harmoniser vos signets, vos comptes mail, vos contacts et vos rendez-vous entre vos différents Mac et même votre iPhone. Essayez, vous avez droit à deux mois gratuits. Voici comment cela fonctionne :

1/ Inscrivez-vous sur www.me.com.

2/ Sur votre Mac « principal », ouvrez les *Préférences Système* puis cliquez sur le bouton **MobileMe**. Entrez votre identifiant et votre mot de passe, à gauche. Cliquez ensuite sur l'onglet **Synchronisation** puis cochez la case *Synchroniser avec MobileMe*. Choisissez la fréquence de synchronisation dans le menu déroulant à droite et cochez les éléments que vous souhaitez synchroniser dans la liste en dessous. Validez en cliquant en haut à droite sur **Synchroniser**.

3/ Sur votre deuxième Mac, faites la même opération (sans vous réinscrire bien sûr). Le Mac vous demande alors quel type de synchronisation vous souhaitez effectuer. Choisissez **Fusionner les informations** pour obtenir la même configuration et les mêmes données sur chacun de vos Mac. Choisissez une autre option si vous souhaitez effacer des données déjà présentes sur l'un des deux Mac.

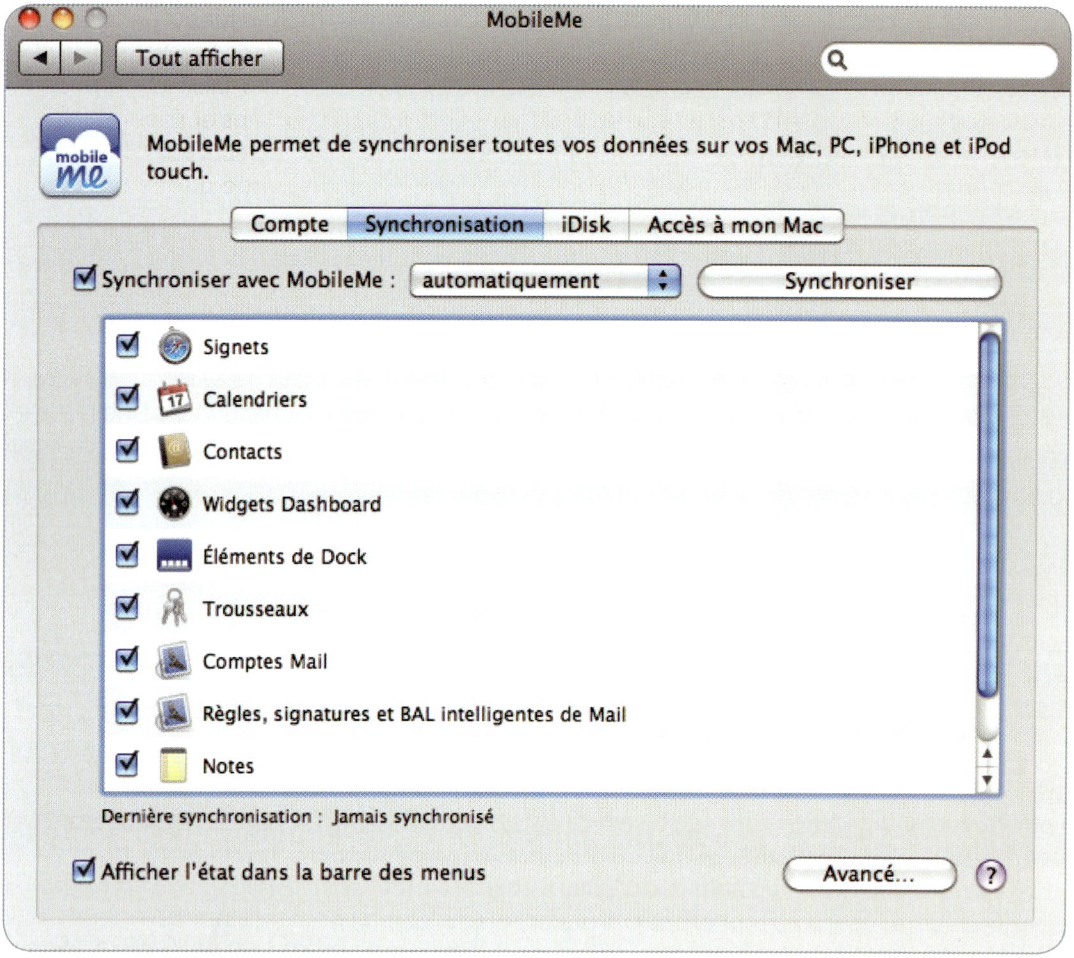

Cochez les données à synchroniser

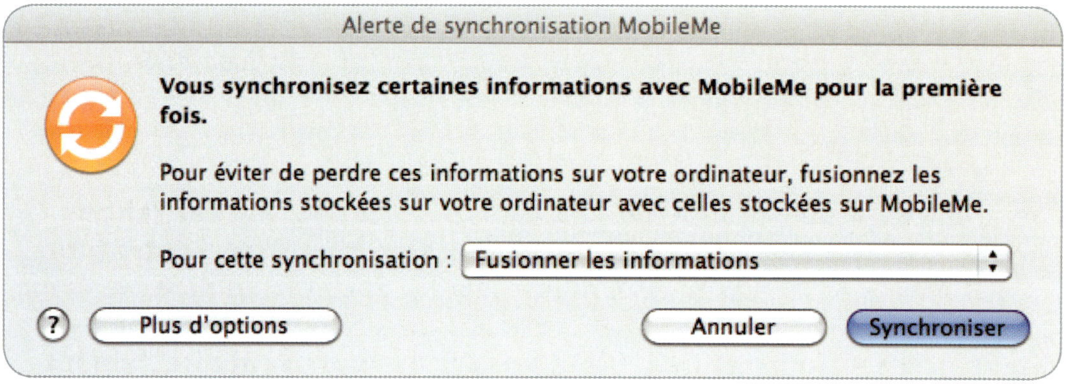

Faites fusionner vos données

4/ Sur n'importe quel Mac, connectez-vous à www.me.com et entrez vos identifiants. La page qui s'affiche est celle de la boîte aux lettres de votre adresse en @me.com. En cliquant sur les icônes en haut à gauche, vous ferez apparaître les autres données synchronisées : contacts et rendez-vous. Il y a aussi un espace pour les photos et un pour accéder à vos dossiers et fichiers partagés à distance. Pour uploader des photos, utilisez iPhoto, comme décrit dans le chapitre *Vos photos avec iPhoto*. Pour partager vos dossiers, glissez-les depuis votre disque dur vers le dossier iDisk, dans la colonne Appareils.

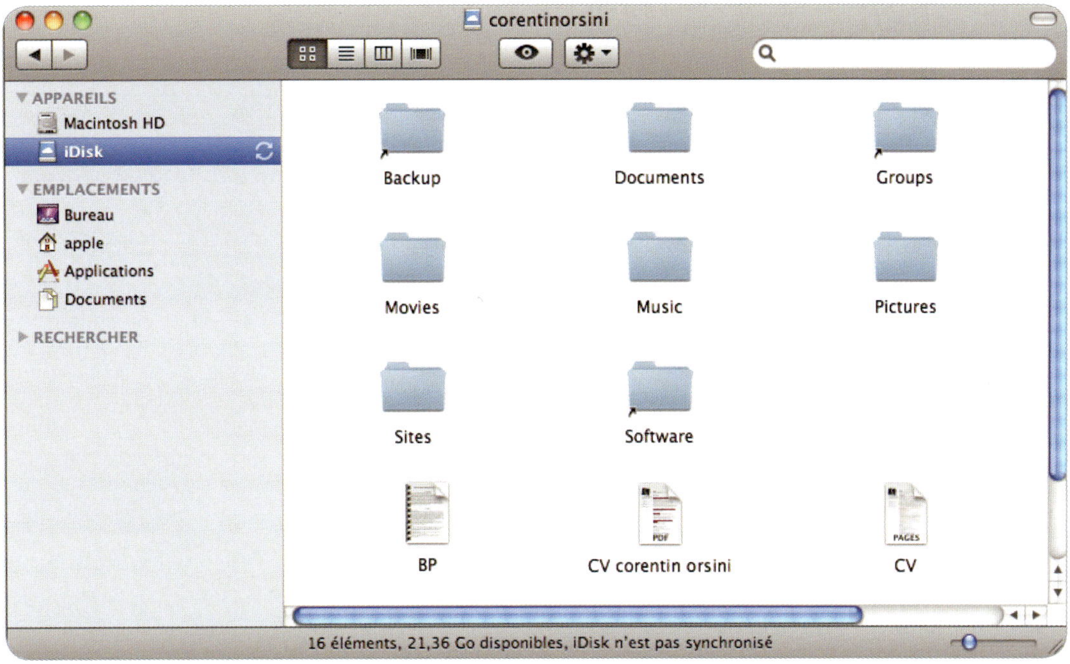

Partagez vos fichiers via l'iDisk

5/ Si vous possédez un iPhone et que vous souhaitez le synchroniser aussi avec votre Mac, il vous faut passer par iTunes, comme décrit à la fin du chapitre *Votre musique avec iTunes*.

VOS COURRIELS AVEC MAIL

Vous utilisez peut-être une adresse mail gratuite, fournie par Yahoo!, Google, La Poste, ou autres. Ou peut-être une adresse liée à votre fournisseur d'accès Internet, Free, Orange, Neuf… Sachez que dans les deux cas vous pouvez récupérer votre courrier sans passer par votre navigateur, grâce au logiciel Mail. Ainsi, vos courriels arrivent directement dans cette boîte aux lettres moderne qu'est votre ordinateur !

● Configurez votre compte de courriel

Lorsque vous ouvrez Mail pour la première fois, celui-ci vous propose d'entrer les informations relatives à votre compte de courrier électronique.

1/ Si vous avez déjà ouvert Mail plusieurs fois sans faire cette opération ou en entrant des informations erronées, il vous suffit d'aller dans le menu **Mail**, **Préférences**, onglet **Comptes** et de cliquer sur le petit + en bas de la colonne de gauche. Sinon, Mail vous demande automatiquement votre adresse. Une fenêtre vous invite à entrer votre nom, votre adresse mail ainsi que votre mot de passe. Si vous cochez la case *Configurer automatiquement le compte*, Mail se chargera des réglages techniques pour les principaux fournisseurs d'adresses électroniques.

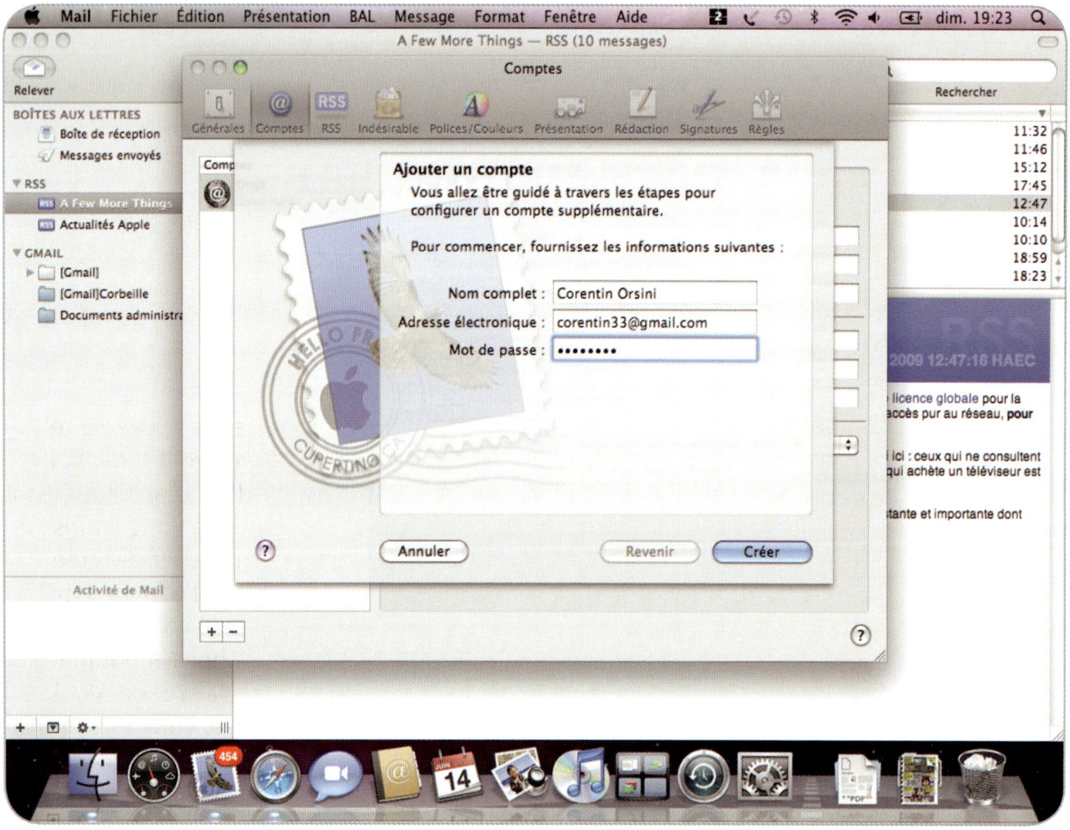

Entrez simplement vos informations de base pour configurer Mail

2/ Si cela ne fonctionne pas, vous devez aller chercher sur le site de votre fournisseur de courrier les adresses de serveur d'envoi, de réception et éventuellement le numéro de port. Ces informations doivent être entrées manuellement dans l'onglet **Comptes**.

Les serveurs de réception et d'envoi devront peut-être réglés manuellement

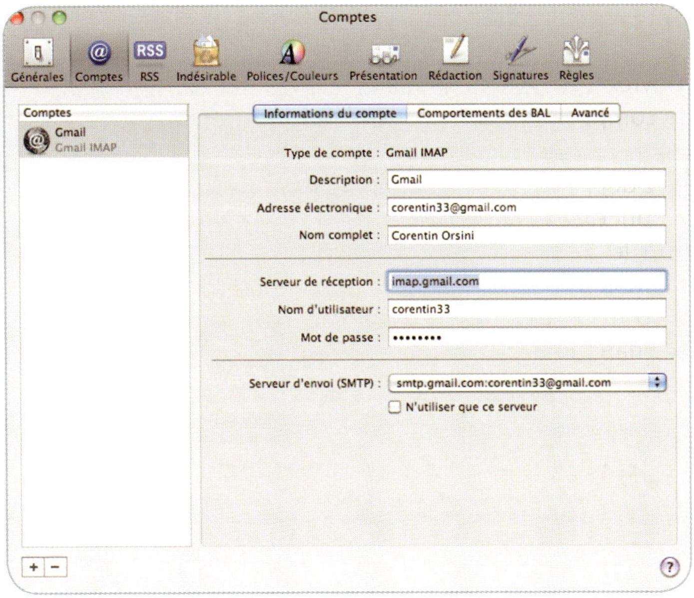

● Mail au quotidien

Une fois votre compte correctement configuré, un petit tour dans les préférences de Mail vous permettra d'adapter le logiciel à votre utilisation.

1/ Le premier onglet des préférences, **Générales**, concerne les réglages basiques de relève de courrier. Le deuxième menu déroulant correspond à la fréquence de relève des mails. Il n'a d'influence que lorsque Mail est ouvert. Le menu **Ajout des invitations dans iCal**, s'il est positionné sur *Automatiquement*, vous facilitera la vie en vous proposant, dès que votre souris survole une date dans le texte d'un mail, de l'ajouter dans votre calendrier iCal et d'y créer un événement. Ainsi, vous n'aurez même plus besoin d'utiliser le copier-coller ! Le menu **Dossier de téléchargement** est le même que dans Safari ; ici, il concerne les pièces jointes reçues avec vos mails, qui peuvent être enregistrées en un clic dans le dossier de votre choix, et notamment *Téléchargements*, pour pouvoir y accéder rapidement depuis le Dock (voir la section *Stacks* au chapitre *Configurez et utilisez votre Mac portable*). Tout en bas de la fenêtre, vous trouverez à nouveau le bouton **MobileMe**, qui concerne la synchronisation automatique de votre Mac et de votre iPhone.

*Vous trouverez plus d'informations sur ce sujet à la partie **Découvrez MobileMe**, ci-avant.*

2/ L'onglet **Comptes** sert à configurer Mail avec votre fournisseur de courrier (voir ci-dessus).

3/ L'onglet **RSS** se rapporte aux abonnements à vos flux RSS dans Mail.

Les préférences générales de Mail

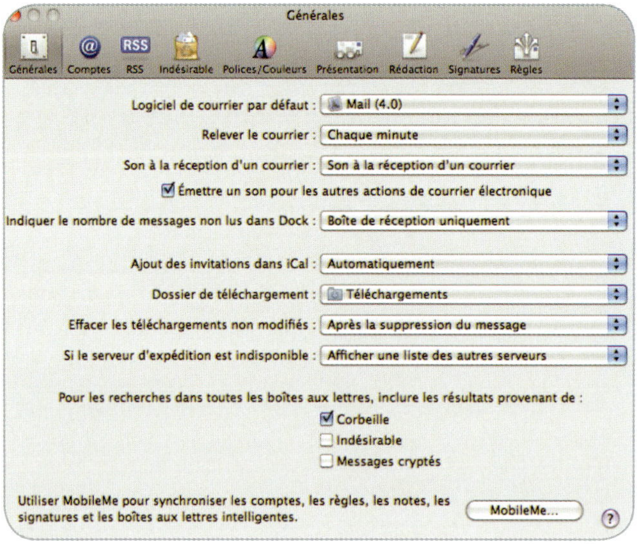

4/ L'onglet **Indésirable** concerne le spam, ces mails publicitaires que vous n'avez pas sollicités mais qui arrivent quand même dans votre boîte aux lettres. Généralement, les fournisseurs de mail gratuit, comme Google ou Yahoo!, appliquent eux-mêmes des filtres efficaces contre le spam ; vous n'avez donc pas vraiment besoin d'une protection supplémentaire. Mon conseil : décochez la case *Filtrer le courrier indésirable* pour commencer et voyez ce que cela donne sur plusieurs jours. Si vous ne recevez pas de spam, laissez cette case décochée. Si vous commencez à en recevoir beaucoup, cochez-la et appliquez vos préférences : placer le courrier dans une boîte séparée ou simplement marquer le courrier comme étant indésirable. En tout cas, je vous conseille de cocher les cases concernant les expéditeurs qui se trouvent dans votre carnet d'adresses ou dans vos destinataires précédents, etc. Si vous recevez un grand nombre de mails, vous pouvez utiliser l'option de filtrage avancé pour repérer d'un coup d'œil tel ou tel message. Pour cela, cliquez sur **Appliquer des actions personnalisées** puis sur le bouton **Avancé** pour établir des règles précises de tri des mails, dont vous pouvez afficher certains d'une couleur différente par exemple.

La gestion du spam dans Mail

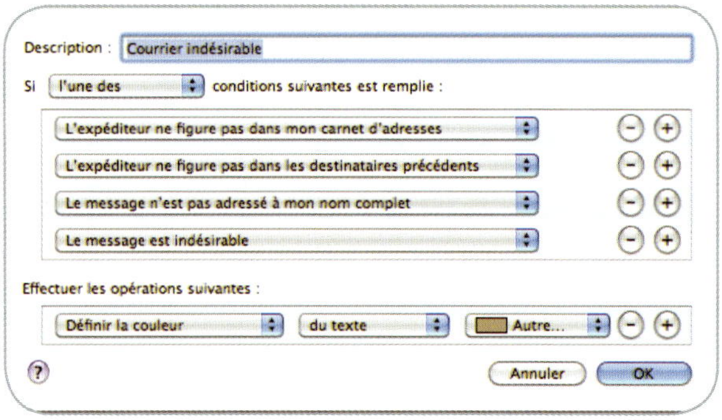

5/ L'onglet **Polices/couleurs** influe sur l'affichage de votre boîte aux lettres, de vos mails, des réponses à vos mails, etc.

6/ L'onglet **Présentation** peut vous aider à repérer plus rapidement un nouveau message, ou un message venant d'une personne en particulier ou encore plusieurs échanges de mails avec la même personne. En effet, en cochant la case *Surligner les messages associés avec la couleur…* et en choisissant une couleur à droite, vous pourrez voir très vite quels messages s'inscrivent dans une discussion continue. Il vous suffira d'aller dans le menu **Présentation** et de sélectionner l'option **Organiser par fil de discussion**. Ceux qui ont une adresse en @gmail.com connaissent bien cette fonction, qui est utilisée par défaut sur l'interface web.

7/ L'onglet **Rédaction** est réglé par défaut sur des options classiques, comme le fait de citer le mail auquel on répond en dessous du message, de vérifier l'orthographe pendant la frappe, d'envoyer les mails au format *.rtf*, etc. Vous pouvez laisser les réglages par défaut.

8/ L'onglet **Signature** est important, puisqu'il influe sur tous les mails que vous envoyez à partir de votre Mac. Pour ajouter automatiquement une signature à tous vos futurs mails, cliquez sur le petit + et entrez votre texte dans le champ de droite. Vous pouvez aussi cocher la case *Placer la signature avant le texte cité*, en bas de la fenêtre, pour éviter que votre signature ne se retrouve tout en bas d'un très long échange de mails, le cas échéant.

Personnalisez votre signature automatique

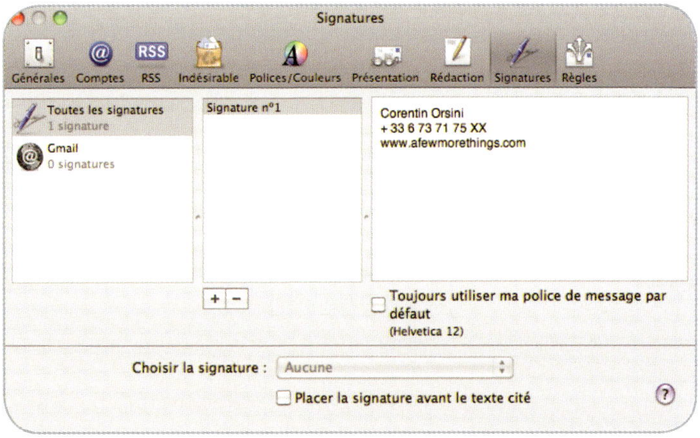

9/ Enfin, l'onglet **Règles** sera utile à tous ceux qui désirent trier le courrier qui arrive en fonction de critères comme l'adresse de l'expéditeur, la date d'envoi, la présence d'une pièce jointe, etc. Si vous voulez rediriger certains mails répondant à ces critères vers des dossiers spécifiques, il vous faudra au préalable créer ces dossiers à l'aide du petit + en bas à gauche de la fenêtre principale de Mail.

LE CHAT AVEC ICHAT

Apple livre avec son système d'exploitation un logiciel de chat (clavardage en français), baptisé iChat. Il est très agréable à utiliser, mais surtout il est compatible avec plusieurs réseaux, comme vous allez le voir.

● Première utilisation

La première fois que vous l'ouvrez, iChat vous demande de choisir un type de compte et d'entrer un nom et un mot de passe. Il y a de grandes chances pour que vous n'ayez pas de compte correspondant, à part peut-être un compte Google Talk, qui n'est autre que votre adresse mail en @gmail.com. Si vous avez déjà ouvert iChat en annulant cette demande de compte, vous pouvez y avoir de nouveau accès en allant dans les préférences d'iChat dans le menu **iChat** puis dans l'onglet **Comptes**.

Parmi les différents comptes proposés, vous avez le choix entre MobileMe (voir ce même chapitre, plus haut), Mac.com (auquel vous pouvez vous inscrire gratuitement en cliquant en dessous sur **Ouvrir un compte iChat**), AIM (qui est très utilisé aux États-Unis), ou encore Jabber et Google Talk (pour importer des comptes extérieurs). Si vous ne connaissez personne sur Mac, il y a peu de chance que vous connaissiez quelqu'un qui utilise un compte MobileMe ou Mac.com pour clavarder. Cela vous est donc inutile. Si vous connaissez d'autres utilisateurs de Mac qui clavardent, demandez-leur quel type d'adresse ils utilisent, pour vous inscrire au même service et ainsi communiquer. Sinon, vous pouvez entrer votre adresse Google Talk (Gmail) le cas échéant, pour profiter de l'interface agréable d'iChat pour clavarder plutôt que l'interface web. Vous verrez, c'est plus pratique, plus ergonomique et plus esthétique !

Entrez votre compte de clavardage

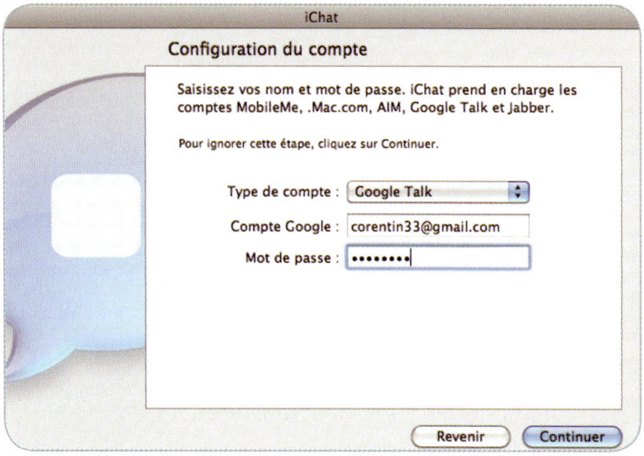

Votre liste de contacts

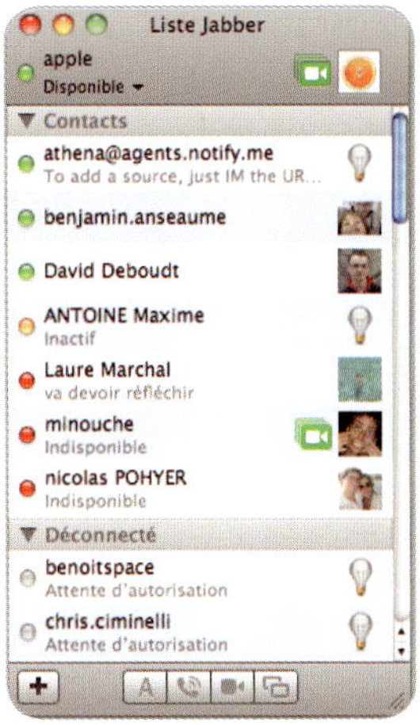

Renseignez votre adresse et votre mot de passe. S'il s'agit d'une adresse Google Talk, vos contacts s'affichent automatiquement et ceux qui sont en ligne sont précédés d'une bulle verte. S'il s'agit d'un autre type d'adresse, vous devez ajouter manuellement vos contacts. Pour cela, cliquez sur le bouton + en bas de la fenêtre, puis sur **Ajouter un contact**.

Une session de clavardage

Pour discuter avec l'un de vos amis, faites simplement un double-clic sur son nom : une fenêtre avec un champ de texte apparaît. Si vous préférez discuter de vive voix ou même en visioconférence, faites un clic droit sur le nom de votre ami et choisissez **Inviter à une conversation vidéo** ou **audio**. Attention, cela ne fonctionne qu'avec vos contacts qui utilisent iChat sur Mac, tout comme la fonction **Partage d'écran**, qui permet de montrer à votre ami votre écran en direct, et inversement.

● Un petit tour dans les préférences…

Allez dans le menu **iChat** puis **Préférences**. Cliquez sur l'onglet **Général**.

1/ Dans l'onglet **Général**, vous pouvez choisir *Afficher l'état dans la barre des menus* : ceci ajoute une bulle en haut à droite de votre écran, à côté des logos Bluetooth et Airport, qui vous permet de voir en un clic qui est connecté et de changer votre statut. Tout en bas de la fenêtre des préférences, vous retrouvez, comme dans les préférences de Safari et de Mail, le menu de sélection du dossier de destination des fichiers transférés.

Les préférences générales d'iChat

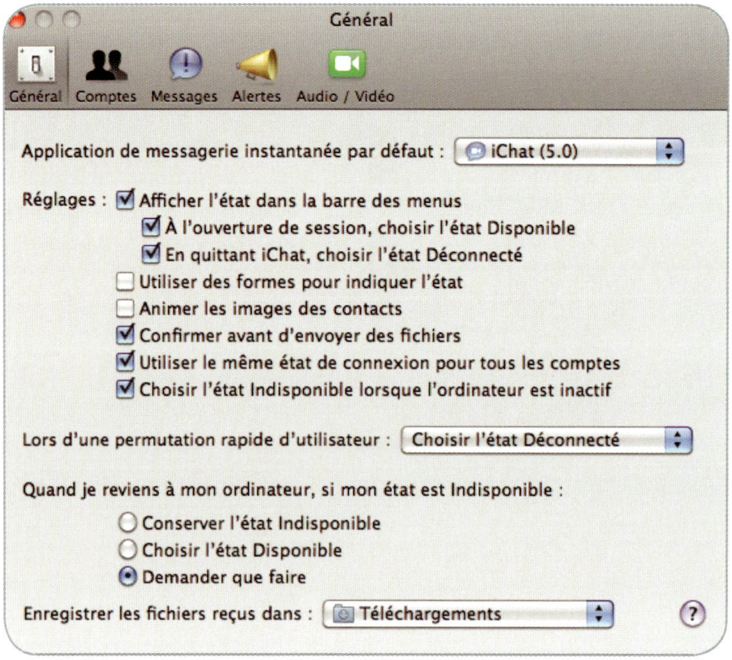

2/ L'onglet **Comptes** vous servira à supprimer ou ajouter une adresse pour clavarder.

3/ L'onglet **Messages** propose de choisir la police et la couleur du texte de vos discussions dans iChat ainsi que des options pour les utilisateurs réguliers, comme *Rassembler les conversations dans une seule fenêtre*, qui évite d'encombrer votre écran avec toutes les discussions en cours. Vous pouvez aussi archiver vos conversations dans le dossier de votre choix, en le sélectionnant dans le menu déroulant qui, par défaut, se trouve sur *iChats*, lui-même dans le dossier *Documents*.

4/ L'onglet **Alertes** est utile pour régler les alertes sonores lorsque certains faits interviennent dans iChat. Le menu déroulant **Événement** contient la liste de tout ce qui peut se produire lors de l'utilisation d'iChat : connexion d'un contact, réception d'un fichier, invitation vidéo, etc. À vous de faire correspondre un son et éventuellement une animation visuelle à chaque événement. Rassurez-vous, les sons par défaut sont plutôt bien choisis : vous n'avez pas vraiment besoin d'y toucher, à moins d'y tenir particulièrement !

5/ Lorsque vous cliquez sur l'onglet **Audio/vidéo**, vous devez vous voir apparaître à l'écran ! iChat est en effet capable de tirer parti de la webcam intégrée à votre Mac pour faire des visioconférences avec jusqu'à quatre personnes en simultané ! Pour essayer, cliquez sur la petite icône de caméra verte qui apparaît à droite du nom de certains de vos contacts. Si elle n'apparaît pas, c'est que votre contact n'a pas de caméra !

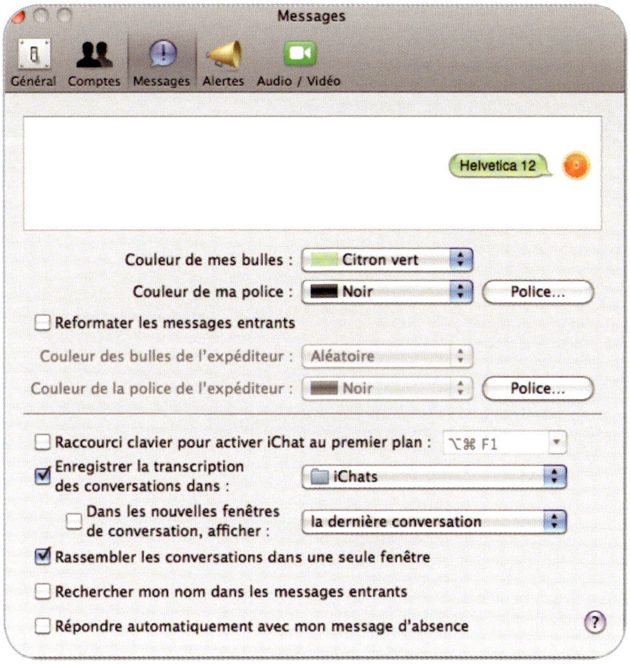

Les préférences des conversations

LES WIDGETS (DASHBOARD)

La touche [F4] de votre clavier arbore un cercle flanqué d'un thermomètre et de quelques petits traits, comme sur une réglette. En appuyant dessus, vous devriez voir apparaître plusieurs fenêtres spéciales que vous n'aviez jamais vues auparavant. Ce sont les widgets : ils n'apparaissent pas sur le Bureau mais sont bien cachés, dans un univers appelé Dashboard. Vous pouvez aussi les afficher en cliquant sur la molette de votre souris, si vous avez suivi mes conseils de réglage de la souris du chapitre Configurez et utilisez votre Mac portable. Au départ, vous n'avez que quatre widgets : calculatrice, horloge, météo et calendrier. Mais sachez qu'il en existe des milliers. Voici comment en profiter.

1/ Connectez-vous sur www.apple.com/fr/downloads/dashboard.

2/ En dessous de *Widget Browser*, vous avez une liste de catégories de widgets. Cliquez sur une catégorie qui vous intéresse pour afficher la liste des widgets correspondants. Puis cliquez sur le titre d'un widget.

La liste de widgets

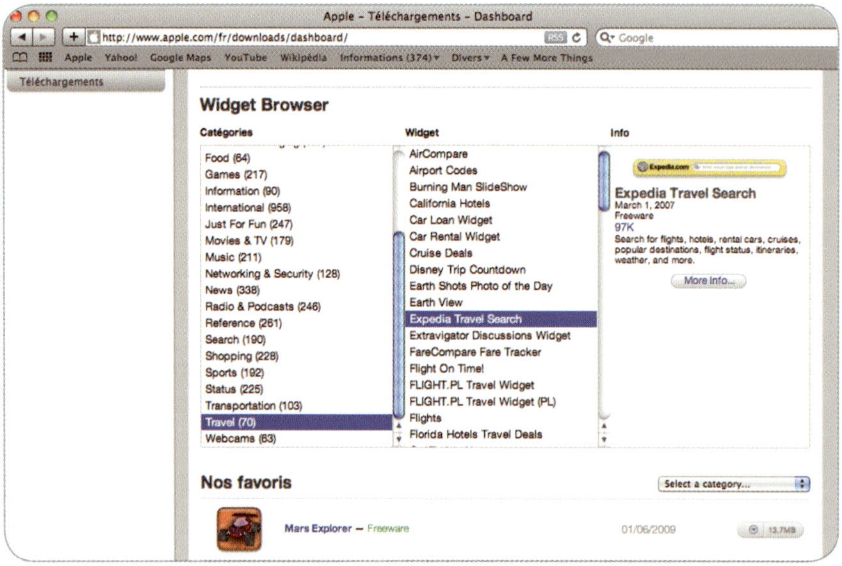

Localisez et ouvrez le fichier de widget

3/ Un résumé des fonctions du widget s'affiche à droite. Cliquez sur **More info** pour en savoir plus, puis sur **Download** à droite pour le télécharger, s'il vous semble intéressant. Validez avec OK.

4/ Allez chercher le fichier là où il s'est téléchargé. Souvenez-vous, les fichiers que vous téléchargez avec Safari s'enregistrent par défaut sur votre Bureau, mais je vous ai conseillé précédemment de choisir plutôt le dossier *Téléchargements*, pour un accès direct depuis le Dock et pour ne pas encombrer le Bureau. Ouvrez le fichier, qui se décompresse automatiquement et fait apparaître un nouveau fichier, avec une icône bien reconnaissable.

5/ Double-cliquez sur ce fichier noir : une fenêtre apparaît et vous demande si vous voulez installer ce widget. Cliquez sur **Installer**.

6/ Les widgets apparaissent, ainsi que celui que vous venez d'installer. Celui-ci est flanqué de deux boutons : **Supprimer** ou **Conserver**. Ainsi, vous pouvez essayer le widget et décider si vous voulez le garder.

Le widget météo côté pile

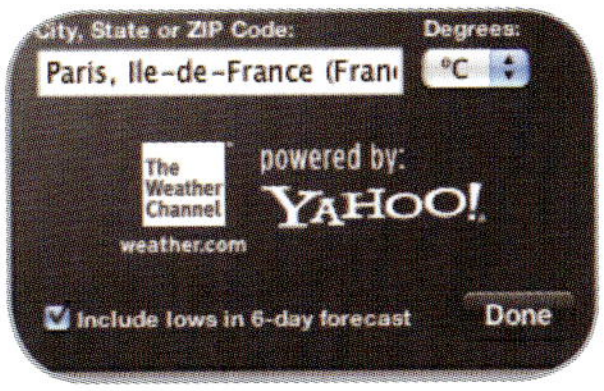

7/ Tous les widgets comportent un petit **i** sur lequel vous devez cliquer pour les régler à votre convenance. Lorsque vous cliquez sur le **i**, le widget se retourne et vous avez accès à son côté pile (ou face, c'est selon !).

8/ Une fois vos réglages effectués, validez et essayez le widget. S'il ne vous satisfait plus, vous pouvez vous en débarrasser à tout moment en maintenant la touche [Alt] enfoncée et en survolant le widget en question : une croix apparaît alors pour le faire disparaître.

La croix de suppression d'un widget

9/ Si vous voulez récupérer un widget que vous avez supprimé, appuyez sur [F4] pour appeler les widgets, puis cliquez sur le + cerclé, en bas à gauche de votre écran. Là, vous trouverez les widgets que vous aviez précédemment installés. Cliquez sur celui que vous voulez ressusciter !

Réinstallez un widget facilement

Mac Malin

Quelques widgets bien utiles

- Percentages : permet de calculer rapidement une augmentation ou une diminution en pourcentages.
- Stocks : pour surveiller les cours de Bourse de vos valeurs préférées.
- Traduction : comme son nom l'indique, pour traduire rapidement un ou plusieurs mots.
- Convertisseur : pour convertir des distances, des poids, des devises…
- Mac Tips and Tricks : des trucs et astuces pour votre Mac !

LES POINTS ESSENTIELS À RETENIR

- Avec les réglages que je vous ai conseillés, les fichiers que vous téléchargez depuis Safari s'enregistrent dans le dossier *Téléchargements*, dont un raccourci est présent dans le Dock. Pour retrouver le dernier fichier téléchargé, cliquez sur *Téléchargements* dans le Dock puis sur le dernier fichier en bas de l'éventail.

- Utilisez les onglets pour naviguer sur Internet de la manière la plus fluide et confortable qui soit. Essayez le raccourci ⌘ + T pour créer un nouvel onglet. Et n'hésitez pas à taper un mot ou une expression dans la barre d'adresse de Safari ou de Firefox pour faciliter vos recherches.

- Essayez les flux RSS. Commencez avec Safari ou Mail, puis voyez comment cela fonctionne avec Google Reader ou Netvibes. En revanche, je décline toute responsabilité en cas d'addiction ☺.

- Mail est un très bon logiciel. Rien ne vous empêche de vous servir de votre interface web ET de Mail.

- Vous pouvez utiliser le chat de Gmail (Google Talk) dans iChat. C'est incomparable !

- Vous cherchez un petit gadget pratique pour une utilisation bien particulière ? Allez faire un tour sur www.apple.com/fr/downloads/dashboard. Il y a de grandes chances pour qu'un widget réponde à votre besoin.

4

Votre musique avec iTunes

iTunes, c'est le passage obligé pour gérer une bibliothèque musicale sur votre Mac, mais aussi pour accéder à l'iTunes Store, la plus grande plate-forme de téléchargement légal de musique, films et séries. iTunes est donc devenu au fil des années un logiciel très complet, très riche, qui peut être un peu déroutant au premier abord, même s'il reste globalement facile à utiliser.

QUELQUES RÉGLAGES IMPORTANTS

iTunes est livré gratuitement avec tous les Mac. Il se trouve donc dans le dossier Applications, et un raccourci est placé par défaut dans le Dock.

1/ Ouvrez iTunes et cliquez sur **Accepter** après avoir lu les conditions d'utilisation.

2/ Cliquez sur **Suivant** puis encore sur **Suivant** pour accepter qu'iTunes soit votre lecteur de musique par défaut pour le Web (cela n'a pas beaucoup d'importance).

3/ iTunes vous demande s'il doit explorer votre disque dur à la recherche de fichiers musicaux. Si vous avez déjà transféré des fichiers *.mp3* sur votre Mac, vous pouvez choisir **Oui** pour les importer maintenant. Sinon, il importe peu que vous cliquiez sur **Oui** ou sur **Non**.

4/ Validez enfin par **Terminer**.

La fenêtre principale d'iTunes s'affiche, et ce dernier se connecte automatiquement à l'iTunes Store si vous avez une connexion Internet. Pour le moment, allons faire un tour dans les préférences. Choisissez le menu **iTunes** et sélectionnez **Préférences**.

1/ L'onglet **Général** s'affiche par défaut. Vous pouvez y renommer votre bibliothèque, choisir les médias à afficher dans iTunes, ainsi que l'action à effectuer à l'insertion d'un CD musical. Vous êtes libre de décider ce qu'iTunes doit faire dans ce cas. Si vous souhaitez numériser un grand nombre de CD à la suite, je vous recommande de choisir **Importer le CD puis l'éjecter** pour être averti dès que la numérisation d'un CD est terminée. Sinon, vous pouvez opter pour **Commencer la lecture**, si vous avez l'intention de vous servir parfois de votre Mac comme d'un lecteur CD. En cochant les deux cases en dessous, vous n'aurez pas (dans la majorité des cas) à entrer manuellement le nom des chansons que vous importez : iTunes s'en chargera grâce à une base de données en ligne. De même, iTunes vous avertira des mises à jour les plus récentes et vous proposera automatiquement de les installer. Je vous conseille donc de laisser ces deux cases cochées.

Les préférences générales d'iTunes

2/ Dans l'onglet **Lecture**, vous pourrez paramétrer iTunes de manière qu'il ne hache pas la lecture de plusieurs morceaux à la suite et qu'il égalise le volume de tous les morceaux, ce qui est utile s'ils proviennent tous de sources différentes. Les réglages en dessous concernent les films et séries achetés sur l'iTunes Store, mais aussi les clips et les vidéos que vous y stockerez éventuellement.

Les préférences de lecture

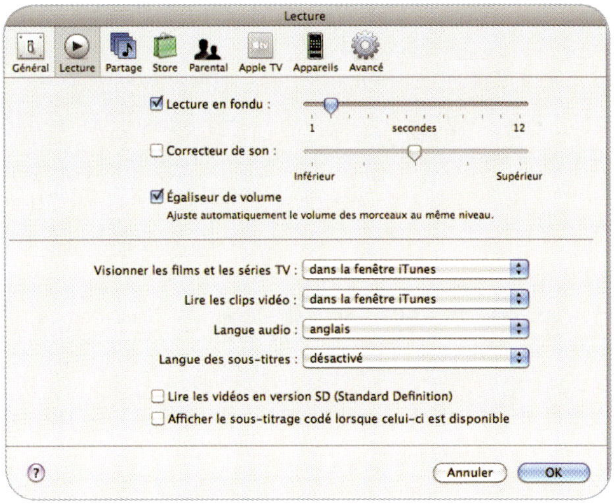

3/ L'onglet **Partage** concerne uniquement ceux qui possèdent plusieurs ordinateurs connectés sur le même réseau. Ainsi, il est possible d'accéder à la musique de l'un des ordinateurs via une autre machine, et inversement, grâce à la fonction de partage. Ici, vous pouvez donc choisir précisément ce que vous voulez partager dans votre bibliothèque.

4/ L'onglet **Store** est réservé à la boutique en ligne et vos préférences quant à son utilisation. À vous de régler la navigation comme vous l'entendez. Il y a aussi une option intéressante à cocher ici, *Télécharger automatiquement les illustrations d'album manquantes*, qui influe sur vos CD importés, dont vous pourrez admirer la pochette en version numérique, pour repérer visuellement un CD que vous connaissez bien, avec la navigation Cover Flow comme sur l'iPhone.

5/ L'onglet **Parental** permet aux parents de mettre des verrous pour leurs enfants sur certains types de films, certaines radios et même l'iTunes Store.

6/ L'onglet **Apple TV** présente la liste des boîtiers Apple TV (voir la fin du chapitre *Vos photos avec iPhoto*) connectés à votre Mac. Vous pouvez y désactiver la synchronisation automatique.

7/ L'onglet **Appareils** regroupe les iPod et iPhone qui ont été branchés sur ce Mac.

8/ L'onglet **Avancé** est l'onglet le plus important : il influe sur l'emplacement et le mode de sauvegarde de votre bibliothèque iTunes. Par défaut, l'emplacement de sauvegarde est un dossier *iTunes Music* dans le dossier *iTunes*, lui-même dans le dossier *Musique*, lui-même dans votre dossier *Utilisateur*, celui qui est représenté par une petite maison et qui porte votre nom (ou du moins celui que vous avez saisi lors du premier démarrage de votre Mac). Les deux cases en dessous sont très importantes : je vous recommande vivement de les cocher toutes les deux. La première concerne l'arborescence du dossier dans lequel se trouvent vos fichiers musicaux et la seconde, lorsqu'elle est cochée, oblige iTunes à copier automatiquement tout fichier musical importé dans le dossier *iTunes Music*. Ainsi, toutes les musiques que vous importerez dans le futur seront physiquement regroupées dans ce dossier, auquel vous n'aurez plus jamais besoin de toucher. Autrement dit, à chaque fois que vous importerez de la musique dans votre bibliothèque iTunes (comme détaillé ci-dessous), celui-ci copiera le fichier dans ses archives (*iTunes Music*), l'affichera dans sa bibliothèque, et vous pourrez supprimer le fichier d'origine où qu'il soit : sur votre disque dur, sur une clé USB, etc. Seule condition : ne modifiez jamais le dossier *iTunes Music* !

Le stockage de la bibliothèque musicale

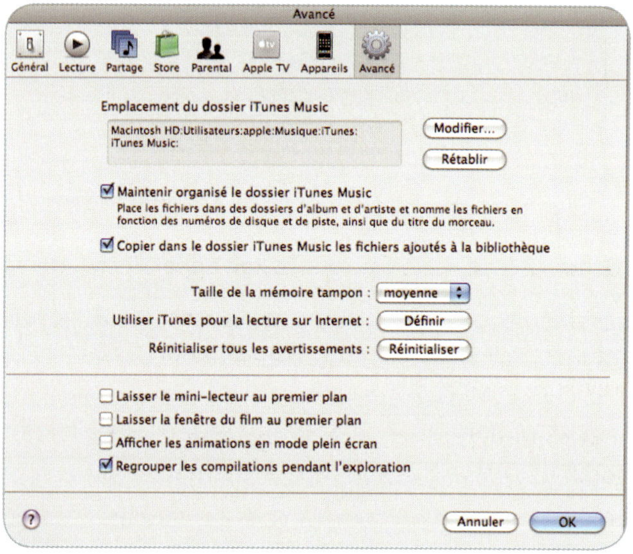

Mac World

Le procès contre les Beatles

En 1978, seulement deux ans après sa création, Apple est attaquée par une société appartenant aux Beatles, Apple Corps, pour violation de marque commerciale. Un accord est signé et la hache de guerre est enterrée jusqu'en 1989, date à laquelle Apple Corps attaque de nouveau Apple Computer en raison des capacités audio de ses nouveaux ordinateurs. Un autre accord est signé. Mais la sortie en 2003 de l'iTunes Store fait à nouveau enrager Apple Corps, qui cette fois est déboutée en 2006 par la justice anglaise. Un troisième accord est également signé l'année suivante. Depuis, de nombreuses rumeurs prédisent l'arrivée des albums des Beatles sur l'iTunes Store…

TRANSFÉREZ VOTRE MUSIQUE DEPUIS VOS CD

iTunes est très pratique pour numériser des CD audio. Si vous devez en numériser un grand nombre, n'hésitez pas à choisir Importer le CD puis l'éjecter dans les préférences d'iTunes, comme nous l'avons expliqué précédemment. Voici la marche à suivre pour importer vos CD :

1/ Ouvrez iTunes, puis introduisez votre CD dans le lecteur du Mac.

2/ Une boîte de dialogue s'affiche et vous demande si vous souhaitez importer le CD. Cliquez sur le bouton **Oui**. Si rien n'apparaît ou si vous avez choisi **Non**, vous pouvez cliquer sur le bouton **Importer le CD** en bas à droite de la fenêtre d'iTunes.

Import d'un CD dans iTunes

3/ L'importation démarre. Une barre de progression apparaît en haut de la fenêtre d'iTunes.

4/ Un petit son se fait entendre lorsque l'opération est terminée. Et le CD est éjecté si vous avez choisi cette option dans les préférences d'iTunes. Sinon, éjectez-le manuellement, avec la touche du clavier prévue à cet effet.

5/ En cliquant sur **Musique** dans la colonne de gauche, vous trouverez les morceaux importés, correctement nommés si vous êtes connecté à Internet et que le CD figure dans la base de données d'iTunes.

ORGANISEZ VOTRE MUSIQUE

Maintenant que vous avez importé de la musique dans iTunes, il vous faut la classer correctement pour pouvoir accéder facilement et rapidement au morceau de votre choix. Quelques réflexes sont bons à connaître pour vous faciliter la vie.

1/ Tout d'abord, sachez que, comme dans les dossiers de votre disque dur, vous avez le choix entre trois types de présentations. Dans iTunes, le choix s'effectue via les trois petits boutons en haut à droite. Cliquez sur ces boutons pour tester leur mode d'affichage et choisissez celui que vous préférez, le plus original étant le troisième, Cover Flow, qui reprend le célèbre principe de défilement des albums de l'iPhone.

L'affichage de la musique par pochettes de CD (Cover Flow)

2/ Le premier et le troisième modes d'affichage intègrent tous les deux des colonnes (Artiste, Nom, Album, Genre…) dont le haut est cliquable pour organiser un classement par ordre alphabétique. Par exemple, si vous voulez que vos morceaux soient classés par ordre alphabétique de leur artiste, cliquez simplement sur **Artiste**, en haut de la colonne. Pour ajouter ou enlever des colonnes, il vous suffit de faire un clic droit sur le haut d'une des colonnes et de cocher celles que vous voulez faire apparaître et décocher celles que vous souhaitez enlever. Pour ce qui est du mode d'affichage du milieu, la grille, vous avez accès à quatre onglets différents, permettant d'afficher tous les albums, de les regrouper par artiste, par genre ou par compositeur. Vous disposez aussi d'une réglette sur le côté droit, qui influe sur la taille des vignettes.

Le classement alphabétique dans iTunes

Les principaux boutons de fonction

3/ En bas à gauche de la fenêtre principale d'iTunes se trouvent quatre boutons utiles : le premier sert tout simplement à créer une liste de lecture, une sorte de dossier dans lequel vous pourrez glisser toute la musique que vous voudrez. La liste apparaît au-dessus, sous **Listes de lecture**. Le deuxième active et désactive le mode de lecture aléatoire. Ce mode peut être utilisé dans toute votre bibliothèque ou simplement au sein d'un album. Lorsque le bouton est bleu, le mode aléatoire est en fonction. Le troisième bouton active et désactive la lecture en boucle : là encore, la fonction peut s'appliquer à la bibliothèque entière, à un album ou à un seul morceau. Le quatrième bouton affiche ou masque le visualiseur juste au-dessus, pour les pochettes de CD ou les clips vidéo.

4/ L'une des fonctionnalités intéressantes d'iTunes s'appelle la liste de lecture intelligente. Dans le menu **Fichier**, choisissez **Nouvelle liste de lecture intelligente**. Dans la fenêtre qui apparaît, vous pouvez ajouter de nombreuses règles auxquelles va obéir cette liste de lecture. Vous pouvez par exemple regrouper tous les morceaux de Michael Jackson sortis entre 1989 et 1995 et dont le BPM est supérieur à 80 !

Les listes intelligentes

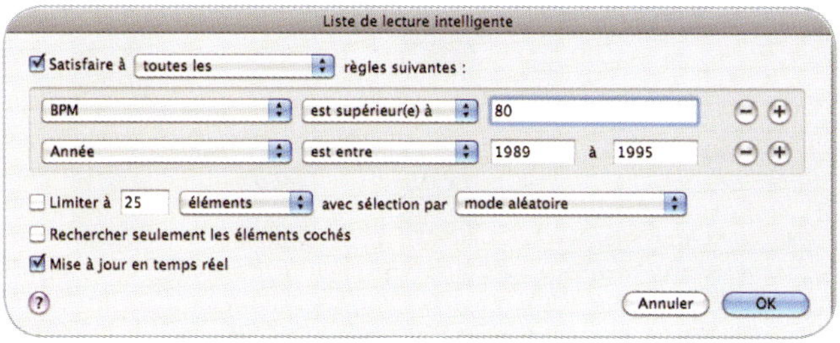

5/ Les commandes de lecture, elles, sont regroupées en haut à gauche, avec le volume. En haut à droite, vous trouverez aussi Spotlight, la barre de recherche présente partout sur votre Mac. Elle peut vous être utile dans iTunes, pour rechercher rapidement l'unique morceau que vous avez d'un artiste par exemple.

ACHETEZ DE LA MUSIQUE EN LIGNE AVEC L'ITUNES STORE

En cliquant sur iTunes Store dans la colonne de gauche, vous accédez instantanément à la plus grande plate-forme de téléchargement légal au monde. Eh oui, Apple ne tire plus uniquement ses revenus de la vente d'ordinateurs, mais aussi de la distribution de musique, de films et d'applications pour iPhone. On peut trouver tout cela sur l'iTunes Store et bien plus encore. Essayez !

1/ Par défaut, l'iTunes Store s'ouvre sur la page d'accueil, qui privilégie la musique. Des nouveautés sont mises en avant et vous pouvez télécharger un morceau gratuit chaque semaine : il est accessible en plein centre de la fenêtre. Sur la gauche de la page d'accueil, vous avez d'autres classements : ceux des séries TV, des clips vidéo et des podcasts. Sur la droite, vous avez les morceaux et albums, mais aussi les applications pour iPod et iPhone.

iTunes Store

2/ En haut à gauche, à côté de **Musique**, se trouve un petit menu déroulant : **Genres**. Vous pouvez ainsi accéder à l'univers que vous affectionnez le plus, consulter le classement des ventes, découvrir de nouveaux artistes, etc. Pour acheter un morceau, cliquez sur l'album puis sur le bouton **Acheter le morceau** dans la liste de lecture de l'album qui s'affiche en bas. Pour acheter l'album, le bouton est en haut, à côté de la pochette. Vous pouvez laisser des commentaires dans la rubrique *Avis des utilisateurs*. Pour aller au bout de votre achat, vous devez entrer vos coordonnées bancaires. Celles-ci seront conservées par Apple pour vos futurs achats. Ainsi, vous n'aurez qu'un clic à faire pour acheter un nouveau morceau ! Si vous avez déjà créé un compte MobileMe (www.me.com), vous pouvez l'utiliser ici.

L'achat d'un morceau ou d'un album

3/ Pour revenir à la page d'accueil, cliquez sur le petit bouton affichant une maison, en haut de la fenêtre. Chaque type de média est organisé sensiblement de la même manière, avec un classement des ventes, des nouveautés, des mises en avant et la possibilité de regarder ou d'écouter un extrait. Lorsque vous achetez un épisode d'une série TV, celui-ci s'ajoute automatiquement au dossier *Films* de la colonne de gauche.

Mac World

Un succès exponentiel pour l'iTunes Store

La sortie de l'iTunes Music Store, en 2003, n'a pas fait grand bruit. Le marché n'était pas encore tout à fait prêt : ceux qui utilisaient Internet téléchargeaient illégalement et n'encouraient (à l'époque) aucun risque, et ceux qui n'avaient pas Internet achetaient encore des CD. Il a fallu attendre 2006 pour atteindre un milliard de téléchargements. Ensuite, tout s'est accéléré : il a fallu moins d'un an pour atteindre deux milliards de téléchargements, et parallèlement, Apple a signé des partenariats avec les principaux studios de cinéma et de TV pour distribuer des films, séries et émissions sur sa plate-forme, rebaptisée iTunes Store. Aujourd'hui, Apple est le plus important vendeur de musique aux États-Unis, devant Wal-Mart !

SYNCHRONISEZ VOTRE IPOD/IPHONE

Vous avez peut-être un iPod, comme des centaines de millions de personnes dans le monde, ou un iPhone, comme des dizaines de millions (pour l'instant !). Alors vous n'êtes pas sans savoir qu'iPod rime avec iTunes : ce dernier est en effet la voie quasi obligée pour utiliser le fameux baladeur.

Si certains n'aiment pas cette obligation, il faut bien reconnaître que dans un monde parfait (j'achète ma musique sur l'iTunes Store, je l'organise dans iTunes et je la transfère dans mon iPod) c'est un système parfait ! Quoi qu'il en soit, le fonctionnement de la synchronisation mérite que l'on s'y penche un minimum.

Lorsque vous branchez votre iPod/iPhone sur votre Mac, iTunes se lance automatiquement et affiche le baladeur ou le téléphone dans la colonne de gauche, sous **Appareils**. Il affiche aussi une page de résumé avec, en bas, trois cases à cocher/décocher.

L'iPod/iPhone dans iTunes

La première case permet de lancer la synchronisation automatiquement, dès le branchement de l'appareil au Mac.

La deuxième case implique une gestion précise de votre musique : en la cochant, vous demandez à iTunes d'accorder de l'importance aux petites cases à cocher qui se trouvent à l'extrême gauche de vos morceaux de musique, dans votre bibliothèque. iTunes ne synchronisera que les morceaux que vous cocherez. Cela peut être fastidieux.

- La troisième case permet de gérer manuellement la musique et les clips, c'est-à-dire qu'elle autorise le glissement des titres depuis votre bibliothèque vers l'icône de votre iPod/iPhone, dans la colonne de gauche d'iTunes. Cochez-la si vous n'aimez pas ordonner votre musique et vos listes de lecture et si vous souhaitez simplement ajouter « à la main » vos médias.

Pour régler avec précision vos choix de synchronisation, utilisez les onglets en haut de la fenêtre principale d'iTunes, lorsque vous avez sélectionné votre iPod. Voici leur détail :

1/ Le premier onglet, **Infos**, concerne les fonctions bureautiques de l'iPhone ou de l'iPod touch. Vous pouvez ainsi décider de synchroniser ou pas vos contacts, vos calendriers, vos favoris issus de Safari (signets), ainsi que vos réglages de compte de courrier. Tout ceci se synchronisera lorsque vous brancherez votre iPhone/iPod à votre Mac, à moins que vous ne souscriviez à MobileMe (www.me.com), auquel cas la synchronisation s'effectuera automatiquement via le réseau téléphonique. Il vous suffit de renseigner votre compte MobileMe sur votre iPhone, dans les **Réglages**, puis dans **Mails, contacts, calendriers** et **Ajouter un compte…**

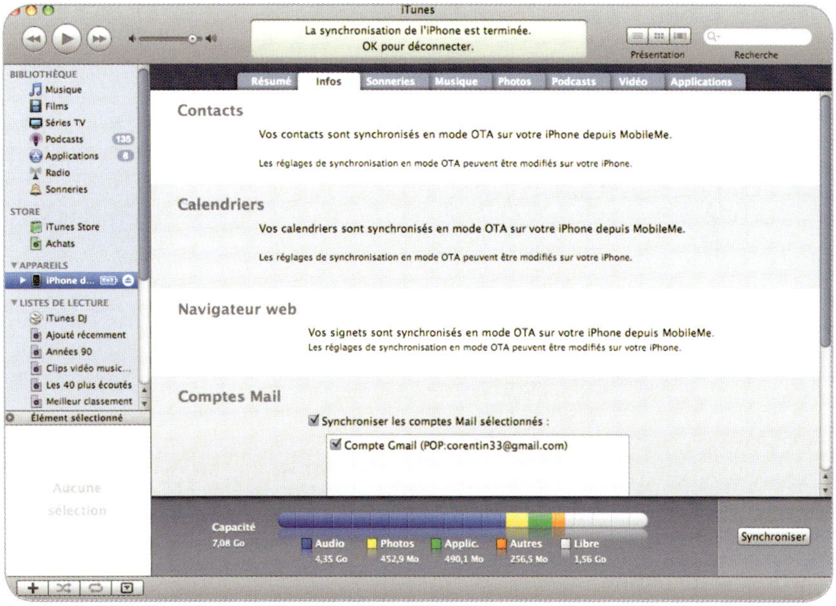

Un iPhone synchronisé automatiquement avec MobileMe

2/ L'onglet **Sonneries** concerne uniquement l'iPhone : vous pouvez acquérir des sonneries sur l'iTunes Store, qui sont en fait des extraits de chansons, tout simplement. C'est ici que vous décidez lesquelles synchroniser.

3/ L'onglet **Musique** se rapporte à la fonction iPod. En cochant la case *Synchroniser la musique*, vous signifiez votre volonté de lier exactement la bibliothèque musicale de votre Mac à celle de votre iPod/iPhone. Néanmoins, vous pouvez restreindre ce lien à certaines listes de lecture grâce au cadre en dessous.

La synchronisation de la musique

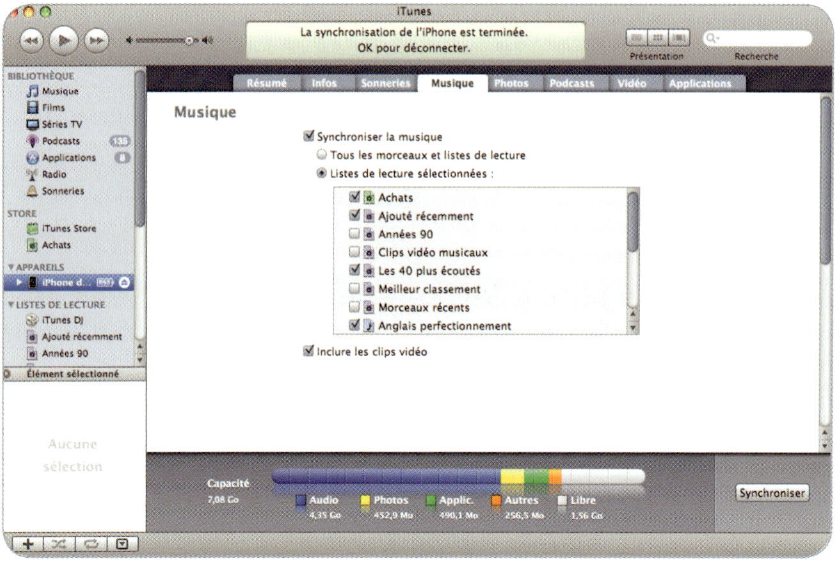

4/ L'onglet **Photos** permet de synchroniser les photos stockées dans iPhoto (voir le chapitre *Vos photos avec iPhoto*) ou dans un autre dossier avec votre iPod/iPhone. Dans le cas d'iPhoto, vous pouvez restreindre la synchronisation à certains albums ou certains événements.

5/ L'onglet **Podcasts** concerne la synchronisation de ce qu'on appelait les « blogs vidéo » il y a quelques années : vous pourrez vous abonner à des podcasts via l'iTunes Store, puis les synchroniser à l'aide de cet onglet.

6/ C'est la même chose pour l'onglet **Vidéo** qui peut lier votre iPod/iPhone aux films et émissions TV que vous avez téléchargés depuis l'iTunes Store et qui sont donc stockés dans iTunes.

7/ Enfin, l'onglet **Applications** concerne la synchronisation des jeux, utilitaires et autres gadgets que vous pouvez trouver sur l'iTunes Store.

Pour éjecter votre iPod/iPhone, utilisez le petit symbole d'éjection dans iTunes, à droite du nom de votre baladeur, ou glissez son icône depuis le Bureau vers la Corbeille.

Mac World

Le phénomène iPod
Le tout premier iPod est sorti en 2001. Il coûtait 400 dollars et offrait une capacité de stockage de 5 Go ! Les ventes sont restées « confidentielles » jusqu'en 2004, année qui a vu le nombre d'iPod vendus dépasser celui des Mac et qui a élargi la gamme, avec l'iPod mini. L'année suivante, c'est l'iPod shuffle qui est lancé, sans écran et sans réelle possibilité de choisir sa musique : original ! Aujourd'hui, il s'est vendu au total près de 200 millions d'iPod dans le monde…

LES POINTS ESSENTIELS À RETENIR

iTunes est bien plus qu'un logiciel de gestion de musique, c'est une véritable plate-forme multimédia, indispensable pour utiliser un iPod et acheter de la musique. N'oubliez pas :

- Vos fichiers musicaux originaux sont archivés dans un dossier de votre disque dur. Ce que vous voyez dans iTunes, ce ne sont pas les fichiers à proprement parler.
- Vous pouvez créer autant de listes de lecture que vous voulez et les synchroniser à loisir sur votre iPod/iPhone.
- Pour acheter sur l'iTunes Store, vous devez enregistrer vos coordonnées bancaires une fois pour toutes. Lorsque c'est fait, vous pouvez acquérir un morceau, un album ou un clip en un clic.

5

Vos photos avec iPhoto

Souvent, les utilisateurs de Mac citent iPhoto comme étant la véritable valeur ajoutée de leur Mac. Il est vrai que ce logiciel de gestion de photos est particulièrement bien pensé et assez puissant pour gérer efficacement des milliers de clichés. Du diaporama hyperpersonnalisé à la retouche de photos en passant par la recherche intelligente de vos clichés, les fonctions d'iPhoto sont nombreuses et nécessitent quelques conseils avisés. Les voici !

QUELQUES RÉGLAGES IMPORTANTS

Les logiciels d'Apple obéissent de manière générale aux mêmes règles ergonomiques et fonctionnelles : vous ne devriez pas être dérouté par iPhoto si vous utilisez déjà iTunes par exemple. Nous allons donc commencer, comme d'habitude, par faire un tour dans les préférences.

1/ Déroulez le menu **iPhoto** et sélectionnez **Préférences**.

2/ **Générales** est le premier onglet des préférences. Dans cet onglet, vous pouvez cocher la deuxième case pour que iPhoto affiche le nombre de photos contenues dans chaque dossier. Le deuxième menu déroulant, en bas, sert à sélectionner le logiciel utilisé pour envoyer vos photos par courrier électronique. Généralement, il s'agit de Mail (voir le chapitre *Internet, vos courriels et le Wifi*). Le troisième menu influe sur l'application qui s'ouvre automatiquement lorsque vous branchez votre appareil photo numérique ou votre carte mémoire sur votre Mac. Je vous conseille de laisser ici **iPhoto** sélectionné.

Les préférences générales d'iPhoto

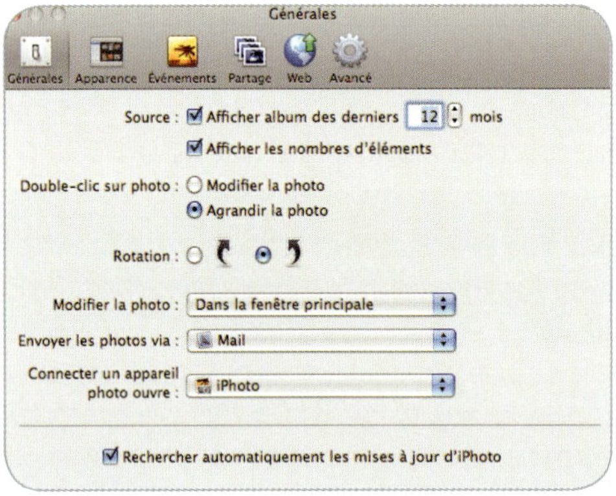

3/ Le deuxième onglet des préférences est intitulé **Apparence**. Les choix que vous ferez ici sont d'ordre esthétique. N'hésitez pas à utiliser la réglette *Arrière-plan* pour assombrir le fond de la fenêtre et ainsi faire ressortir vos clichés.

Les réglages esthétiques

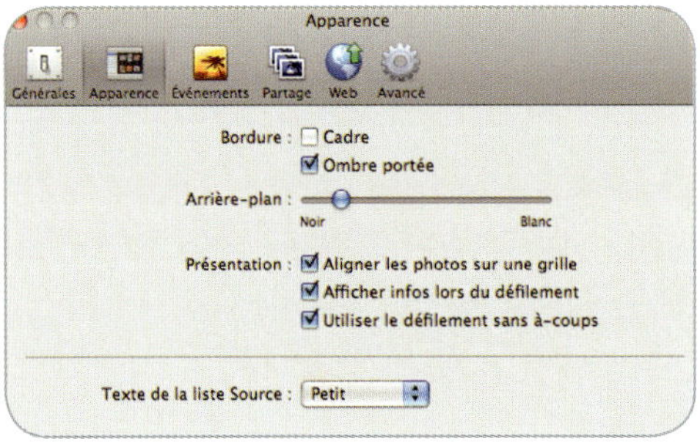

4/ L'onglet **Événements**, comme son nom l'indique, influe sur la classification en événements, accessible via la colonne de gauche d'iPhoto. La sous-partie *Division automatique en événement* concerne, elle, l'importation de vos clichés : lorsque vous brancherez votre appareil photo numérique et que vous transférerez vos photos, iPhoto divisera automatiquement vos clichés selon leur date de prise de vue, pour vous faciliter la vie. Bien entendu, ce classement est ensuite révisable manuellement. Il s'agit juste d'une préférence.

Division en événements

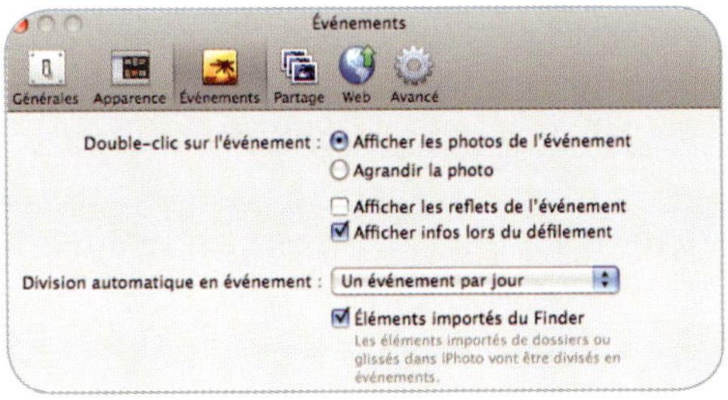

5/ L'onglet **Partage** s'adresse à ceux qui ont plusieurs ordinateurs à la maison, en réseau. Vous pouvez ainsi voir, sur un ordinateur, des photos stockées sur une autre machine. Et vous pouvez donc ici choisir quels dossiers vous voulez partager avec les autres Mac.

6/ L'onglet **Web** concerne les utilisateurs de MobileMe (www.me.com) et de Flickr (www.flickr.com). Ces deux services proposent, entre autres, des fonctions de partage et de sauvegarde en ligne de vos photos.

7/ L'onglet **Avancé** est important. Je vous recommande vivement de cocher la première case, *Copier les éléments dans la photothèque iPhoto*. Ainsi, tous les fichiers originaux de vos photos seront regroupés dans un seul et même paquet, géré par iPhoto, et vous n'aurez pas à vous en soucier. En fait, ces fichiers originaux seront physiquement dans le dossier *Images*, lui-même dans votre dossier *Utilisateur* affublé d'une petite maison. Ainsi, vous gérerez vos photos avec iPhoto sans vous soucier de ce dossier ni du lieu où vous avez rangé tel ou tel cliché. Croyez-moi, cela vous simplifiera grandement la vie ! Le reste des options de cet onglet est réservé aux photographes avertis.

Gestion de la photothèque

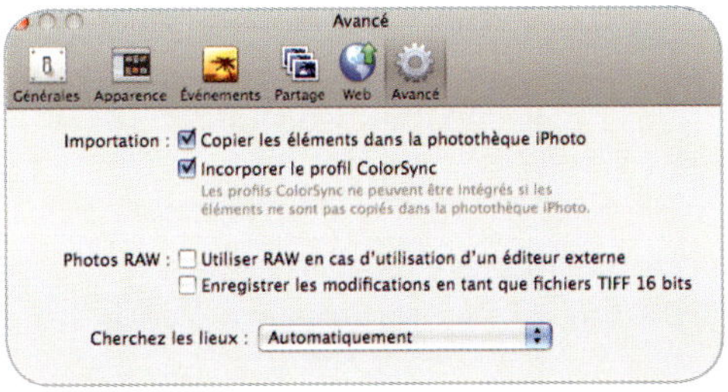

TRANSFÉREZ VOS PHOTOS

Il est temps d'importer quelques clichés récents dans iPhoto. Mais il va falloir également vous pencher sur les photos qui n'existent pas encore : celles que vous ferez bientôt ! Heureusement, tout cela est d'une simplicité déconcertante !

1/ Branchez votre appareil photo numérique ou votre lecteur de carte mémoire à votre Mac. Si vous avez acheté un MacBook Pro après juin 2009, celui-ci possède un lecteur de cartes intégré, sur le côté gauche. Sinon, utilisez un câble ou un lecteur externe. iPhoto s'ouvre automatiquement, conformément au réglage effectué dans les préférences.

2/ Au choix, vous pouvez sélectionner les photos que vous souhaitez importer et cliquer sur **Importer la sélection** ou cliquer sur **Tout importer**.

L'import de photos dans iPhoto

3/ À la fin de l'importation, iPhoto demande s'il doit supprimer les photos de votre appareil numérique. À vous de décider !

4/ Avec cette opération, les photos ont été copiées dans le dossier *Images* de votre dossier *Utilisateur* sur votre disque dur, mais peu importe : vous les gérez et les affichez dans iPhoto !

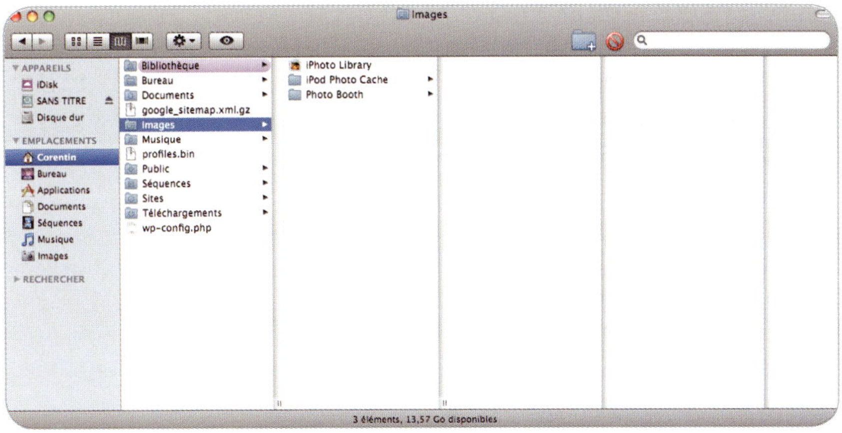

Les fichiers sont stockés dans le dossier Images

Mac World

Le concept du monobloc
Une grande partie de la gamme Apple a toujours été constituée d'ordinateurs monoblocs : l'écran fait corps avec l'unité centrale. C'est une caractéristique importante des Mac depuis le début et c'est aussi ce qui les différencie des PC. Dès le départ, il suffisait d'un câble électrique pour installer un Mac contre au minimum trois pour un PC, et cela a souvent été un argument de vente. Sans compter que le gain de place est considérable !

CLASSEZ, TRIEZ, RANGEZ !

Ici, il y a deux écoles, comme dans la « vraie vie » : ceux qui classent, rangent et étiquettent, et les autres. Je vous conseille de rejoindre la première catégorie en ce qui concerne iPhoto ! En effet, si vous daignez prendre un peu de temps pour vous en occuper chaque fois que vous importez de nouvelles photos sur votre Mac, vous le regagnerez au centuple lorsqu'il s'agira de retrouver un cliché en particulier parmi vos milliers de photos ! Et vous en épaterez plus d'un !

● Affichages et gestion des événements et des photos

Dans la colonne de gauche, vous avez le choix entre *Événements* et *Photos*. Ce n'est pas particulièrement clair, mais sachez que l'affichage par événements est un peu plus souple à l'utilisation :

il permet par exemple de classer les photos par thèmes, au contraire de l'affichage Photos qui, lui, présente les photos par ordre chronologique.

Le mode Événements

Après vos importations, vous vous retrouvez avec un ou plusieurs événements sans titre, chacun contenant une ou plusieurs photos. D'ailleurs, en survolant chaque événement, vous verrez défiler les photos qu'il contient. En faisant un double-clic sur un événement, vous ouvrez le dossier et les photos contenues à l'intérieur s'affichent. À ce stade, vous pouvez régler la taille d'affichage des clichés dans la fenêtre, avec la réglette qui se trouve en bas à droite d'iPhoto. Pour revenir à l'affichage des événements, cliquez en haut à gauche sur le bouton **Tous les événements**.

Le mode Événements dans iPhoto

Pour changer le nom d'un événement, il vous suffit de cliquer une fois sur son nom (en général *Événement sans titre*) et d'en saisir un nouveau en terminant par la touche Entrée. Pour créer un nouvel événement à partir de photos déjà importées, ouvrez l'événement en question, sélectionnez vos photos préférées, puis déroulez le menu **Événements** et choisissez **Scinder l'événement** ou **Créer un événement**. Vous vous retrouvez ainsi avec deux événements distincts. Vous pouvez bien entendu en créer autant que vous voulez. Dans le mode d'affichage par événements, vous pouvez, simplement en cliquant dessus et en maintenant la souris appuyée, déplacer à loisir les événements.

Le mode Photos

Dans la colonne de gauche, vous pouvez passer au mode d'affichage Photos, qui est un peu moins esthétique que le mode Événements, mais peut-être plus facile à prendre en main. Ici, les photos sont classées dans des dossiers, qui sont eux-mêmes rangés par ordre chronologique.

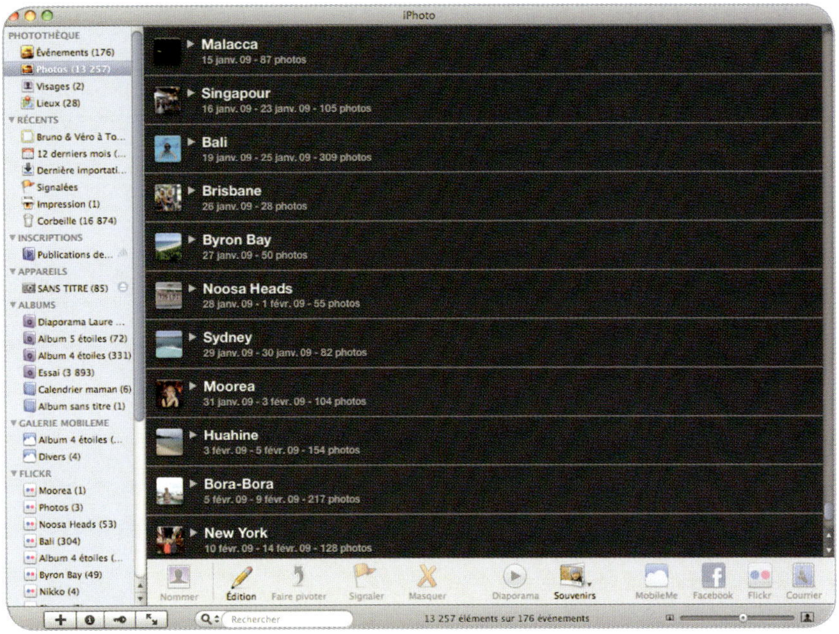

Le mode Photos dans iPhoto

Un clic sur le petit triangle, à droite de chaque vignette, déroule le contenu du dossier et affiche donc les photos correspondantes. Vous pouvez scinder un dossier en sélectionnant les photos que vous voulez séparer, puis en déroulant le menu **Événements** et en choisissant **Créer un événement**. Vous pouvez aussi déplacer une photo d'un dossier à l'autre, simplement en la faisant glisser sur la vignette de l'autre dossier qui, du coup, se cerclera de jaune pour indiquer que le dossier a bien pris en compte l'opération. Pour renommer un dossier, c'est la même procédure que dans le mode d'affichage par événements : cliquez sur le titre du dossier, à droite du triangle servant à dérouler le dossier, saisissez le nouveau nom et validez avec la touche [Entrée].

● Mots-clés et notations

Mots-clés

L'une des fonctions les plus utiles et puissantes d'iPhoto est le classement par mots-clés. Vous pouvez en effet faire correspondre à chaque photo un ou plusieurs mots-clés, très facilement.

1/ Commencez par activer l'affichage des mots-clés dans le menu **Présentation**. Il faut que la commande **Mots-clés** soit cochée, sur la gauche.

La commande Mots-clés est activée

2/ Ensuite, lorsque vous survolez une photo avec votre souris, la phrase « Ajouter des mots-clés » apparaît en dessous de ladite photo. Cliquez simplement sur cette phrase pour faire apparaître un champ de texte dans lequel vous allez ajouter tous les mots-clés que vous voulez. C'est particulièrement utile pour les photos sur lesquelles apparaissent des proches ou pour les photos prises dans un endroit particulier, lors d'un voyage par exemple.

Entrez un mot-clé

3/ Une fois l'opération effectuée sur plusieurs photos, testez la fonction de recherche. Le champ de recherche se trouve en bas à gauche, à droite d'une petite loupe. Tapez le nom d'une personne qui apparaît dans vos photos : un filtre s'active et iPhoto n'affiche que les clichés correspondants ! Et si vous ajoutez un autre nom dans le champ de recherche, iPhoto n'affichera que les photos sur lesquelles les deux individus apparaissent. Pratique, non ?

Si vous avez plusieurs milliers de photos, l'opération qui consiste à les étiqueter peut être très longue. Heureusement, un plug-in permet d'accélérer considérablement les choses : il s'agit de Keyword Manager. Vous pouvez l'acheter sur www.bullstorm.se pour 19 euros.

1/ Dézippez simplement le fichier téléchargé pour l'installer. Ensuite, lorsque vous lancerez iPhoto, vous verrez un nouveau bouton en bas à gauche, arborant une clé. Cliquez dessus : le bouton devient bleu et ouvre deux petites fenêtres flottantes à droite : **Attribution rapide** et **Gestionnaire de mots-clés**.

2/ Dès lors, sélectionnez plusieurs photos, avec la touche [Cmd] (⌘) ou [Maj] (⌘) enfoncée, puis cliquez dans le champ *Attribuer les mots-clés* et entrez un mot-clé qui leur sera commun. Il s'ajoute ainsi automatiquement à chaque photo sélectionnée ! Vous pouvez le vérifier en regardant en dessous de chaque cliché.

Attribuez des mots-clés en série

3/ La fenêtre **Gestionnaire de mots-clés** vous permet de classer vos mots-clés par thèmes et surtout d'effectuer des recherches encore plus précises qu'avec la barre de recherche intégrée à iPhoto. Vous pouvez taper le nom d'une personne à rechercher, cocher la case correspondante à droite de ce nom, puis effacer le nom tapé, en saisir un autre, cocher la case correspondante à nouveau, etc : les filtres s'empilent ! Ainsi, il devient facile d'afficher par exemple toutes les photos prises à Paris lors d'un séjour avec votre femme !

Notations

Dans la lignée des mots-clés, iPhoto propose également de classer vos photos par étoiles. Pour y avoir accès, il faut activer **Classement** dans le menu **Présentation**. Ensuite, lorsque vous survolez une photo, cinq petits points apparaissent en dessous. Chaque point correspond à un classement : si vous cliquez sur le dernier à droite, cela affichera 5 étoiles, sur l'avant-dernier, 4 étoiles, et ainsi de suite…

● Les albums intelligents

Maintenant que vous savez classer vos photos, les étiqueter et les noter, vous pouvez constituer ce que l'on appelle des albums intelligents, qui vont regrouper toutes les photos qui répondent à des critères précis. De plus, par la suite, ces dossiers se mettront à jour automatiquement, avec les nouvelles photos qui correspondront à vos critères ! Voici comment procéder :

1/ Après avoir étiqueté et noté vos photos, cliquez sur le bouton + , en bas à gauche de la fenêtre d'iPhoto.

2/ Dans la boîte de dialogue qui s'affiche, cliquez sur le deuxième onglet intitulé **Album intelligent**. Le premier champ de texte désigne le nom de cet album, que vous pouvez modifier maintenant ou plus tard.

3/ En dessous se trouvent les critères de sélection intelligente des photos. Le premier menu déroulant permet de sélectionner un élément qui fédérera quelques-unes de vos photos, la date de prise de vue par exemple, et les deux autres permettent de préciser cet élément en entrant une fourchette de dates, un mot-clé ou encore une vitesse d'obturation. Vous pouvez ajouter jusqu'à dix critères différents en cliquant sur le bouton + à droite de la ligne de critères. Nous pouvons imaginer par exemple créer un album regroupant toutes les photos prises entre le 10 juillet 2009 et le 31 août 2009, sur lesquelles figurent Paul et Virginie, et que nous avons classées au moins « 3 étoiles ». Cliquez sur le bouton OK lorsque vous avez fini.

Création d'un album intelligent

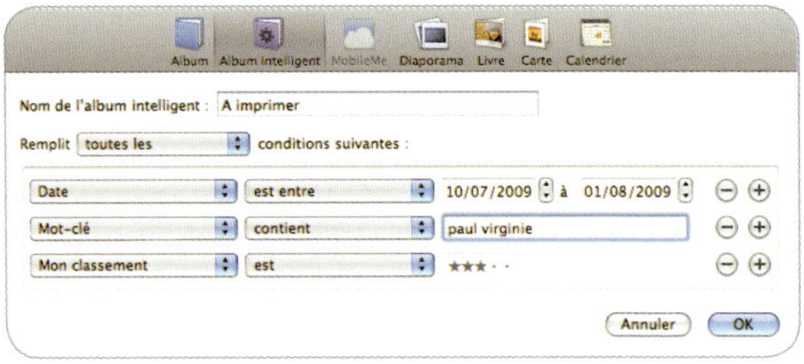

4/ L'album intelligent que vous venez de créer s'ajoute à la colonne de gauche d'iPhoto, sous le titre *Albums*, avec une icône violette, et les photos qu'il contient s'affichent. Si vous voulez ajouter ou retirer un critère, faites un clic droit sur l'album et choisissez **Modifier l'album intelligent**.

5/ Faites en sorte de faire correspondre un nouveau cliché aux critères de votre album intelligent : vous verrez qu'il ira se placer tout seul dans le dossier ! Pratique pour constituer automatiquement des diaporamas.

● Lieux et Visages

De plus en plus, les appareils photo numériques ont une puce GPS intégrée. Apple a bien compris ce nouveau besoin et iPhoto intègre désormais une fonction de localisation de vos clichés. Soit votre appareil possède déjà un GPS (c'est fréquent sur les téléphones par exemple) et vos photos contiennent en elles les coordonnées précises de leur capture, soit ce n'est pas le cas et vous pourriez avoir besoin d'ajouter ces coordonnées. Voici comment faire :

1/ Survolez une photo avec votre souris. Un petit **i**, pour « informations », apparaît en bas à droite de la photo. Cliquez dessus.

2/ Une carte du monde s'affiche, ainsi que diverses informations. Cliquez dans le champ de texte *Lieu de la photo* et tapez le nom de la ville ou de l'endroit où cette photo a été prise. Une liste de propositions apparaît au fur et à mesure de votre frappe. Cliquez sur la bonne proposition. La carte affiche alors la ville recherchée, avec une sorte de punaise jaune.

Entrez le lieu de prise de vue

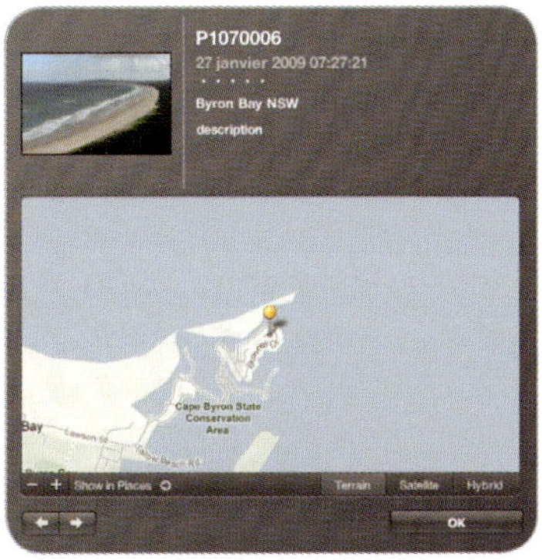

3/ Si vous souhaitez renseigner une localisation plus précise, cliquez à nouveau dans le champ de texte et sélectionnez **Rechercher « XX » sur la carte**. Une autre carte apparaît, sur laquelle vous pouvez déplacer la punaise jaune et élargir la zone à l'aide de flèches bleues. En plaçant la zone sur un lieu dont le nom est présent sur la carte, l'emplacement prendra ce nom. Cliquez sur le bouton **Attribuer à la photo** pour valider la zone. Cliquez sur OK pour revenir à votre photothèque.

4/ Dans la colonne de gauche, cliquez sur **Lieux**. Une carte du monde s'affiche, arborant autant de repères rouges que vous en avez entrés. En survolant l'un de ces repères, vous ferez apparaître le nom du lieu ainsi qu'une flèche sur laquelle vous pourrez cliquer pour afficher tous les clichés pris à cet endroit précis. Le double bouton en bas à gauche permet de passer du mode de vue en carte à un autre, où les noms des lieux sont classés par ordre alphabétique.

La carte du monde de vos clichés

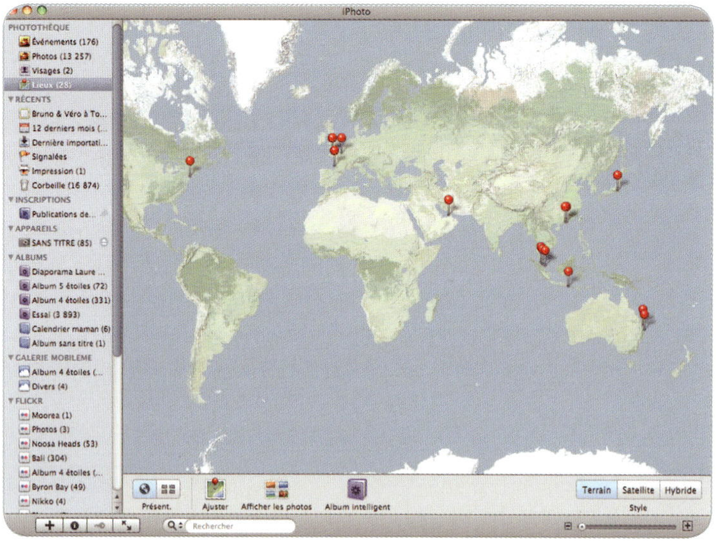

Une autre fonction novatrice d'iPhoto, peut-être plus impressionnante encore, s'appelle **Visages**. Il s'agit d'une fonction de reconnaissance automatique des visages.

1/ Cliquez sur l'une de vos photos où apparaît une personne. La photo se cercle de jaune et le bouton **Nommer**, en bas à gauche, devient disponible. Cliquez dessus.

2/ La photo s'agrandit et un rectangle noir intitulé *Sans nom* apparaît sous le visage. En le survolant, un cadre apparaît autour du visage. Cliquez sur le rectangle noir pour entrer le nom de cette personne. Validez avec la touche [Entrée] puis en cliquant sur le bouton **Terminer**.

Attribuez un nom à un visage

3/ À présent, si vous cliquez sur **Visages** dans la colonne de gauche, la photo apparaît, virtuellement punaisée sur un tableau en liège. En cliquant sur le petit **i** en bas à droite de la photo, vous pouvez entrer d'autres informations concernant cette personne. Mais surtout, lorsque vous double-cliquez sur cette photo, iPhoto vous propose, juste en dessous, d'autres clichés sur lesquels ce même personnage est susceptible d'apparaître. Et force est de constater que cela fonctionne plutôt bien !

La liste de personnes reconnues par iPhoto

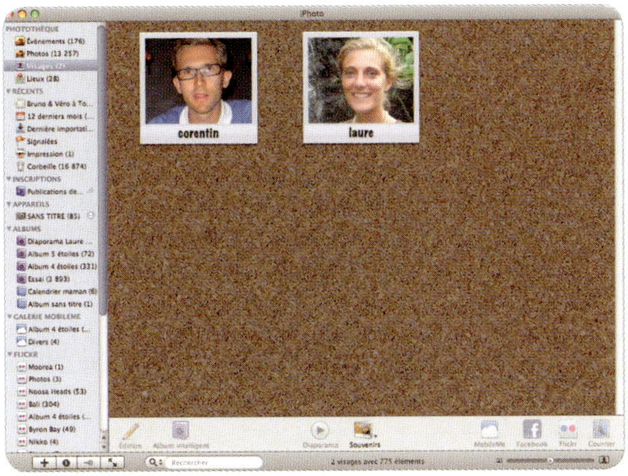

4/ Si vous cliquez sur le bouton **Confirmer le nom**, en bas, une ligne de texte apparaît sur chaque cliché suggéré : « Cliquez ici pour confirmer ». Lorsque vous confirmez, le bas de la photo devient vert et affiche le même nom que celui de la première photo. Si une photo a été validée par erreur, cliquez à nouveau dessus et elle ne sera plus considérée comme représentant la même personne. Elle affichera la phrase « Autre que X » dans un rectangle rouge.

5/ Une fois les ressemblances confirmées ou infirmées, cliquez sur le bouton OK en bas à droite. iPhoto intègre ces informations et propose alors d'autres clichés qui pourraient correspondre, selon sa nouvelle base de données…

Le seul élément manquant avec cette fonction, c'est son lien avec les mots-clés. Cela fera certainement l'objet d'une prochaine mise à jour d'iPhoto : ainsi, vous n'aurez quasiment plus à entrer de mots-clés, iPhoto le fera tout seul, et vous n'aurez plus qu'à confirmer ou infirmer ses propositions !

Mac World

Steve Jobs, ancien hippie

En 1975, après son premier emploi chez Atari, Steve Jobs voyage en Inde et au Népal, où il se convertit au bouddhisme et devient végétarien. Il fait l'expérience de certaines drogues et suit ainsi plus ou moins la mouvance hippie. Contrairement à d'autres, il n'a jamais renié ce passé et suivrait d'ailleurs toujours aujourd'hui un régime végétarien. Mais cette "cool attitude" ne fait pas pour autant de lui un patron calme : il est connu pour ses sautes d'humeur et ses colères impressionnantes.

RETOUCHEZ, IMPRIMEZ, CRÉEZ !

iPhoto n'est pas seulement capable de classer vos photos, il intègre aussi des fonctions de retouche, d'impression et de création d'albums divers et variés. C'est une plate-forme complète, qui offre de nombreuses possibilités, comme vous allez le voir. Pour la majorité des utilisateurs, en fait, nul besoin d'autres logiciels !

● Les outils de retouche

Lorsque vous sélectionnez une photo dans votre photothèque iPhoto, vous pouvez cliquer sur le bouton **Édition**, en bas, surmonté d'une icône de crayon. La photo s'agrandit alors et une rangée de boutons apparaît en dessous. Voici le détail de leur fonction :

➡ **Faire pivoter** applique simplement une rotation de 90° à la photo. Vous pouvez bien sûr enchaîner plusieurs rotations.

L'outil de rognage

➔ **Rogner** permet de ne conserver qu'une partie de l'image, en d'autres termes d'effectuer un recadrage. Lorsque vous cliquez sur le bouton, un cadre apparaît sur la photo : en faisant glisser l'un des coins, vous modifiez sa taille et ne conservez de la photo que ce qui se trouve à l'intérieur de ce cadre. **Contrainte** est une option intéressante qui est proposée dans le petit menu déroulant juste en dessous de la photo. Si vous cochez la case et choisissez un format dans le menu déroulant, le cadre adoptera automatiquement et de manière fixe un format standard, correspondant au format d'origine de la photo ou à certains formats d'impression répandus. Cliquez sur le bouton **Appliquer** pour valider.

➔ **Redresser** est une fonction très utile pour vos clichés un peu penchés. Le bâtiment que vous avez photographié n'est pas bien droit ou la ligne d'horizon de vos photos prises à la mer est penchée ? Cliquez sur ce bouton et jouez de la réglette pour rétablir l'inclinaison correcte, grâce à la grille jaune qui apparaît au-dessus du cliché.

Redressage d'une photo penchée

➔ **Améliorer** est une fonction complètement automatique qui rehausse les couleurs et la lumière de votre photo. Le résultat est souvent meilleur, parfois moins bon. Dans ce cas, n'hésitez pas à revenir en arrière grâce à **Annuler** dans le menu **Édition**.

➜ **Yeux rouges** facilite grandement l'opération qui consiste à enlever les yeux rouges sur les photos prises avec un flash. Lorsque vous cliquez dessus, une réglette apparaît ainsi qu'un bouton **Auto**. Ce bouton fonctionne relativement bien : essayez-le en premier. Si ce n'est pas concluant, annulez (⌘ + Z) et procédez manuellement : réglez d'abord la taille du cercle correspondant à celle des pupilles sur votre photo avec la réglette. Ensuite, cliquez avec ce cercle sur les pupilles rouges, une à une.

Enlevez les yeux rouges

➜ **Retoucher** sert pour corriger des défauts présents sur certaines de vos photos. Par exemple, une tache sur une table unie ou encore un bouton sur un visage. Cliquez sur **Retoucher**, puis modifiez la taille du curseur avec la réglette. Ensuite, cliquez sur la zone à harmoniser. Selon les cas, il vous faudra cliquer seulement une fois ou plusieurs, avec un curseur très fin ou très large, ou encore cliquer et faire glisser la souris sur toute une zone. Souvenez-vous que vous pouvez toujours avoir un aperçu de la photo non retouchée en appuyant sur la touche Maj, et que vous pouvez annuler la retouche avec Cmd + Z.

➜ **Effets** est une collection de neuf filtres applicables sur votre photo, pour la convertir en noir et blanc ou en sépia par exemple.

➜ **Ajuster** est l'outil le plus complet. Il affiche plusieurs réglettes qui correspondent à des paramètres précis : exposition, contraste, teinte… N'ayez crainte : nul besoin de s'y connaître pour utiliser ces fonctions. Testez-les une à une et admirez le résultat ! Et si une configuration vous séduit en particulier, vous pouvez la copier en cliquant sur le bouton **Copier** en bas de la fenêtre flottante. Puis, si vous éditez une autre photo, cliquez sur le bouton **Ajuster** et sur le bouton **Coller** : les mêmes critères seront appliqués !

Enlevez cette tache noire en un clic

L'outil d'ajustement, plutôt complet

Mac Célère

iPhoto

Lorsque vous appliquez des retouches à vos photos et que vous voulez comparer le résultat obtenu avec le cliché d'origine, il vous suffit d'utiliser la touche Maj : laissez-la enfoncée pour faire apparaître le cliché non retouché, et relâchez-la pour afficher la nouvelle version. Si vous préférez la version non retouchée, utilisez Cmd + Z, qui est bien sûr la fonction d'annulation. Pour naviguer dans vos photos, vous pouvez employer les flèches, et pour agrandir les vignettes, au lieu de double-cliquer dessus, sélectionnez-en une et appuyez sur la Barre d'espace. Vous pouvez procéder de la même manière à l'intérieur d'un diaporama.

L'impression des photos

Pour imprimer une photo, rien de plus simple : sélectionnez-la, puis déroulez le menu **Fichier** et choisissez **Imprimer**. Le raccourci clavier est le même que dans toutes les applications : ⌘ + P. Une fenêtre s'affiche, avec différentes options. Dans la colonne de gauche, vous pouvez choisir d'ajouter une bordure ou un cadre et aussi de créer une planche-contact (il faut pour cela avoir sélectionné plusieurs clichés).

Une impression classique

En cliquant sur le bouton **Personnaliser**, vous accédez à des possibilités de mise en page plus poussées. La ou les photos s'affichent en grand dans la fenêtre principale, et des options apparaissent en bas :

Les options d'impression

- **Réglages d'impression** : pour revenir à la fenêtre précédente, ouverte avec ⌘ + P.
- **Thèmes** : ils correspondent à la colonne de gauche de la fenêtre précédente, cadres, bordures, planche-contact, etc.
- **Arrière-plan** : vous avez le choix entre trois couleurs de fond sur votre feuille, blanc, gris ou noir.
- **Contours** : ils s'apparentent à une bordure blanche, grise ou noire, plus ou moins épaisse.
- **Disposition** : choisissez l'orientation de vos photos sur votre feuille.
- **Ajuster** : cette option n'est disponible que si vous cliquez sur votre photo d'abord, ce qui fait également apparaître une réglette pour zoomer en haut de la photo. La fonction d'ajustement regroupe quelques options vues plus haut, comme le réglage du contraste ou de la luminosité.
- **Réglages** : influent sur la police du texte éventuellement utilisée à l'impression.

Bien entendu, pour un meilleur rendu, je vous conseille d'utiliser du papier photo, et même, encore mieux, le papier photo de la marque de votre imprimante !

Commandez des tirages, des calendriers et des albums !

Apple a passé des accords avec Kodak : les utilisateurs Mac peuvent maintenant créer et commander des livres de photos, des calendriers et des cartes de vœux très facilement, sans quitter iPhoto !

Pour commander simplement des tirages de vos photos, sélectionnez-les (à l'aide de la touche ⇧ Maj ou ⌘ Cmd) et déroulez le menu **Fichier** puis **Commander des tirages**. Décidez du format et de la quantité, payez et c'est tout !

Pour les commandes de produits plus complexes, c'est un peu plus long, mais pas très compliqué :

1/ Commencez par sélectionner les photos que vous souhaitez inclure dans votre création. Pas besoin de les sélectionner toutes, vous pourrez en ajouter plus tard. Si vous préférez quand même faire une sélection complète dès le début, je vous conseille de créer un album dans lequel vous glisserez tous les clichés choisis. Procédez comme pour un album intelligent mais en choisissant simplement **Album** et non pas **Album intelligent**.

2/ Cliquez ensuite sur l'un des trois boutons du bas : **Livre**, **Calendrier** ou **Carte**. Une fenêtre de sélection apparaît dans chacun des cas, dans laquelle vous devez choisir votre style. Vous pourrez tout de même l'affiner par la suite, ajouter des pages, modifier certaines options de mise en page, etc. Mais cette sélection insuffle un certain caractère à votre création.

Sélectionnez le genre d'album que vous souhaitez créer

3/ iPhoto affiche la première page, avec une ou plusieurs zones grises sur lesquelles vous allez devoir glisser vos photos, et des champs de texte dans lesquels vous allez pouvoir écrire ce que vous voulez. En haut se trouvent les vignettes des photos que vous avez préalablement sélectionnées pour votre création. En cliquant sur le bouton à gauche de cette bande, vous affichez les pages de votre livre.

4/ Commencez à glisser vos photos depuis le haut vers les zones grises et regardez ce que cela donne. S'il vous manque des photos pour remplir certains endroits, revenez dans votre photothèque en cliquant sur **Photos** dans la colonne de gauche et faites glisser d'autres photos vers la colonne de gauche, à la ligne appelée par défaut *Livre sans titre, Calendrier sans titre ou Carte sans titre*. Cette opération les ajoute à la bande horizontale de photos, en haut de votre création. Revenez à votre livre en cliquant dessus dans la colonne de gauche.

Glissez vos photos sur les emplacements gris

5/ Vous pouvez changer de thème en cours de route à l'aide du bouton **Thèmes** situé en bas, mais il est possible que vous perdiez certains blocs de texte qui ne sont pas prévus dans le nouveau thème. Vous pouvez aussi choisir la couleur de fond via **Arrière-plan**, la **Disposition**, **Ajouter des pages**, **Ajuster** et faire certains **Réglages**, le tout ressemblant beaucoup aux options d'impression décrites dans la partie précédente. La fonction **Formatage automatique**, elle, se charge de placer automatiquement les photos sélectionnées dans le livre. C'est plus rapide, mais moins personnel !

6/ En ce qui concerne le thème *Voyage*, si vous souhaitez ajouter une autre carte de votre périple, utilisez le bouton **Disposition** puis la commande **Page de texture**. Cette fonction de carte est d'ailleurs en lien avec la fonction **Lieux**, comme nous l'avons vu plus haut.

Un bel album de voyage, avec les itinéraires

7/ Lorsque vous êtes satisfait de votre création, cliquez sur le bouton **Acheter le livre** en bas à droite. Si vous avez un compte Apple (avec lequel vous achetez de la musique sur l'iTunes Store par exemple, voir le chapitre *Votre musique avec iTunes*), entrez votre identifiant et votre mot de passe. Sinon, suivez la procédure pour vous inscrire. iPhoto s'occupe d'envoyer les fichiers sur les serveurs adéquats et vous demande simplement l'adresse de livraison des photos, du livre ou du calendrier !

PARTAGEZ VOS CLICHÉS !

Signe des temps, la dernière version d'iPhoto ne comporte plus de bouton Imprimer en bas à droite (il faut maintenant passer par le menu Fichier) mais quatre boutons qui permettent de partager vos clichés en ligne ! Il faut dire que les soirées photo ont un peu disparu ces dernières années, au profit de la consultation sur le Web des photos de vos amis qui reviennent de vacances… Ou alors si, les soirées photo, ça existe encore, mais désormais on regarde un beau diaporama sur la télé (voir la partie suivante à ce propos) ou l'ordinateur !

Chez vous, avec un diaporama

1/ Sélectionnez les photos dont vous voulez faire un diaporama à l'aide des touches ⇧ (Maj) et ⌘ (Cmd).

2/ Cliquez sur le bouton **Diaporama** en bas. Le diaporama se lance avec un thème et des musiques par défaut. Si vous souhaitez le personnaliser, cliquez sur le bouton **Pause** puis sur celui affichant des icônes de diapositives. Vous pourrez choisir un thème, avec des transitions différentes. Vous aurez aussi accès à deux autres onglets : l'un vous permettra de choisir votre musique dans votre bibliothèque iTunes et l'autre de déterminer une durée d'affichage des photos, ainsi qu'un mode aléatoire et/ou en boucle comme pour la lecture de musique dans iTunes ou sur un iPod.

Des diaporamas recherchés

3/ Vous pouvez utiliser la petite télécommande blanche, livrée en option avec les Mac, pour mettre le diaporama sur pause ou passer d'un cliché à l'autre.

4/ Pour quitter avant la fin, appuyez sur la touche [Esc] de votre clavier.

Sur le Web, avec les réseaux sociaux

1/ Sélectionnez les photos que vous voulez mettre en ligne.

2/ Cliquez sur l'un des quatre boutons en bas à droite : **MobileMe**, **Facebook**, **Flickr** ou **Courrier**.

— MobileMe est l'espace de synchronisation et de stockage d'Apple, sur lequel vous avez droit à 20 Go d'espace pour 79 euros par an. Vous pouvez vous inscrire sur Me.com. Cela peut être une bonne solution de sauvegarde de vos photos. Une fois inscrit, lorsque vous utilisez cette option depuis iPhoto, celui-ci vous demande d'indiquer vos options de confidentialité et la qualité de téléchargement : **Optimisée** ou **Taille réelle**. Le premier choix entraînera un temps de téléchargement plus court mais une qualité d'archivage moindre : tout dépend de ce que vous voulez en faire et de vos autres précautions de sauvegarde (via Time Machine notamment, voir le chapitre *Vos sauvegardes automatiques avec Time Machine*).

L'interface web de MobileMe

— Facebook est le plus gros réseau social du monde. L'inscription est gratuite sur www.facebook.com. Ici, il ne s'agit pas vraiment d'archivage de vos photos (elles sont stockées en petite taille) mais plutôt de partage avec vos amis.

— Flickr est, lui, un réseau social spécialisé dans le partage de photos (et de courtes vidéos). Pour 15 euros par an, vous accédez à un espace de stockage infini ! C'est à la fois un espace de stockage et une plate-forme de partage. La navigation n'y est pas des plus simples, mais c'est la solution la plus économique pour ceux qui possèdent beaucoup de photos et souhaitent les sauvegarder sur le Web. Lorsque vous utilisez cette fonction d'iPhoto, celui-ci vous demande vos préférences de confidentialité et de reformatage de vos clichés. Les options **Taille réelle** et **Optimisée** sont à utiliser en priorité, **Web** réduisant considérablement la taille de vos photos.

— Enfin, le bouton **Courrier** permet de redimensionner en un clic plusieurs photos et de les envoyer par mail, via le logiciel Mail d'Apple ou votre webmail préféré. Très pratique pour envoyer plus de cinq, dix ou vingt photos dans le même mail sans passer une demi-heure à les retailler dans Photoshop ou autres… D'ailleurs, la fonction existe aussi sur Windows.

L'interface web de Flickr

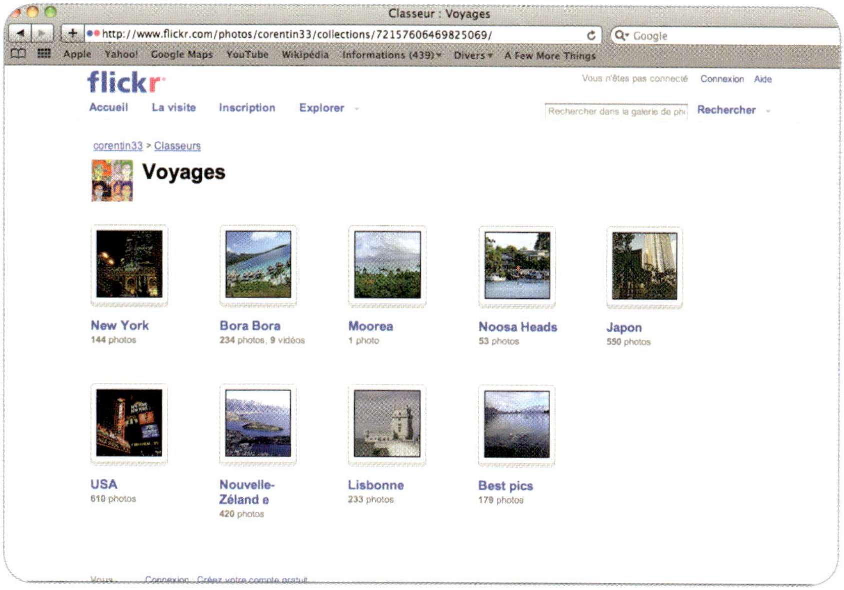

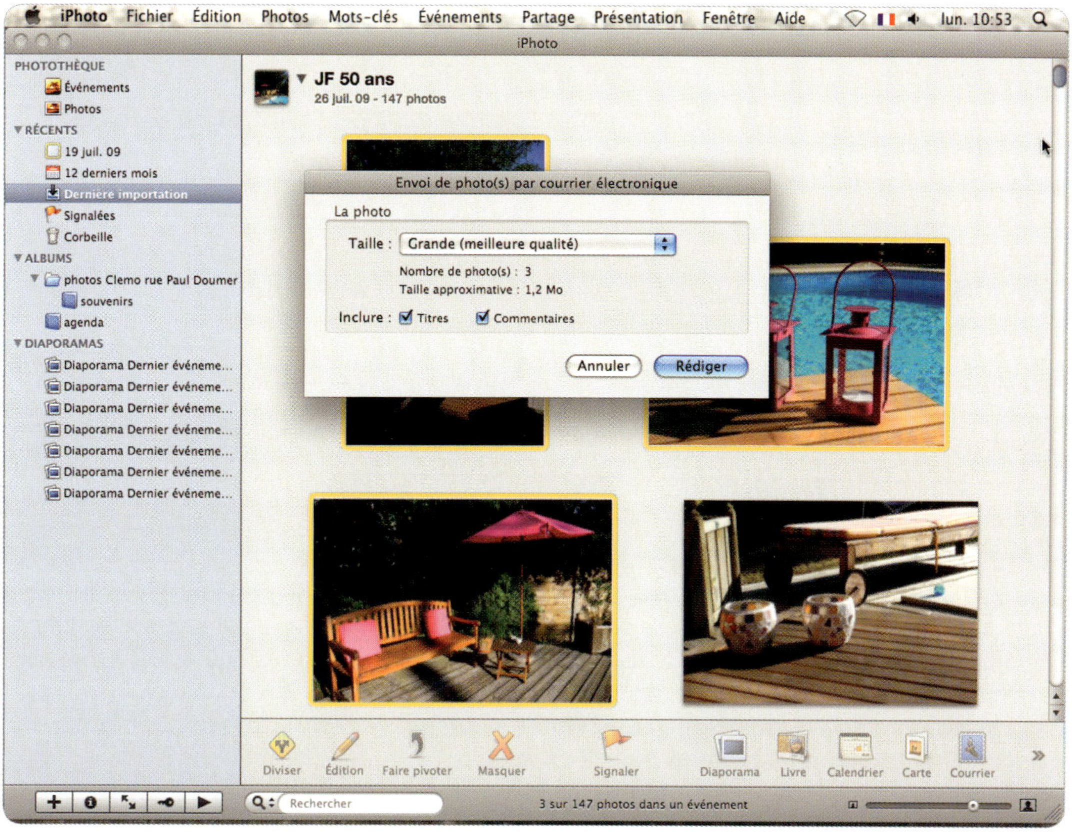

Envoi de trois photos par courriel

APPRÉCIEZ VOS PHOTOS SUR APPLE TV

Vous êtes devenu un inconditionnel d'iPhoto ? Je vous comprends ! Et je peux même vous conseiller d'aller plus loin en achetant un petit boîtier magique qui se branche à votre téléviseur : j'ai nommé l'Apple TV ! Il s'agit tout simplement d'un disque dur externe doté de la fameuse prise HDMI, qui fait passer des images en haute définition vers les téléviseurs. Ainsi, ce petit boîtier va chercher sans fil, grâce au Wifi, les photos stockées sur votre Mac pour les afficher sur votre écran LCD ou plasma, dans votre salon ! Et même, si vous désirez, vos vidéos et votre musique…

L'Apple TV

1/ Si vous voulez acheter l'Apple TV, vous trouverez ce petit boîtier sur l'Apple Store (http://store.apple.com/fr) ou chez les revendeurs spécialisés Apple. Il y a deux modèles : 40 ou 160 Go. Choisissez la capacité qui correspond à votre besoin de stockage en photos, vidéos et/ou musique, mais gardez à l'esprit que vous ne stockerez pas forcément tous vos fichiers en même temps sur l'Apple TV. Vous pourrez en effacer certains, en remettre de nouveaux, sans que cela n'affecte votre Mac.

2/ Raccordez l'Apple TV à votre téléviseur à l'aide d'un câble HDMI (non fourni). Branchez-le également au secteur. À l'aide de la petite télécommande blanche, sélectionnez **Réglages**, **Général**, **Réseau**, et **Configurer le réseau sans fil**. Dans la liste des réseaux qui apparaît, choisissez le vôtre, puis entrez le mot de passe, le cas échéant. Il peut arriver que la connexion échoue ; dans ce cas, comme il est très fastidieux d'entrer plusieurs fois le mot de passe très long réglé par défaut sur les box, je vous conseille de le changer pour un autre, beaucoup plus court, avant de connecter l'Apple TV. Chaque fournisseur d'accès a sa propre méthode de modification du mot de passe : reportez-vous à son site web.

3/ Une fois l'Apple TV raccordé à votre réseau domestique, ouvrez iTunes sur votre Mac. Vous devriez voir apparaître **Apple TV** dans la colonne de gauche. Cliquez dessus pour accéder aux réglages de synchronisation. Comme pour un iPod ou un iPhone, vous devez choisir entre une synchronisation automatique ou une synchronisation personnalisée. Choisissez l'une ou l'autre, et cliquez ensuite sur l'onglet **Photos**, en haut. Ici, vous avez la possibilité de régler l'Apple TV de manière à synchroniser tout le contenu d'iPhoto, simplement les événements ou encore certains albums (classiques et intelligents). Commencez par exemple avec un album pour vous assurer du bon fonctionnement de l'ensemble. Cliquez sur le bouton **Synchroniser** en bas à droite. La première synchronisation peut être longue. Vérifiez que l'opération est finie à l'aide de la barre de progression en haut de la fenêtre d'iTunes. Retournez devant votre télé et sélectionnez, toujours avec la télécommande, le menu **Photos** puis encore **Photos**. Votre album devrait apparaître à l'écran, avec son nom et quelques vignettes qui défilent. Validez encore une fois avec le bouton de lecture : une grille de photos s'affiche. Vous pouvez choisir d'en afficher une seule en plein écran ou de lancer un diaporama. Admirez le résultat !

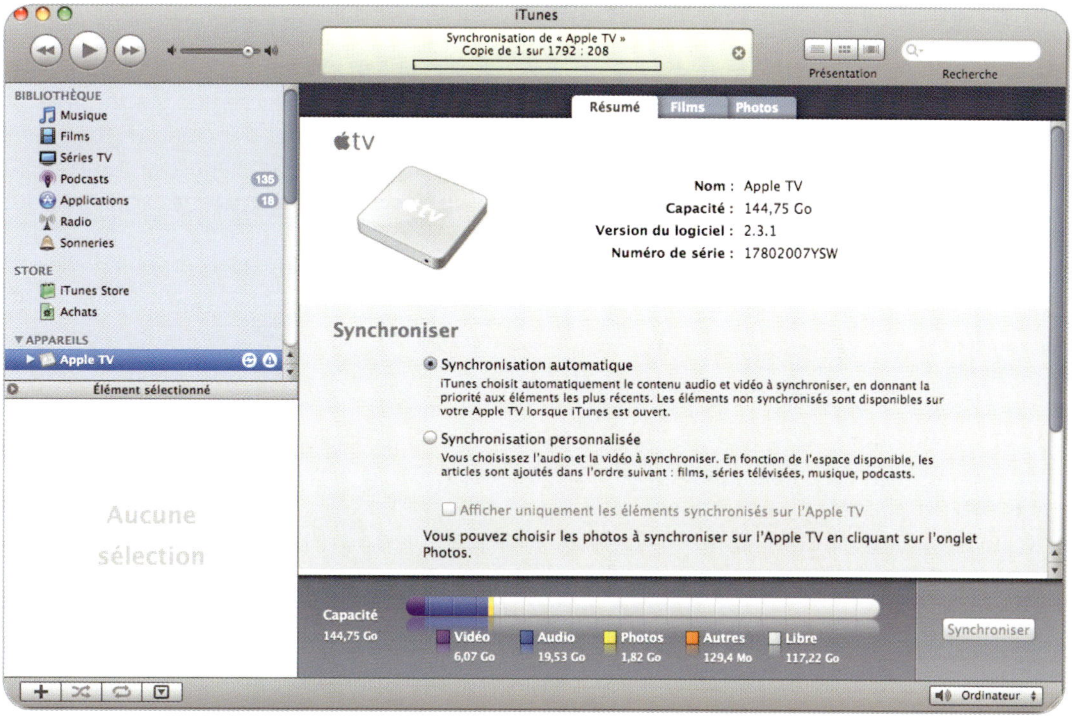

La synchronisation de l'Apple TV

4/ Pour revenir au menu précédent, appuyez sur le bouton **Menu** de la télécommande. Vous pouvez à présent régler vos préférences de diaporama. Pour cela, rendez-vous dans le menu **Photos**, puis **Réglages**. C'est ici que vous décidez de tout : durée d'affichage des photos, type de transition, musique, mode aléatoire, lecture en boucle, effet Ken Burns (zoom et « dézoom » sur les photos, donnant un effet plus dynamique mais masquant les extrémités des photos).

5/ N'oubliez pas : tout ce qui concerne l'Apple TV se règle via iTunes. Mais si vous souhaitez créer des dossiers de photos pour des diaporamas spécifiques sur votre TV, vous devez le faire dans iPhoto puis les synchroniser sur l'Apple TV grâce à iTunes et à l'onglet **Photos** !

Comme nous l'avons vu au chapitre précédent, vous pouvez acheter des séries TV sur l'iTunes Store. Sachez que vous pouvez les regarder sur votre Apple TV. Il vous suffit de les synchroniser à l'aide du bouton du même nom, dans iTunes, après avoir réglé vos préférences dans l'onglet **Films**. C'est la même chose pour la musique bien entendu. À chaque média son onglet dans iTunes !

RIEZ UN PEU AVEC PHOTO BOOTH

Ouvrez le dossier Applications de votre Mac, puis Photo Booth. Il s'agit d'un petit logiciel de capture de photos via la webcam intégrée des Mac. Vous devriez vous voir apparaître à l'écran. Vous pouvez prendre une photo en cliquant sur le bouton rouge.

Mais surtout, vous pouvez ajouter des effets en temps réel, en cliquant sur le bouton **Effets**. Vous avez trois pages d'effets différents : la première regroupe les effets graphiques, la deuxième, la plus drôle, les effets déformants et la troisième permet d'inclure un fond personnalisé derrière vous, histoire de faire croire que vous vous trouvez devant une chute d'eau ou sur une plage tropicale ! Vous pouvez même ajouter votre propre photo et vous balader dans des photos animées !

Autoportrait à la Warhol

Lorsque vous avez pris la photo, vous pouvez en un clic l'envoyer par mail, l'ajouter à votre photothèque iPhoto, l'assigner à votre session ou à votre profil de clavardage. Vous pouvez aussi la supprimer, bien sûr !

UTILISEZ APERÇU

Aperçu est une petite application simple et légère qui sert à ouvrir les images et au besoin à les recadrer ou à en changer la taille. Les images, lorsqu'elles sont ouvertes depuis le Finder (et non depuis iPhoto), s'affichent par défaut avec Aperçu.

1/ Si vous avez besoin, par exemple, de réduire la taille d'une photo tout en gardant une copie originale, glissez la photo depuis iPhoto vers le Bureau ou n'importe quel dossier de Mac OS.

2/ Ouvrez cette copie avec Aperçu. Déroulez le menu **Outils**, puis **Ajuster la taille**. Dans le premier menu déroulant, vous pouvez choisir une taille prédéfinie, standard. En dessous, vous pouvez saisir précisément les valeurs de votre choix en pourcentages, en pixels, en centimètres…

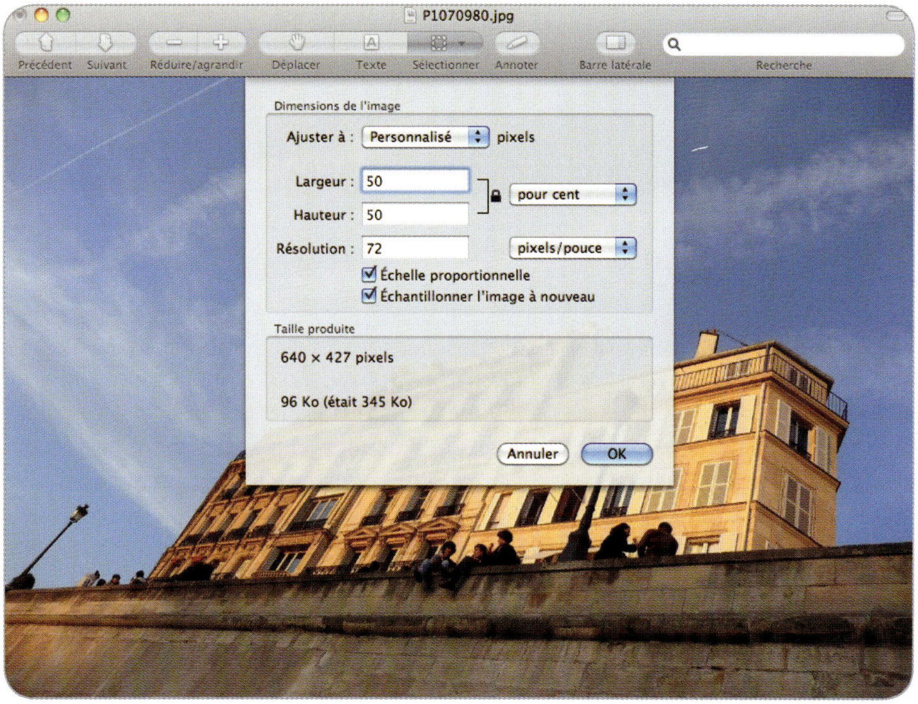

Redimensionnez une image

3/ Si vous cochez *Échelle proportionnelle*, Aperçu fixera la valeur de la hauteur en fonction de celle que vous entrerez pour la largeur, et inversement. Sinon, la photo sera déformée. Validez et enregistrez.

Si vous ouvrez plusieurs images en même temps avec Aperçu, des vignettes correspondant à ces images apparaîtront à droite de la fenêtre et vous pourrez passer de l'une à l'autre en cliquant dessus.

Pour sélectionner une partie de l'image, tracez simplement un cadre autour de la zone que vous souhaitez garder. Vous pouvez ajuster ce cadre avec les habituelles poignées qui sont situées aux quatre coins. Pour ne conserver que cette sélection et effacer le reste, déroulez le menu **Outils** et sélectionnez **Rogner** (ou ⌘ + K).

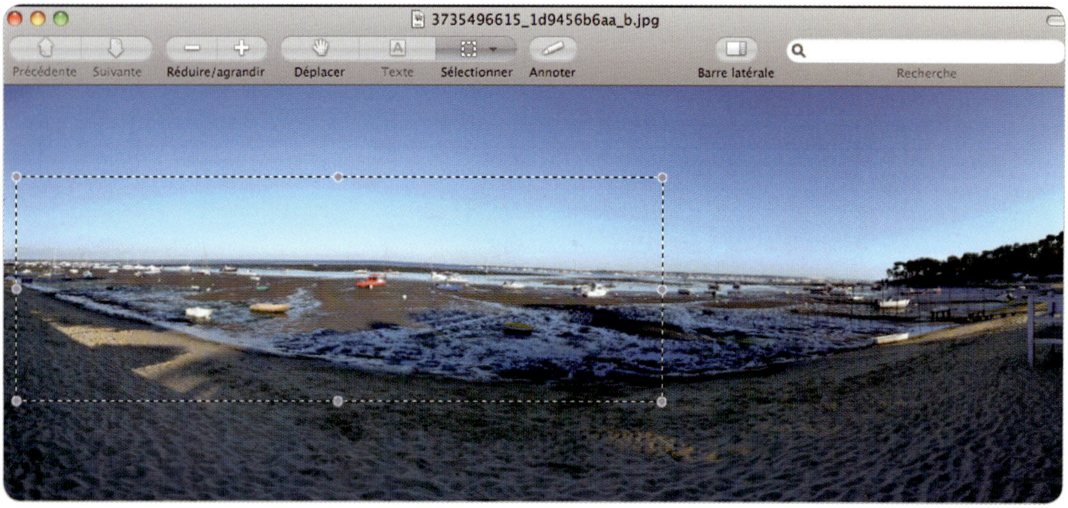

Il est facile de rogner une photo avec Aperçu

> **Mac Malin**
>
> **Coup d'œil (Quick Look)**
> Si vous voulez simplement jeter un coup d'œil rapide à un document (où qu'il se trouve dans votre Mac) sans pour autant le charger, lui et le logiciel qui va avec, il existe une fonction pratique, nommée **Coup d'œil**. Elle est accessible très simplement, en sélectionnant le fichier avec la souris puis en appuyant sur la Barre d'espace. Essayez par exemple avec un fichier photo : le cliché s'affiche instantanément dans une fenêtre transparente. Appuyez à nouveau et il disparaît. C'est la même chose pour les vidéos et les fichiers de texte. Si vous devenez accro à cette fonction, n'hésitez pas à l'étendre à d'autres domaines, grâce à des plug-ins facilement téléchargeables sur Internet. Il en existe par exemple pour les archives *.zip* ou les fichiers au format Illustrator.

LES POINTS ESSENTIELS À RETENIR

iPhoto permet aux amateurs de photos de les classer, mais aussi de les retoucher, les partager et même les retrouver efficacement. En résumé :

- Vos fichiers photo originaux sont archivés dans un dossier de votre disque dur. Ce que vous voyez dans iPhoto, ce ne sont pas les fichiers à proprement parler.
- L'importation des photos depuis votre appareil numérique se fait presque automatiquement : iPhoto se lance et vous validez.
- Les photos sont classées chronologiquement par défaut dans la partie *Photos*. Vous pouvez modifier cet ordre dans la partie *Événements*, par simple glisser-déposer.
- Vous pouvez attribuer des mots-clés et des étoiles à vos clichés pour pouvoir les retrouver en un clin d'œil. Aidez-vous de Keyword Manager si vous avez une photothèque conséquente.
- Vous pouvez faire glisser avec la souris des photos depuis iPhoto vers votre Bureau ou n'importe quel dossier de votre disque dur. Le cliché original restera dans iPhoto et vous en aurez une copie sur votre disque.
- Les principaux outils de retouche sont intégrés, de même que les options d'impression usuelles et les commandes de tirages, d'albums et de calendriers.
- Vous pouvez partager vos clichés de nombreuses manières directement depuis iPhoto : par mail, sur le Web, ou en lançant un beau diaporama.

6

Votre bureautique

Ce ne sont certes pas les fonctions les plus glamours d'un ordinateur, encore moins d'un Mac, mais il faut bien reconnaître que tous ces logiciels peuvent être d'une grande aide dans de très nombreux cas de figure. Vous vous occupez bénévolement d'une association, vous voulez gérer votre budget, organiser votre mariage ou vous avez tout simplement beaucoup d'amis et de connaissances ? Dans ce cas comme dans bien d'autres, votre Mac vous sera très utile ! Et puis, comme vous avez opté pour un Mac portable, vous pouvez emporter votre bureau entier, ou presque, où vous le souhaitez !

VOS CONTACTS ET VOS RENDEZ-VOUS

Si vous n'êtes pas un jeune cadre dynamique, il y a de grandes chances pour que vous ne gériez pas encore vos contacts et vos rendez-vous par ordinateur. Peut-être les gérez-vous pour l'instant avec votre téléphone ou avec un simple calepin... L'achat de votre Mac est l'occasion rêvée pour vous y mettre ! Et pour aller encore plus loin, ajoutez donc un Smartphone (BlackBerry, iPhone, etc.) à votre panoplie.

● Vos contacts avec le Carnet d'adresses

Cliquez simplement sur l'icône du calepin marron dans le Dock pour ouvrir le Carnet d'adresses. Une fenêtre composée de trois colonnes s'affiche. À gauche, vous avez les sous-dossiers, au milieu les noms de vos contacts, et à droite leurs détails. Cliquez sur l'un de vos contacts importés (si vous en avez) pour afficher ses détails à droite. Si vous désirez vous constituer votre premier Carnet d'adresses, voici la marche à suivre :

1/ Cliquez sur le deuxième bouton + , en bas de la colonne des noms. Une nouvelle entrée se crée dans cette liste de noms et des champs de texte apparaissent dans la partie droite. Entrez les informations que vous voulez : prénom, nom, adresse, numéro de téléphone, mail, etc. Si vous saisissez un numéro de téléphone, un petit bouton + cerclé de vert apparaît juste à gauche, vous permettant d'en ajouter d'autres. C'est la même chose pour le mail et l'adresse physique. En faisant un double-clic sur la silhouette en haut, vous pouvez ajouter une photo. Lorsque vous avez fini, cliquez sur le bouton **Modifier** en bas, qui cesse d'être bleu. Pour rectifier à nouveau la fiche, cliquez sur ce même bouton.

Création/ modification d'une fiche de contact

2/ Pour effacer une fiche de votre Carnet d'adresses, sélectionnez-la, déroulez le menu **Édition** puis choisissez **Supprimer une fiche**, ou utilisez la touche Suppr de votre clavier.

3/ Comme avec iPhoto, il est possible de constituer des groupes intelligents, à savoir des dossiers contenant tous vos contacts qui répondent à certains critères. Cela peut être utile pour envoyer des mails communs par exemple. Pour constituer de tels groupes, allez dans le menu **Fichier**, puis sélectionnez **Nouveau groupe intelligent**. Entrez vos critères puis validez : le groupe s'affiche dans la colonne de gauche et les fiches correspondantes dans celle du milieu.

Un groupe intelligent de contacts

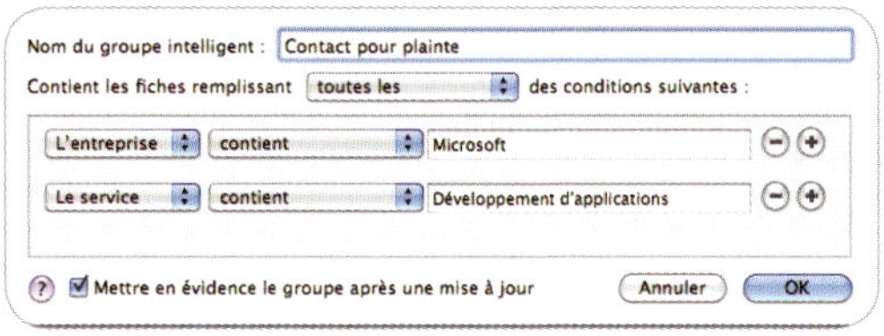

L'un des grands intérêts du Carnet d'adresses, c'est sa compatibilité totale avec l'iPhone et surtout sa mise à jour « over the air » grâce à MobileMe. En effet, en vous abonnant au service MobileMe d'Apple (www.me.com), vous n'avez même pas besoin de brancher votre iPhone sur votre Mac pour synchroniser les contacts et les rendez-vous : tout cela se fait automatiquement via le réseau téléphonique ! Imaginez : vous entrez un nouveau contact dans votre iPhone lors d'une soirée chez des amis. Quelques semaines plus tard, vous avez besoin d'écrire un mail à cette personne : c'est très facile, son adresse électronique se trouve dans le Carnet d'adresses de votre Mac ! En un clic, vous lui envoyez donc un mail !

● Vos rendez-vous avec iCal

iCal se trouve lui aussi dans le Dock, affichant une icône de calendrier papier. Ouvrez-le. Une fenêtre apparaît, avec les jours de la semaine en ordonnées, les heures en abscisses et le jour d'aujourd'hui bleuté. C'est la vue par semaine. Vous en avez deux autres : par jour et par mois, accessibles via les boutons en haut de la fenêtre. Pour ajouter vos rendez-vous :

Ajout d'un événement

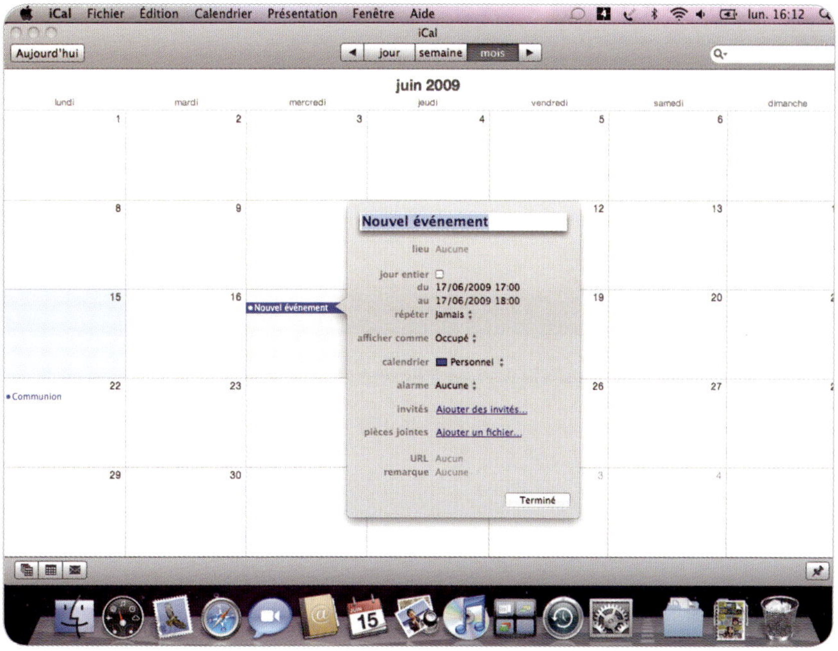

1/ En mode Jour ou Semaine, cliquez sur la zone grise à l'heure de début de votre rendez-vous, maintenez la souris enfoncée et faites-la glisser jusqu'à l'heure de fin. En mode Mois, faites un double-clic sur le jour de votre choix. Une zone colorée apparaît. Entrez le titre de l'événement puis faites un double-clic sur cette nouvelle zone colorée pour l'éditer.

2/ Vous pouvez alors ajouter des détails comme le lieu de l'événement, les heures précises, le type de calendrier défini par une couleur (personnel, professionnel, etc.), une ou des alarmes de plusieurs sortes, le nom des participants, des pièces jointes, une adresse web et des remarques. Cliquez sur **Terminer** pour valider.

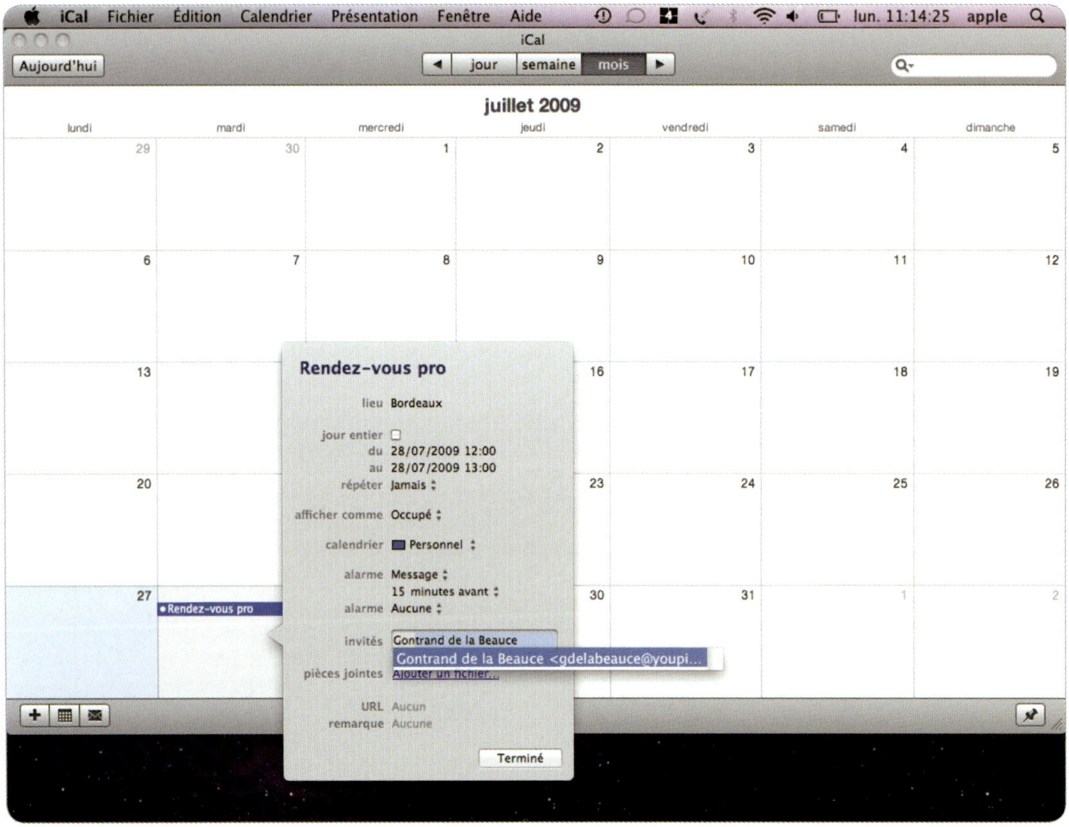

Ajout d'un participant depuis le Carnet d'Adresses

3/ Si vous décidez de supprimer un événement, sélectionnez-le et appuyez sur la touche Suppr de votre clavier. Vous avez toujours la possibilité de modifier un événement en double-cliquant dessus et en cliquant sur le bouton **Édition**.

À l'instar du Carnet d'adresses, l'un des grands intérêts d'iCal, c'est sa compatibilité totale avec l'iPhone et surtout sa mise à jour "over the air" grâce à MobileMe.

VOS TEXTES, DE WORD À PAGES ET TEXTEDIT

Tout le monde a déjà utilisé un ordinateur pour taper du texte. Mais l'expérience peut être très différente suivant la plate-forme (Mac, PC, Linux...), le logiciel (Word, TextEdit, Calepin, Pages, OpenOffice...) et même le clavier ! Petit tour d'horizon des différentes solutions qui s'offrent à vous et à votre Mac.

● Présentation de la suite iWork

Vous connaissez certainement la suite Office, ensemble de trois logiciels principaux que sont Word, Excel et PowerPoint, développés par Microsoft et utilisés dans l'immense majorité des entreprises de la planète. Apple possède sa propre suite : iWork. Elle regroupe elle aussi trois logiciels, Pages (l'équivalent de Word), Numbers (l'équivalent d'Excel) et Keynote (l'équivalent de PowerPoint). Cette suite iWork est vendue 79 euros par Apple, elle n'est pas incluse avec les Mac comme l'est parfois la suite Office avec certains PC. Pour comparaison, Office 2007 PC est vendu 139 euros et Office 2008 Mac, 119 euros. Je vous conseille d'essayer la suite iWork, c'est gratuit pendant 30 jours.

Vous pouvez télécharger iWork sur http://store.apple.com/fr.

La version d'essai expire au bout de 30 jours

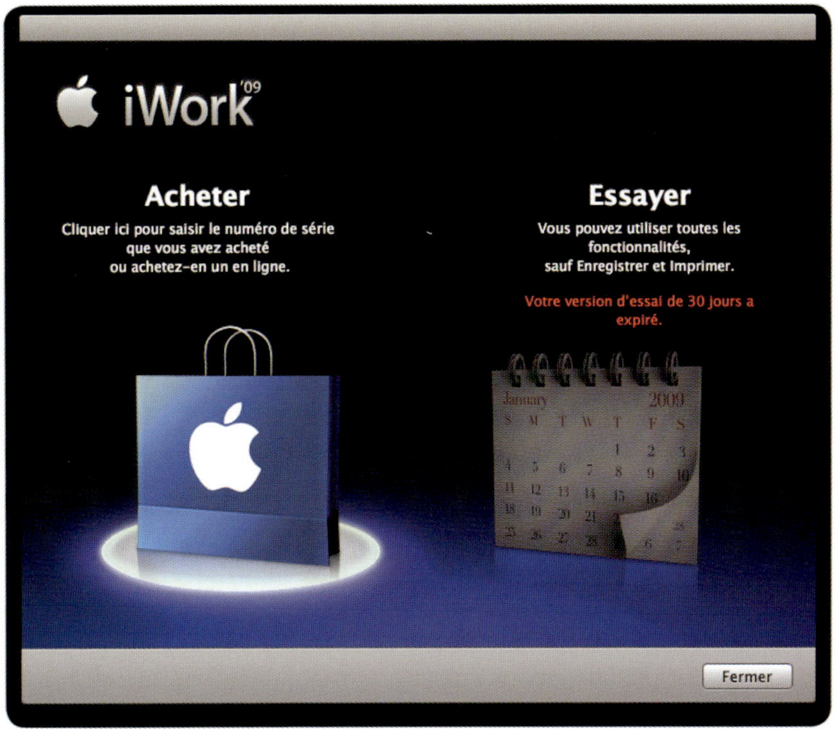

● Utilisez Pages

1/ Ouvrez Pages. Une vidéo de présentation vous est proposée. Visionnez-la si vous voulez, puis cliquez sur le bouton **Fermer**. Pages vous demande de choisir entre du traitement de texte et de la mise en page, mais aussi entre plusieurs modèles pour chacun des deux choix. Commençons par le plus simple : *Vierge*.

Le sélecteur de modèles

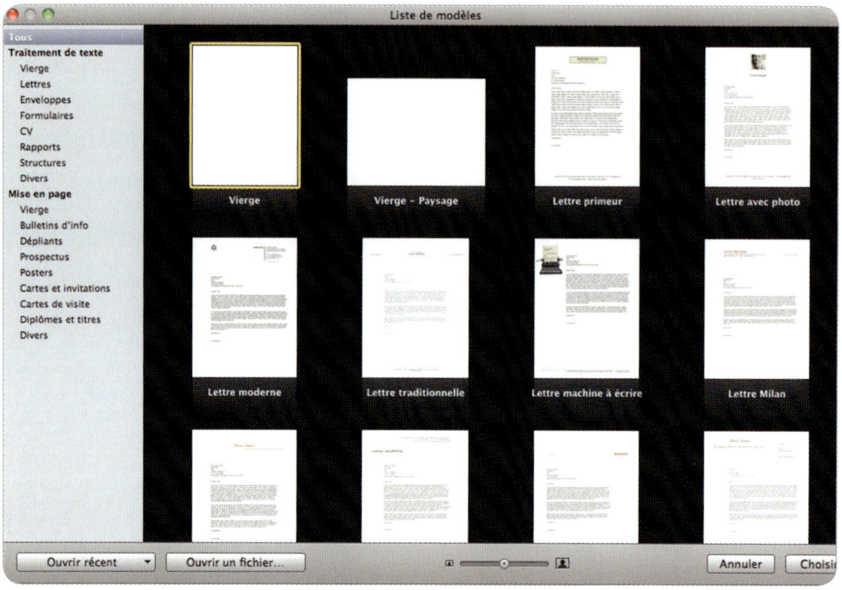

2/ Une feuille blanche apparaît, avec une barre d'outils et quelques boutons au-dessus. Dans la barre d'outils, vous trouverez globalement les mêmes fonctions que dans Word, avec, le plus souvent, les mêmes repères graphiques. Ainsi, l'alignement des paragraphes, la couleur et le style du texte ou encore les listes sont reconnaissables au premier coup d'œil.

3/ Pour les options plus avancées, cliquez sur le bouton bleu en haut à droite, nommé **Inspecteur**. Vous avez alors accès à une petite fenêtre flottante décomposée en dix onglets, dans lesquels se trouvent des fonctions avancées mais néanmoins assez courantes, comme les marges, les règles d'alignement des objets et des images par rapport au texte, les reliefs, les tableaux, les graphiques ou les éléments multimédias.

4/ Choisissez à présent **Créer à partir de la liste de modèles** dans le menu **Fichier**, pour essayer le mode Mise en page. Sélectionnez par exemple le modèle *Dépliant classique*. Vous pouvez partir de ce modèle pour créer votre propre dépliant avec vos photos et votre texte très rapidement. Pour les photos, il vous suffit de les glisser depuis votre Bureau ou disque dur vers l'emplacement des photos déjà incluses : elles viennent les remplacer. Autre méthode : si vous utilisez iPhoto pour ranger vos photos, cliquez sur le bouton **Données multimédias** en haut à droite et parcourez votre photothèque grâce à la petite fenêtre flottante qui apparaît. Glissez ensuite le cliché vers l'endroit de votre choix. Vous pouvez aussi zoomer sur la photo avec la réglette qui est en dessous et même la déplacer à l'intérieur du cadre en cliquant sur le bouton **Modifier le masque**. Pour modifier le texte, c'est très simple, il suffit de le sélectionner à l'intérieur de sa zone de texte et de remplacer les mots d'origine par les vôtres ! Pour ce qui est des styles prédéfinis de caractères et de paragraphes, cliquez sur le petit bouton rond et bleu en haut à gauche arborant le symbole du paragraphe. . Sachez également que la combinaison de touches ⌘ + [+] augmente instantanément la taille du texte sélectionné et que ⌘ + [-] la diminue.

L'interface de Pages et l'inspecteur

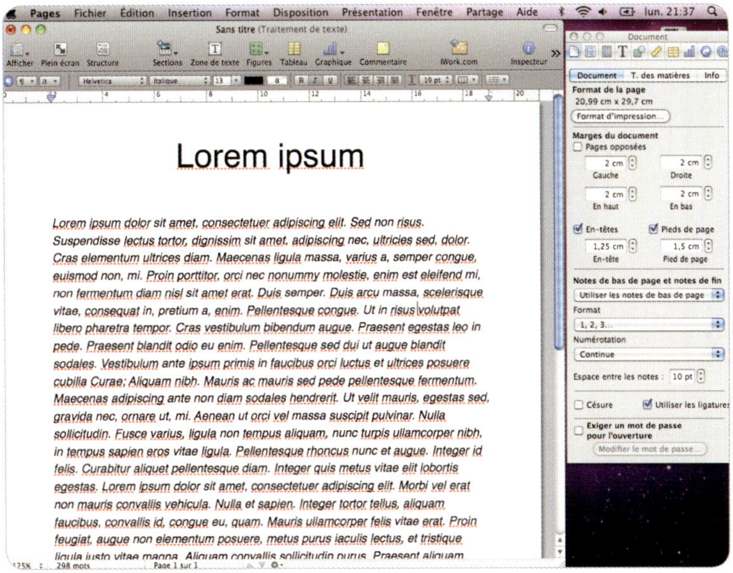

Importez vos photos

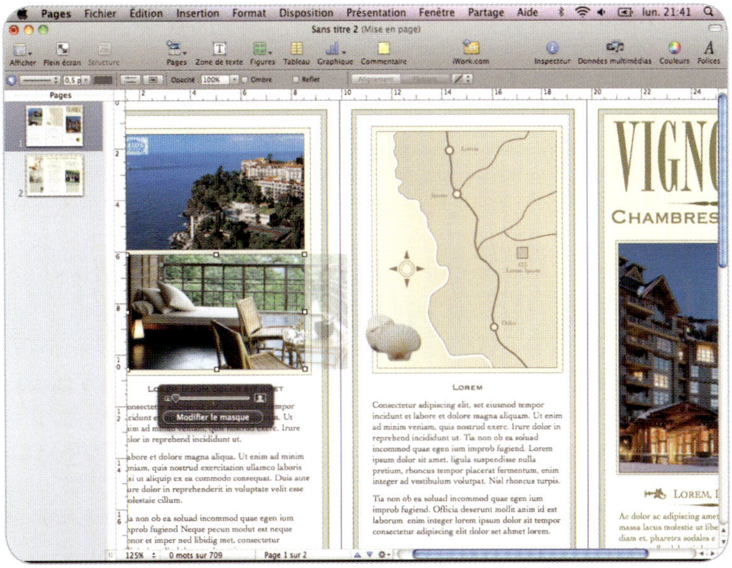

5/ Vous pouvez bien sûr déplacer les zones de texte et d'images en cliquant dessus et en les glissant plus loin. Vous pouvez aussi les réduire grâce aux poignées qui apparaissent tout autour de ces zones lorsqu'elles sont sélectionnées. Pour passer d'une page à l'autre, utilisez la colonne de gauche, qui affiche les vignettes d'aperçu de ces pages.

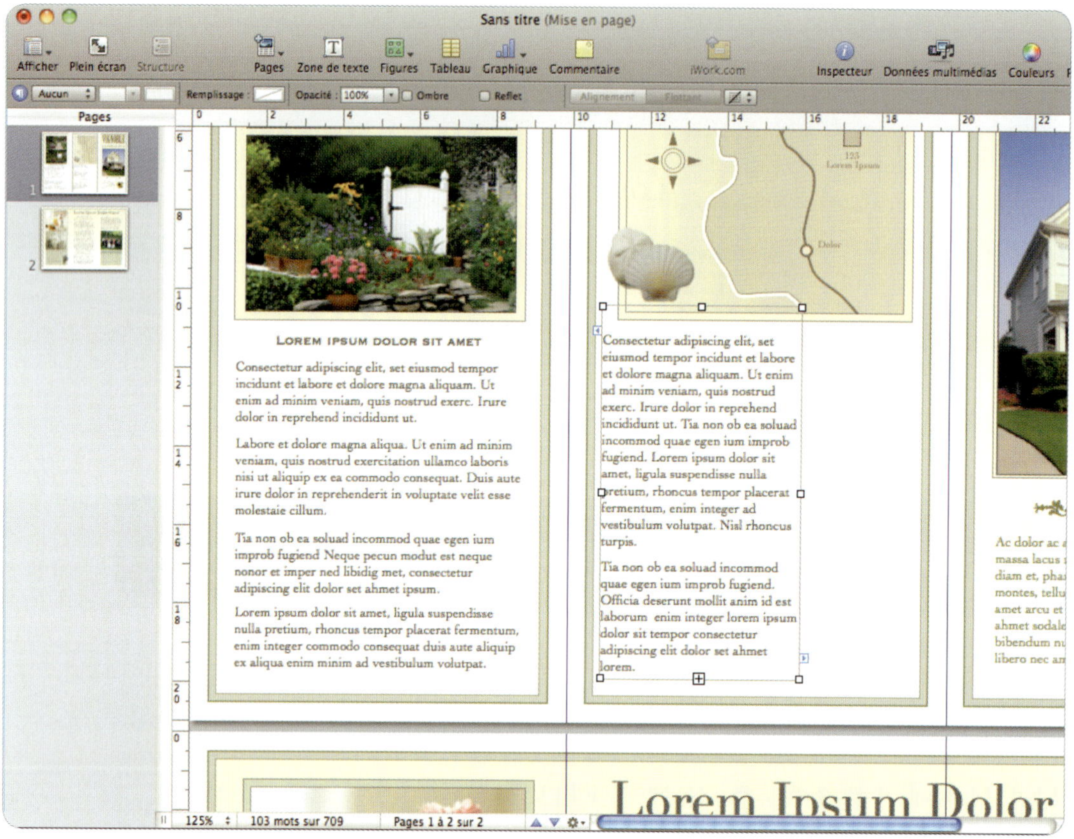

Modifiez vos blocs de texte

6/ Si vous voulez qu'un texte se suive d'un bloc à un autre, il faut le spécifier à Pages. Ne copiez pas une partie du texte dans un bloc et sa suite dans un autre car cela pourrait vous poser des problèmes plus tard, en changeant la taille de la police par exemple. La meilleure solution consiste à coller ou taper un texte dans l'un des blocs et, si celui-ci est trop petit et que le texte déborde, sélectionnez le bloc dans lequel il se trouve et cliquez sur la petite flèche bleue sur le côté du bloc, gauche ou droit, vers lequel vous voulez faire suivre le texte. Une fenêtre translucide apparaît alors, vous demandant de désigner la zone de texte liée. Cliquez alors sur l'autre bloc, dans lequel vous voulez faire suivre ou faire commencer votre texte trop long. Un lien bleu apparaît alors entre les deux et le texte est coupé automatiquement. Pour supprimer ce lien, cliquez sur le petit carré bleu à l'une de ses deux extrémités et glissez-le vers une zone vide (sans bloc).

7/ Pour changer l'aspect d'un tableau, d'un encadré ou d'un simple bloc, commencez par le sélectionner en cliquant dessus (ou dedans). Cliquez ensuite sur le bouton bleu **Inspecteur**, en haut à droite puis sur le cinquième onglet, **Inspecteur des graphismes**. Vous pourrez choisir la couleur de remplissage et son type (uni, dégradé, image…), celle du contour et des éventuels traits de séparation, l'ombre, le reflet et l'opacité de l'objet. Et s'il s'agit d'un tableau, cliquez sur l'**Inspecteur des tableaux** (septième onglet) pour ajouter ou retirer des lignes et des colonnes et pour modifier l'arrière-plan des cellules.

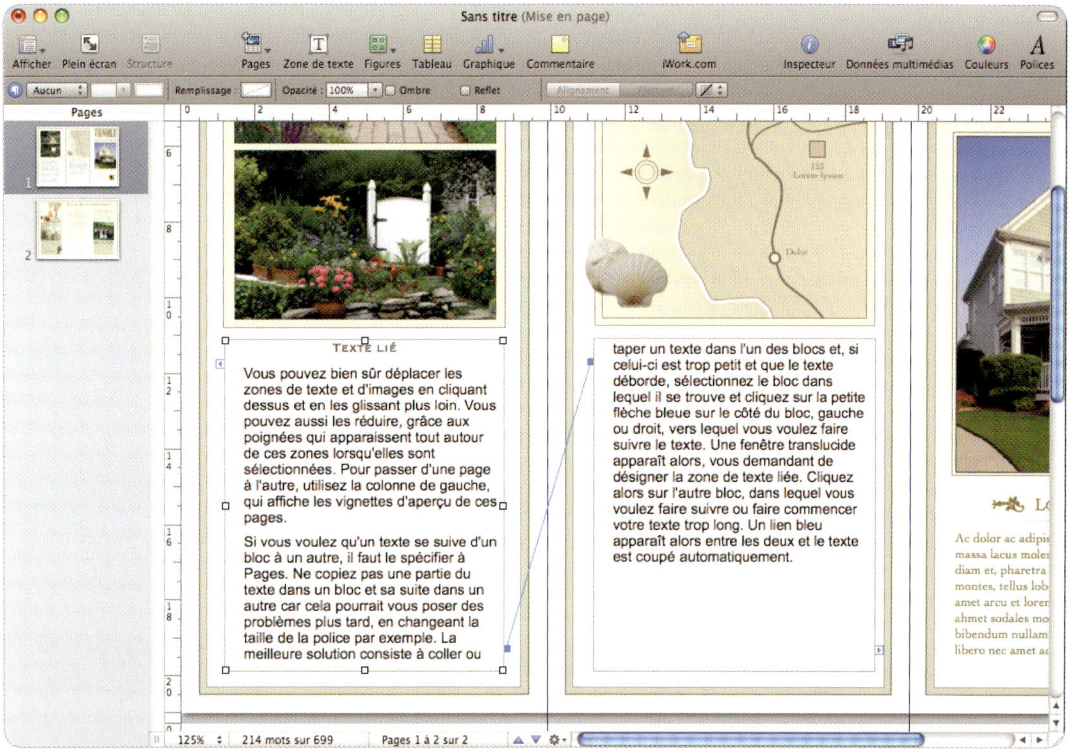

Un texte lié dans Pages

8/ Lorsque vous êtes satisfait de votre création, vous pouvez l'exporter dans différents formats en choisissant **Exporter…** dans le menu **Fichier**. Pour obtenir le résultat le plus fidèle à ce que vous voyez dans Pages, choisissez le format PDF, lisible par la grande majorité des ordinateurs dans le monde, Mac et PC, grâce à Acrobat Reader, gratuit. Sélectionnez la qualité des images en pensant au poids final de votre fichier et cliquez sur **Suivant…**. Choisissez enfin le lieu de sauvegarde du fichier final.

Choisissez la couleur de remplissage et des contours

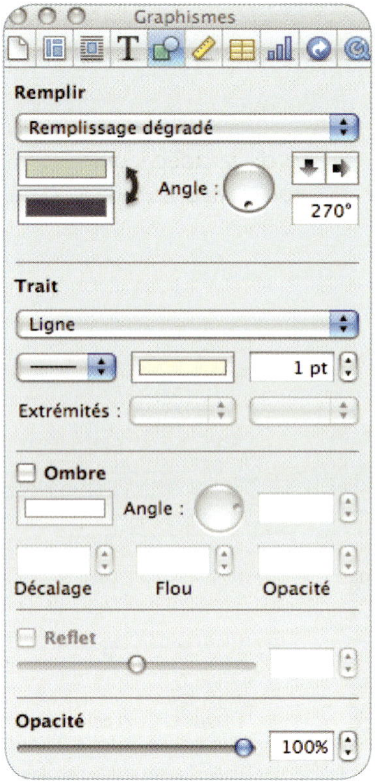

Mac World

Quand Microsoft était actionnaire d'Apple

En août 1997, Steve Jobs surprend le monde entier en passant un accord avec Bill Gates, le patron de Microsoft. Ce dernier rachète 6 % du capital d'Apple pour 150 millions de dollars et obtient le droit d'utiliser les technologies brevetées par Apple pour les cinq années qui suivent, tant que la version Mac d'Office continue à être mise à jour. Les fans de la première heure ne sont pas contents mais la presse salue cette décision, qui intervient alors qu'Apple est au plus mal.

● L'alternative gratuite : TextEdit

Si vos besoins en matière de traitement de texte sont relativement limités (ce qui est le cas de beaucoup de monde), vous pouvez vous satisfaire de TextEdit, un logiciel gratuit, fourni avec tous les Mac. D'ailleurs, pour ne rien vous cacher, le livre que vous tenez entre les mains a été écrit sur TextEdit (mais il n'en va pas de même pour la mise en page, bien entendu).

1/ Ouvrez TextEdit, qui se trouve dans le dossier *Applications*. Remarquez la rapidité avec laquelle il s'ouvre ! Une feuille vierge apparaît, toute simple, sans marges apparentes. Commencez à taper un peu de texte.

2/ Pour afficher la fenêtre flottante de gestion de la police, déroulez le menu **Format**, puis choisissez **Police** et enfin **Afficher les polices**. Vous trouverez dans cette fenêtre les principales options utiles à la mise en forme simple d'un texte.

TextEdit, le traitement de texte gratuit d'Apple

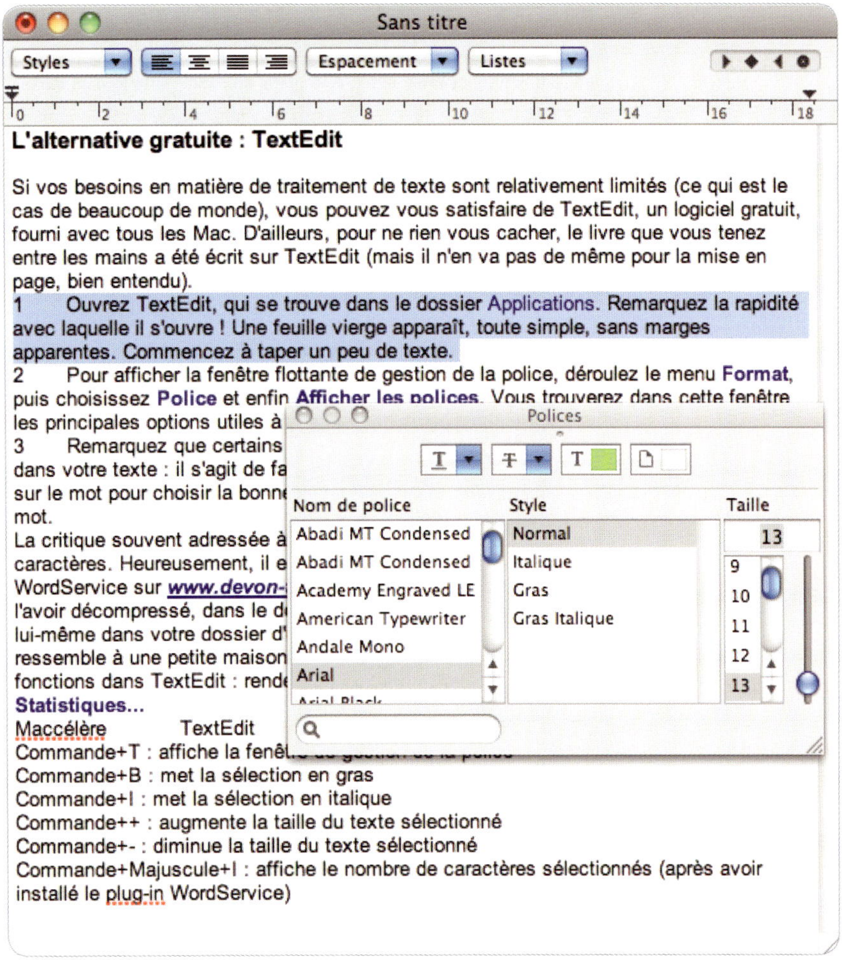

3/ Notez que certains mots sont automatiquement soulignés en rouge ou en vert dans votre texte : il s'agit de fautes décelées par le correcteur intégré. Faites un clic droit sur le mot pour choisir la bonne orthographe ou pour faire en sorte que TextEdit le mémorise.

Le correcteur d'orthographe en temps réel

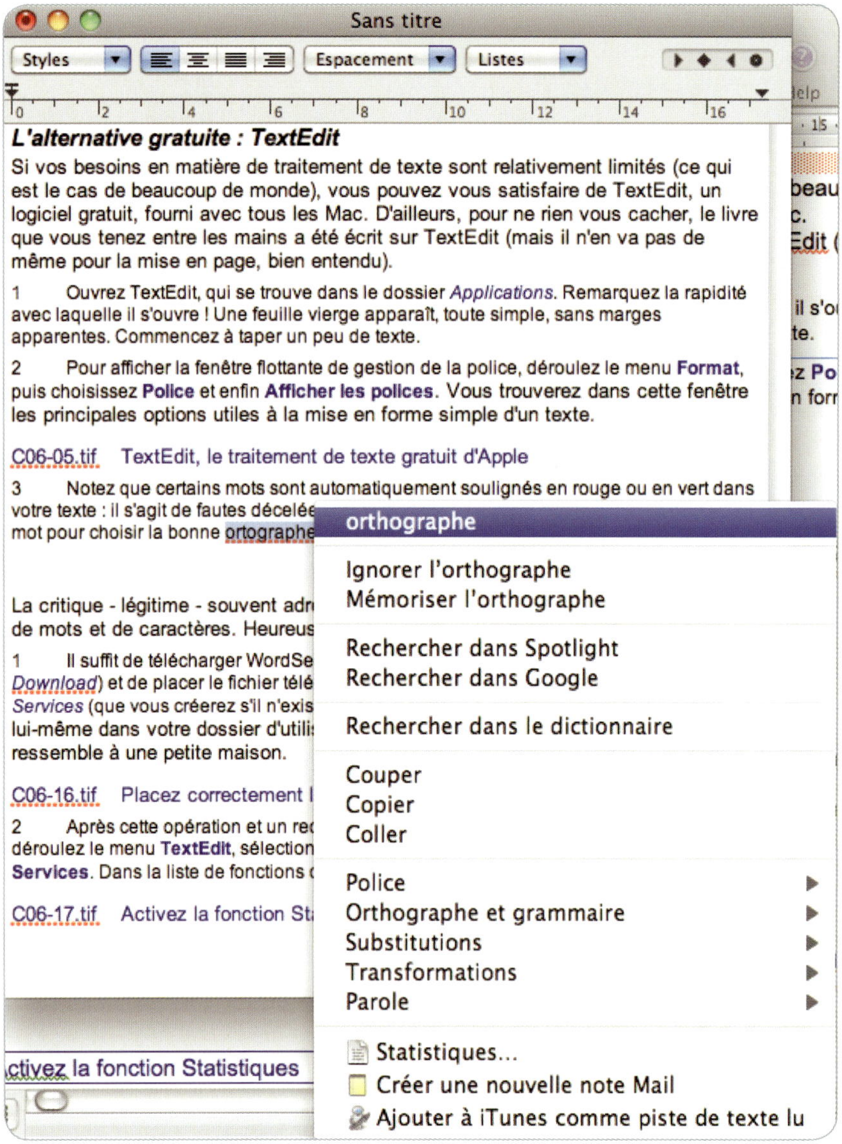

La critique - légitime - souvent adressée à TextEdit concerne l'absence de compteur de mots et de caractères. Heureusement, il est tout à fait possible d'y remédier.

1/ Il suffit de télécharger WordService sur www.devon-technologies.com (rubrique *Download*) et de placer le fichier téléchargé, après l'avoir décompressé, dans un dossier *Services* (que vous créerez s'il n'existe pas) qui se trouve dans le dossier *Bibliothèque*, lui-même dans votre dossier *Utilisateur*, qui porte le nom de votre session et ressemble à une petite maison.

Placez correctement le fichier WordService

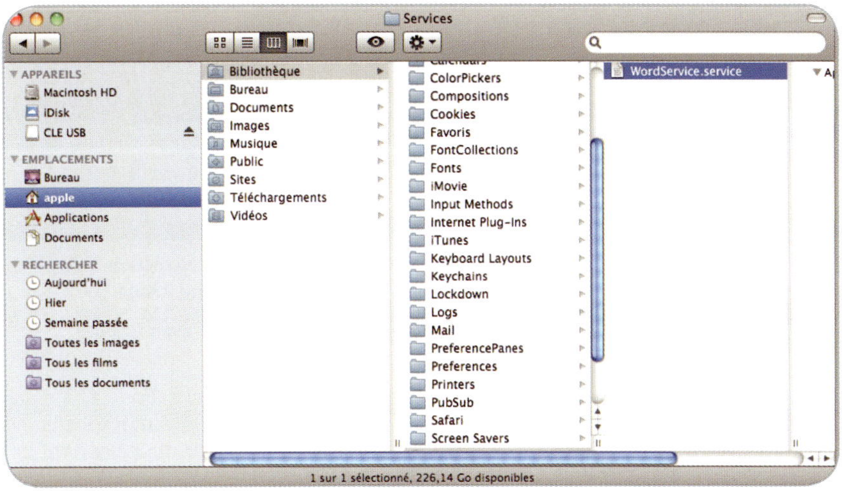

2/ Après cette opération et un redémarrage de votre session, lancez TextEdit, déroulez le menu **TextEdit**, sélectionnez la commande **Services**, puis **Préférences Services**. Dans la liste de fonctions qui s'affiche, cochez **Statistiques**.

Activez la fonction Statistiques

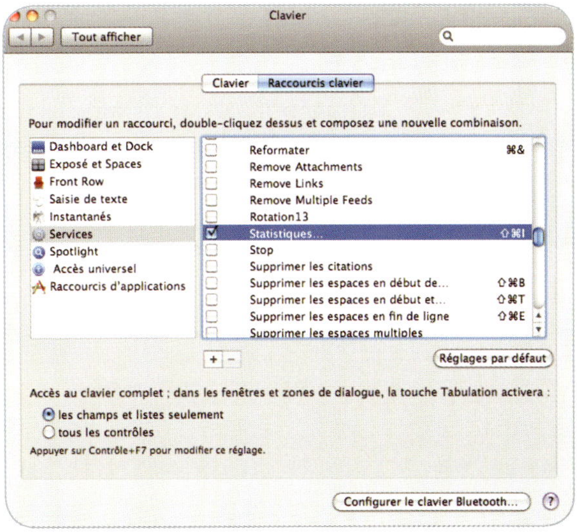

3/ Quittez les Préférences Système et retournez dans TextEdit. Sélectionnez à présent une portion de texte et déroulez le menu **TextEdit**, le sous-menu **Services** puis la commande **Statistiques**. Vous aurez ainsi accès au nombre de mots, de caractères, d'espaces et de lignes au sein de votre sélection ! Pour un accès plus rapide à cette fonction, référez-vous à l'encadré qui suit.

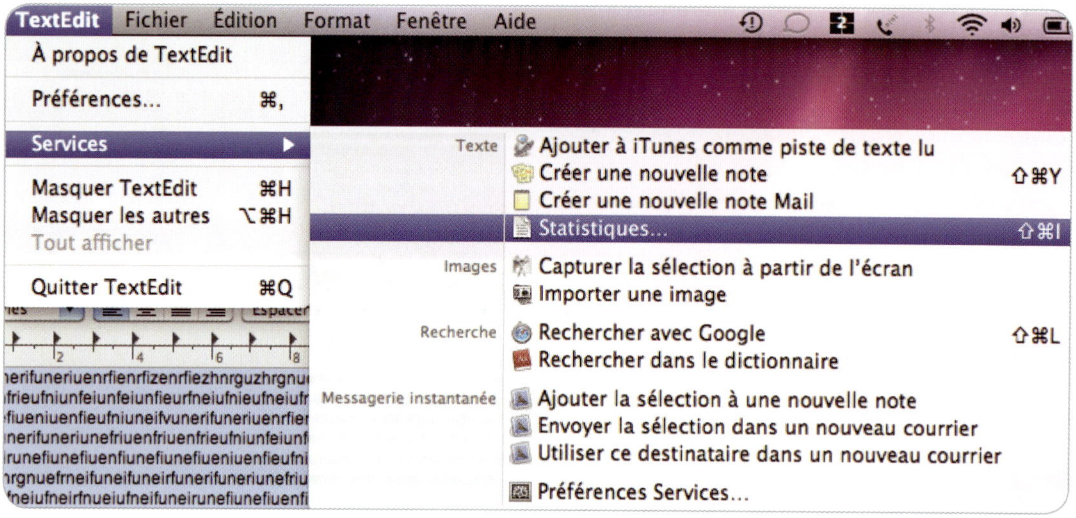

La commande Statistiques

Mac Célère

TextEdit

- ⌘ + T : affiche la fenêtre de gestion de la police.
- ⌘ + B : met la sélection en gras.
- ⌘ + I : met la sélection en italique.
- ⌘ + + : augmente la taille du texte sélectionné.
- ⌘ + - : diminue la taille du texte sélectionné.
- ⌘ + ⌘ + i : affiche le nombre de caractères sélectionnés (après avoir installé le plug-in WordService).

VOS FEUILLES DE CALCUL AVEC NUMBERS

Comme pour le texte, vous avez le choix entre le logiciel maison d'Apple, Numbers, ou la version Mac d'Excel, incluse dans le pack Office. Les deux sont payants, donc, ici, contrairement au traitement de texte, il n'y a pas d'alternative gratuite préinstallée sur les Mac. Cependant, vous pouvez toujours télécharger une version d'OpenOffice gratuite, qui vous permettra d'ouvrir les fichiers Excel sans problème.

Pour obtenir OpenOffice, allez sur http://fr.openoffice.org.

Numbers, le tableur d'Apple

1/ Ouvrez Numbers. Un choix de modèles vous est proposé. Commencez par le plus simple, *Vierge*. Une feuille de calcul classique s'affiche.

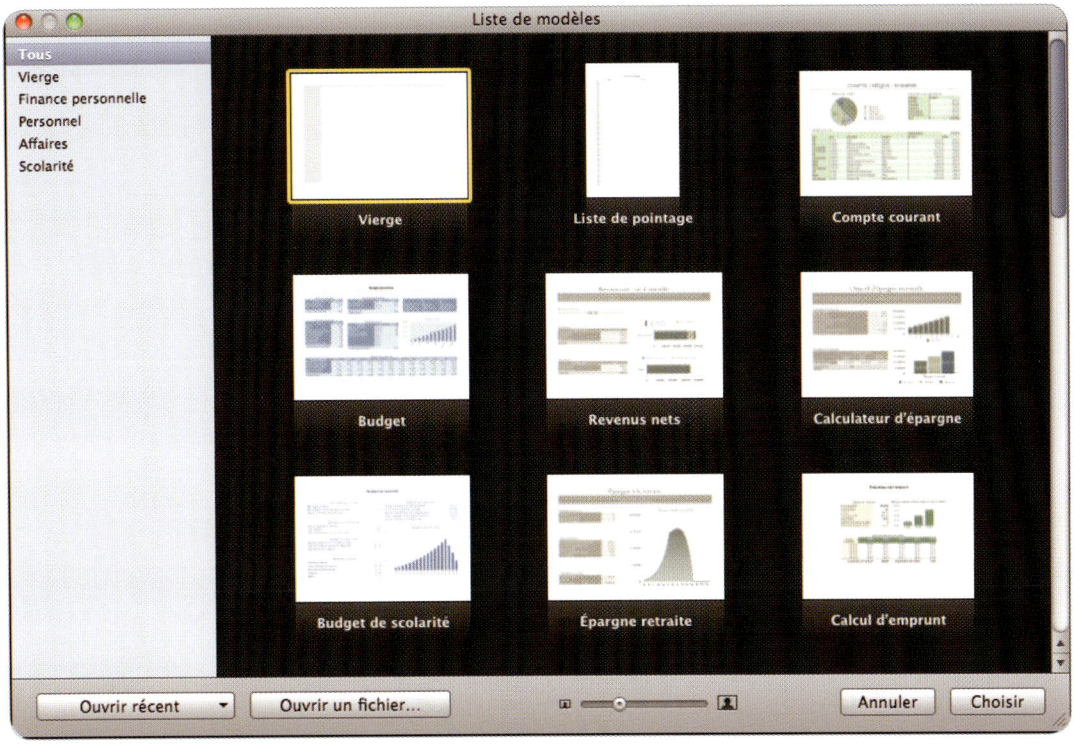

Le choix des modèles dans Numbers

2/ Comme dans Pages, la barre d'outils se trouve en haut, elle ne diffère pas beaucoup de celle d'Excel. Encore au-dessus, les gros boutons colorés permettent de faire appel aux fonctions de base : somme, produit, moyenne, graphique, commentaire… À droite, vous retrouvez le bouton **Inspecteur** grâce auquel vous pouvez régler les marges du document et les formats des tableaux et des graphiques par exemple. À côté, le bouton **Données multimédias** permet d'aller chercher des photos dans iPhoto, du son dans iTunes et des vidéos dans ces deux logiciels et dans iMovie. Il vous suffit de glisser le média de votre choix vers la feuille de calcul pour l'inclure.

3/ L'une des fonctions courantes d'un tableur est la création d'un tableau et d'un graphique lié. C'est très simple avec Numbers. Commencez par créer votre tableau, en entrant le nom de vos colonnes et de vos lignes ainsi que vos valeurs. Une fois terminé, sélectionnez le tout avec la souris et cliquez sur le bouton **Graphiques** dans la barre d'outils. Choisissez votre style de graphique dans la liste imagée qui apparaît. Le graphique apparaît alors instantanément, au bas de la feuille. Vous pouvez le déplacer en cliquant dessus et en faisant glisser la souris. Vous pouvez également modifier le titre du graphique en double-cliquant dessus.

L'interface de Numbers et l'inspecteur

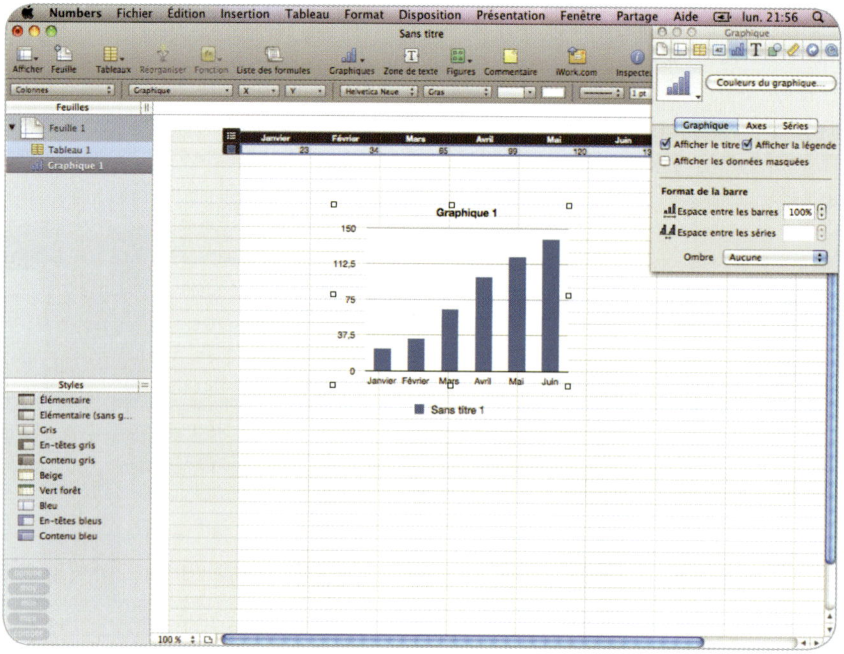

Un graphique lié à un tableau

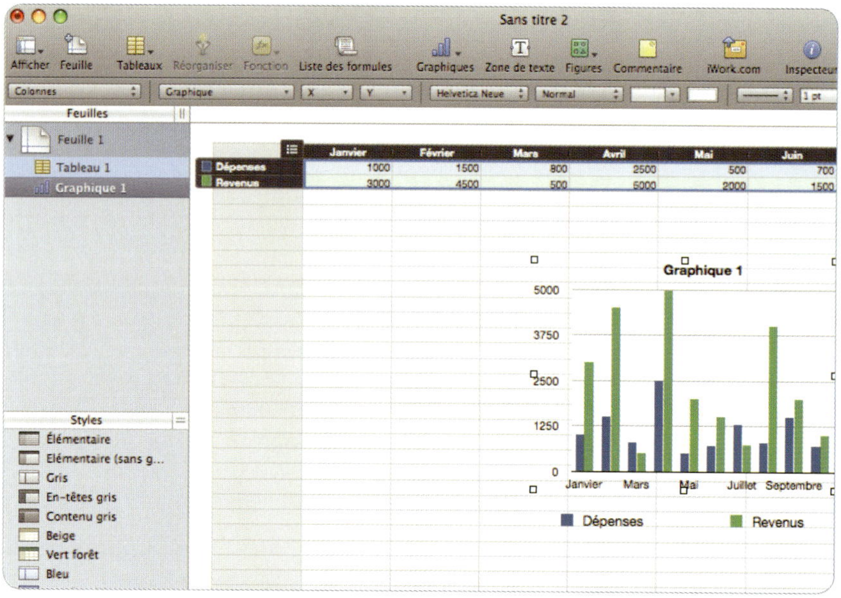

4/ Lorsque vous souhaitez sauvegarder votre document, vous avez deux choix : la procédure habituelle, avec la commande **Enregistrer** dans le menu **Fichier**, qui enregistre le document au format Numbers, mais aussi la commande **Enregistrer sous**, avec laquelle vous pouvez choisir le format d'enregistrement Excel, pour pouvoir lire le document sur un PC.

5/ Essayez à présent la commande **Créer à partir de la liste de modèles...** dans le menu **Fichier**, pour prendre la mesure de la facilité d'utilisation de Numbers. Choisissez par exemple le modèle *Dîner*. Un document apparaît, que vous allez pouvoir modifier à loisir. Pour remplacer le texte, placez simplement votre curseur dessus, sélectionnez-le et effacez-le. Pour les photos, utilisez **Données multimédias** pour glisser les clichés à la place de ceux par défaut, depuis iPhoto, GarageBand et iMovie. Vous pouvez bien sûr aussi modifier l'aspect des blocs de titres et des tableaux en les sélectionnant et en cliquant sur le rectangle coloré **Remplissage** en haut à droite, ou, plus complètement, en cliquant sur l'**Inspecteur** et le septième onglet **Inspecteur des graphismes**. Entrez les quantités correspondant à votre recette dans les tableaux sous les photos et indiquez à Numbers pour combien de personnes est prévue la recette. Les proportions se calculent automatiquement, en fonction de cette information et de la liste de vos invités, contenue dans une autre page du document. Pour y accéder, cliquez sur **Liste des invités** dans la colonne de gauche.

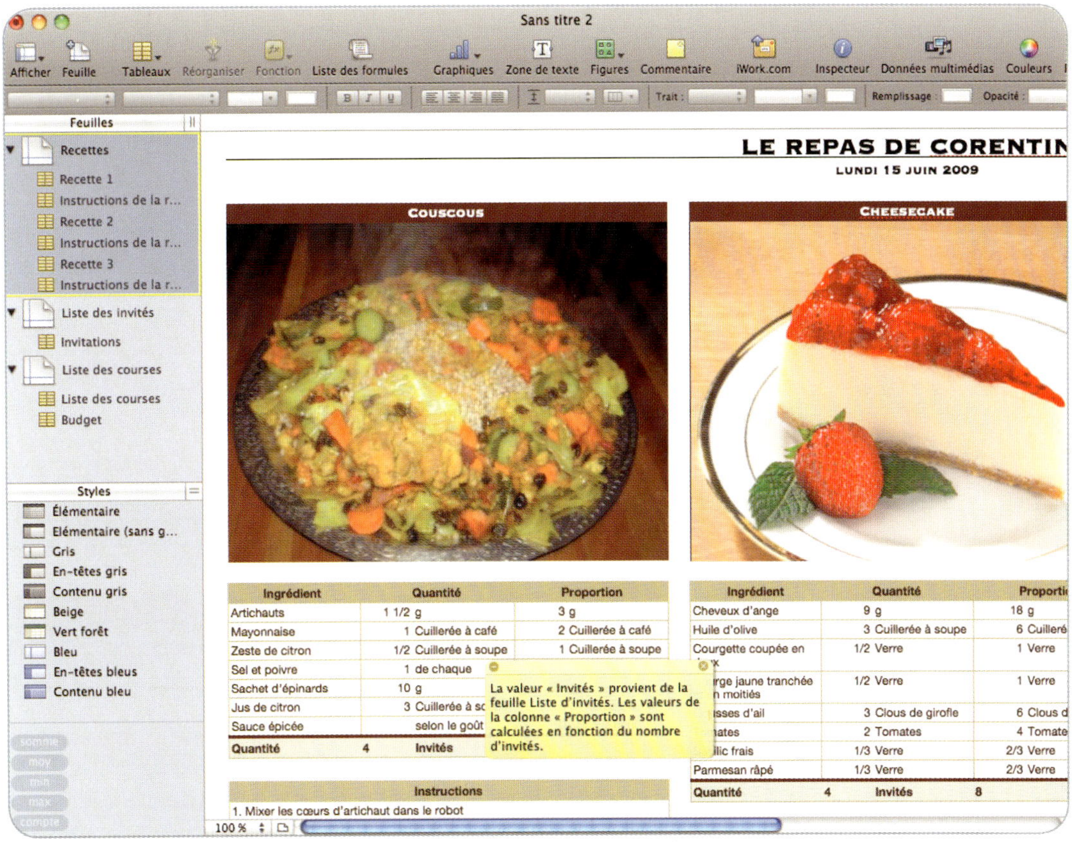

Le modèle Dîner

6/ Une liste d'invités fictifs apparaît. Remplacez-les par les vôtres en vous servant du clavier, ou, mieux, de votre Carnet d'adresses, que nous avons configuré un peu plus haut. Ouvrez le Carnet d'adresses et faites glisser les fiches de vos invités vers la liste dans Numbers : ceux-ci sont ajoutés automatiquement, avec leurs coordonnées pour pouvoir les prévenir rapidement de votre dîner ! Cochez ceux qui sont confirmés pour mettre à jour les proportions dans la première page. SI vous voulez retirer ou ajouter des invités, faites un clic droit sur le tableau et choisissez **Insérer un rang** ou **Supprimer un rang**.

Ajoutez vos invités depuis le Carnet d'adresses

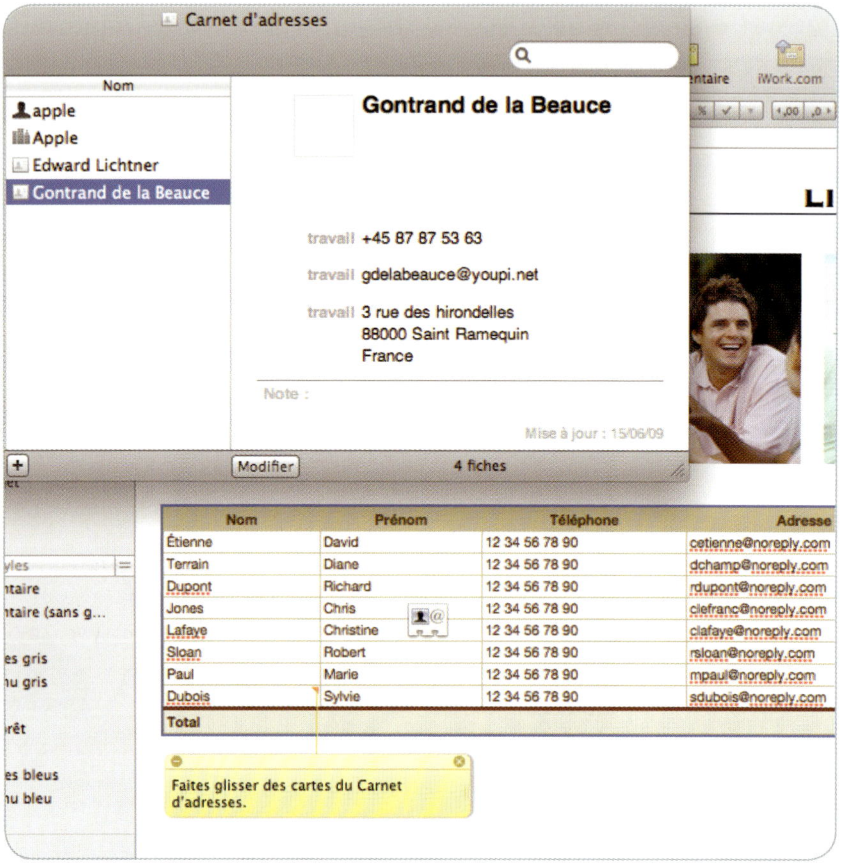

7/ La dernière page de ce modèle est une liste de courses intelligente, sur laquelle vous pouvez cocher les ingrédients que vous possédez déjà, et qui calcule le prix de vos futurs achats. Ce tableau est lié à un deuxième, sur le côté, qui totalise les différents types de dépenses : nourriture, déco, vaisselle, etc.

La liste de courses intelligente

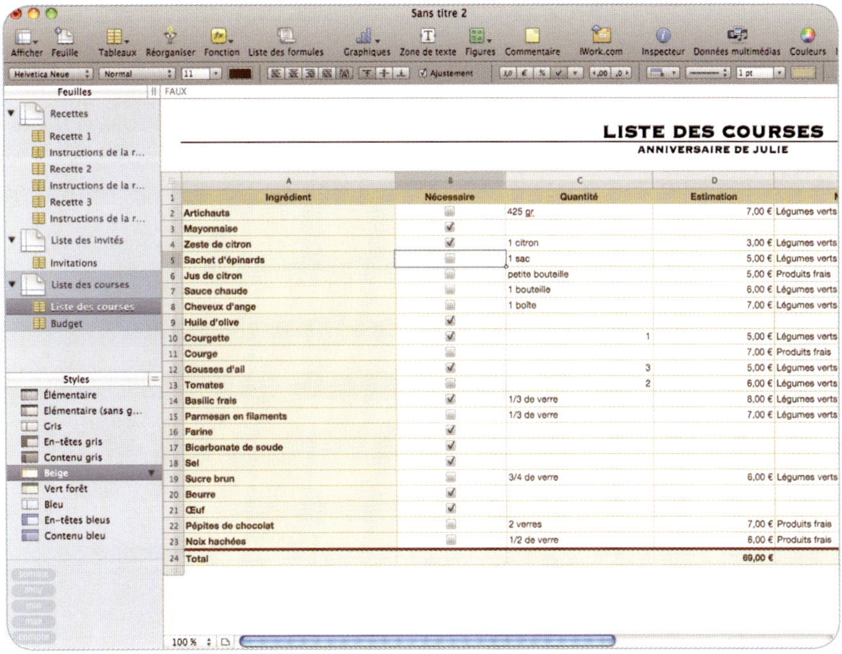

8/ N'hésitez pas à utiliser ces modèles pour gérer votre quotidien : dans leur majorité, ils ne requièrent quasiment aucune connaissance technique et peuvent se révéler plutôt utiles !

Mac Malin

Ouvrez des documents PC

Si quelqu'un vous envoie un fichier créé sur un logiciel PC, Word, Excel ou Power Point, pas de panique ! Commencez par faire un clic droit sur ce fichier et choisissez Ouvrir avec. Puis sélectionnez le logiciel le plus approprié que vous possédez : Pages ou TextEdit pour un fichier Word, Numbers pour un fichier Excel et Keynote pour un fichier PowerPoint. Vous pouvez aussi tous les ouvrir avec OpenOffice et bien sûr, avec la version Mac d'Office !

VOS PRÉSENTATIONS AVEC KEYNOTE

Keynote sert à créer de belles présentations animées et/ou fixes, destinées à être montrées à un public, à l'aide d'un vidéoprojecteur par exemple. Pour brancher un vidéoprojecteur à votre Mac portable, suivez la méthode de branchement à un écran externe, décrite au chapitre Configurez et utilisez votre Mac portable.

● Keynote, les présentations à la Apple

1/ Ouvrez Keynote. Un sélecteur vous propose de nombreux modèles de présentations. Pour avoir un aperçu de chacun des modèles, survolez-les avec votre souris de gauche à droite. Vous verrez les diapositives défiler. Choisissez celui qui s'approche le plus de ce que vous voulez faire et déterminez la résolution de votre présentation avec le menu en bas à droite.

Les modèles de présentation

2/ Vous pouvez facilement éditer les zones de texte en cliquant deux fois à l'intérieur. Pour personnaliser précisément ce texte, sélectionnez-le, cliquez sur **Inspecteur** et sur le quatrième onglet, qui affiche un grand **T**. L'onglet d'à côté influe, lui, sur le remplissage du bloc de texte. Pour importer un média, comme avec Numbers ou Pages, utilisez le bouton **Données multimédias**.

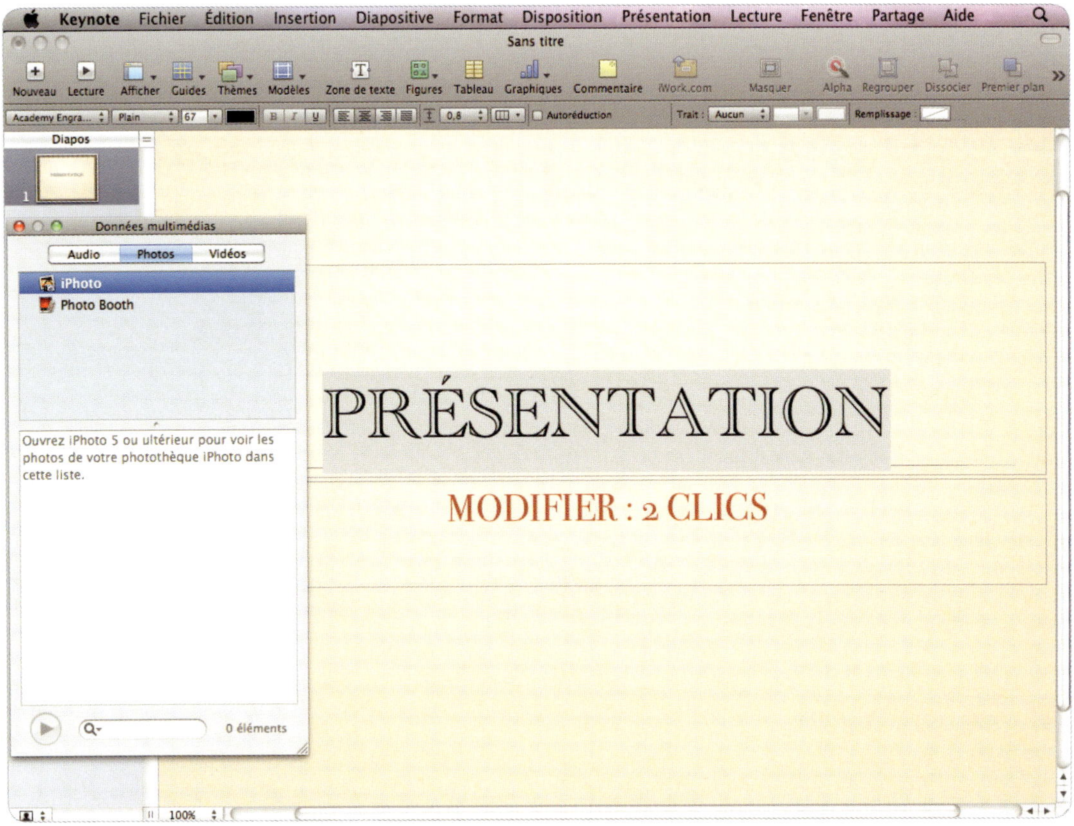

Ebauche d'une présentation

3/ Vous avez la possibilité de décider comment chaque objet va apparaître ou disparaître lors de votre présentation. Pour cela, sélectionnez-le et cliquez sur le bouton **Inspecteur**. Cliquez sur le troisième onglet de l'inspecteur, qui concerne les compositions. Ici, vous trouvez trois sous-onglets : **Entrée**, **Sortie** et **Opération**, qui vous permettront de mettre au point une composition bien précise. Choisissez l'effet, puis la direction, puis l'ordre de cet effet par rapport aux autres. N'hésitez pas à tester visuellement les effets grâce au menu déroulant du même nom et à la petite fenêtre d'aperçu au-dessus. Précisez bien l'ordre d'apparition de l'effet dans le menu déroulant de droite, ainsi que sa durée en bas à droite. En cliquant sur le bouton Plus d'options en bas, vous pouvez déterminer quelle action lance cet effet : un clic de souris ou précisément X secondes écoulées après la transition précédente.

4/ Pour ajouter une nouvelle diapositive, cliquez simplement sur le bouton **Nouveau** en haut à gauche. Pour lancer la lecture, utilisez le bouton immédiatement à sa droite. À tout moment, vous avez la possibilité de changer de thème grâce au bouton **Thèmes** affichant un menu déroulant. Le bouton juste à droite, **Modèles**, permet de gagner du temps sur la mise en page en faisant appel à des modèles de page simples et efficaces, modifiables évidemment.

Apparition d'un graphique par balayage

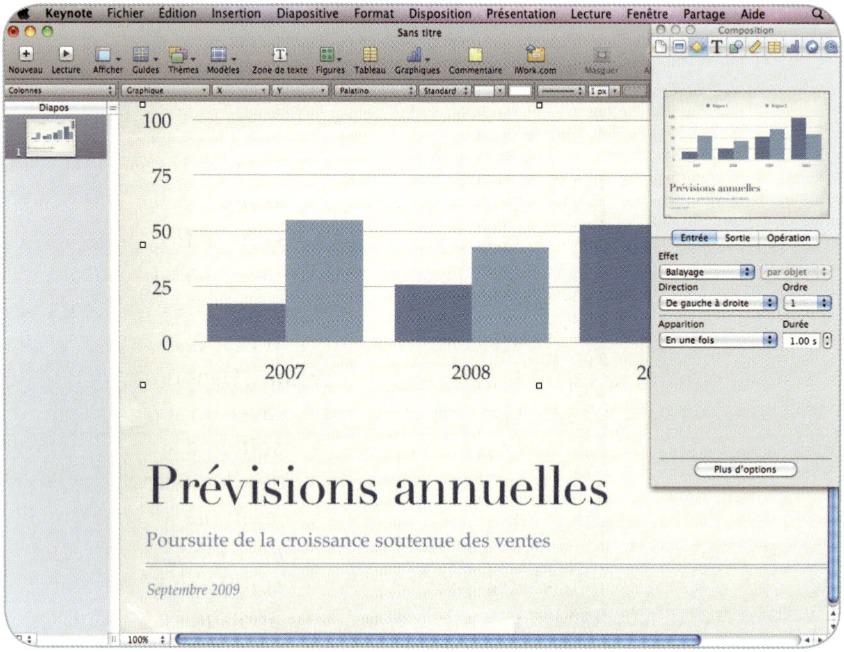

5/ Vous pouvez là encore rendre votre présentation compatible PC grâce à la commande **Enregistrer sous…** du menu **Fichier** puis à l'option **Enregistrer la copie comme présentation PowerPoint**. Vous pouvez aussi utiliser **Exporter** dans le menu **Fichier**, pour avoir plus de choix de formats.

Modifiez votre thème en cours de route

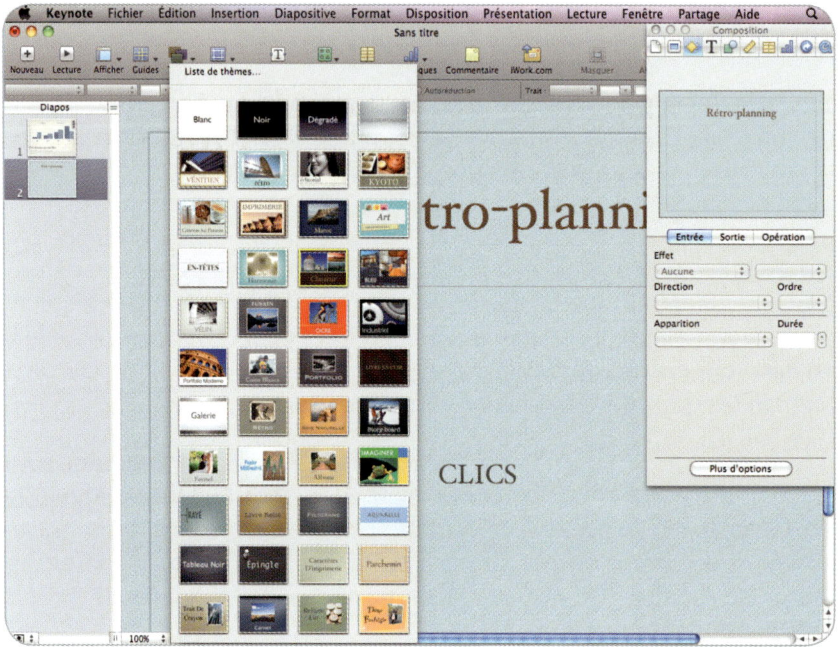

Sachez que les Keynotes de Steve Jobs dont il est question dans l'encadré qui suit sont réalisées avec ce logiciel !

Mac World

Steve Jobs et ses Keynotes
Steve Jobs est réputé, entre autres, pour ses shows impressionnants. Trois à quatre fois par an, il convie des centaines voire des milliers de personnes (journalistes, passionnés, investisseurs, amis...) à San Francisco ou à Cupertino en Californie pour annoncer le lancement de ses nouveaux produits. Dans un spectacle de plus de deux heures, il captive son auditoire avec un suspense travaillé, des petites piques à destination de Microsoft ou d'autres concurrents, des intervenants prestigieux et surtout des démonstrations en direct de ses nouveautés. En janvier 2007 par exemple, lors de la première annonce officielle de l'iPhone, il a joué avec l'objet pendant une demi-heure, montrant tout ce qui s'y passait sur l'écran géant de la salle de conférence. La salle était survoltée et applaudissait toutes les 10 secondes. Certains parlent d'un "champ de distorsion de la réalité" pour expliquer ces réactions, parfois démesurées, du public face aux discours extrêmement rodés de Steve Jobs et à ses présentations de nouveautés parfois relativement minimes en réalité.

LES POINTS ESSENTIELS À RETENIR

Vous n'avez pas forcément besoin de la suite Office pour travailler sur votre Mac. Vous pouvez vous contenter d'iWork ou même de TextEdit si vos besoins se limitent au traitement de texte.

- Un Mac est livré en standard avec le Carnet d'adresses, iCal et TextEdit, qui vous permettront de gérer vos contacts, votre agenda et d'écrire des courriers et autres documents.
- Si vous voulez aller plus loin, notamment faire des graphiques et des présentations, vous pouvez acquérir la suite iWork, d'Apple. Vous pourrez même enregistrer vos documents au format Microsoft. La prise en main des logiciels d'Apple est beaucoup plus aisée que celle de la suite Microsoft.
- Si vous devez absolument travailler avec la suite Office, vous pouvez acquérir la version Mac.

7

Vos vidéos et votre TV

Le Mac a toujours eu une réputation - méritée - d'ordinateur pour artistes. Effectivement, un grand nombre de réalisateurs de documentaires, de photographes, de musiciens ou de graphistes travaillent sur Mac. Aujourd'hui, vous pouvez facilement les imiter. En effet, même les portables sont devenus assez puissants pour faire du montage vidéo élaboré… à moindre frais ! Et si vous ne vous sentez pas l'âme d'un artiste, vous pouvez toujours profiter des œuvres des autres sur votre Mac !

LA LECTURE DES FILMS ET DES VIDÉOS

Nous sommes dans une période de transition : la dématérialisation des films a progressivement lieu, comme a eu lieu celle de la musique. Hélas, s'il est aujourd'hui facile d'acheter de la musique dématérialisée (via l'iTunes Store notamment, voir le chapitre Votre musique avec iTunes), ce n'est pas la même histoire pour les films. Les droits de vente et de diffusion sont souvent différents d'un pays à l'autre, de même que les règles et les délais de sortie, ce qui fait que le catalogue de films présenté par Apple en France sur l'iTunes Store est quasi nul. Quelques séries sont proposées au téléchargement, mais avec beaucoup de retard. Et les utilisateurs Mac sont presque toujours exclus des sites de VOD (Video On Demand) à cause des DRM Windows utilisés par ces loueurs nouvelle génération. Il vous reste les bons vieux DVD et les fichiers vidéo encodés - légalement bien sûr - au format DivX et autres.

● Les DVD vidéo sur le Mac portable

Sur MacBook et MacBook Pro

Sur Mac, lire un DVD vidéo est encore plus facile que sur un lecteur de salon : introduisez simplement la galette de plastique dans le lecteur et la lecture démarrera. En bougeant la souris, vous ferez apparaître un menu en bas avec les commandes classiques de pause, avance et retour rapide, stop, etc. Naviguez dans les menus avec les flèches de votre clavier ou avec votre souris, ou bien encore avec la petite télécommande blanche proposée en option.

Les commandes de lecture des DVD

En déplaçant le curseur vers le haut de l'écran, vous aurez accès à des menus influant sur la lecture ou le rapport de la fenêtre. Vous pouvez aussi afficher les préférences, dans le menu **Lecteur DVD**, pour déterminer par exemple votre langue de lecture par défaut - onglet **Configuration du disque**.

Pour éjecter le DVD, utilisez la touche [Éject], au-dessus de la touche d'effacement du clavier.

Sur MacBook Air

Si vous avez opté pour un MacBook Air, il ne vous aura pas échappé que celui-ci est dépourvu de lecteur de DVD. Pas de panique, Apple a tout prévu. Pour lire un DVD vidéo (ou même un DVD ou CD quelconque) sur votre MacBook Air, vous avez deux choix :

- Soit vous achetez pour 89 euros le lecteur-graveur de DVD externe ultracompact, à brancher à votre MacBook Air via un port USB.

- Soit vous utilisez le lecteur DVD d'un autre ordinateur, sans fil, via le Wifi. Pour cela, il faut qu'ils soient tous les deux connectés au même réseau Wifi (voir le chapitre *Internet, vos courriels et le Wifi*). Ensuite, si l'ordinateur qui possède un lecteur DVD est un Mac, ouvrez les Préférences Système puis **Partage**. Cochez la case *Partage DVD ou CD* à gauche. Si c'est un PC, installez le logiciel Configuration du partage de CD ou DVD inclus avec votre MacBook Air, ouvrez-le et activez le partage. Ensuite, introduisez votre DVD dans le lecteur. Sur le MacBook Air, double-cliquez sur votre disque dur et regardez à gauche, sous *Appareils*. Vous devriez voir apparaître un *Disque distant*. Ouvrez-le normalement et, le cas échéant, cliquez sur le bouton **Utiliser**.

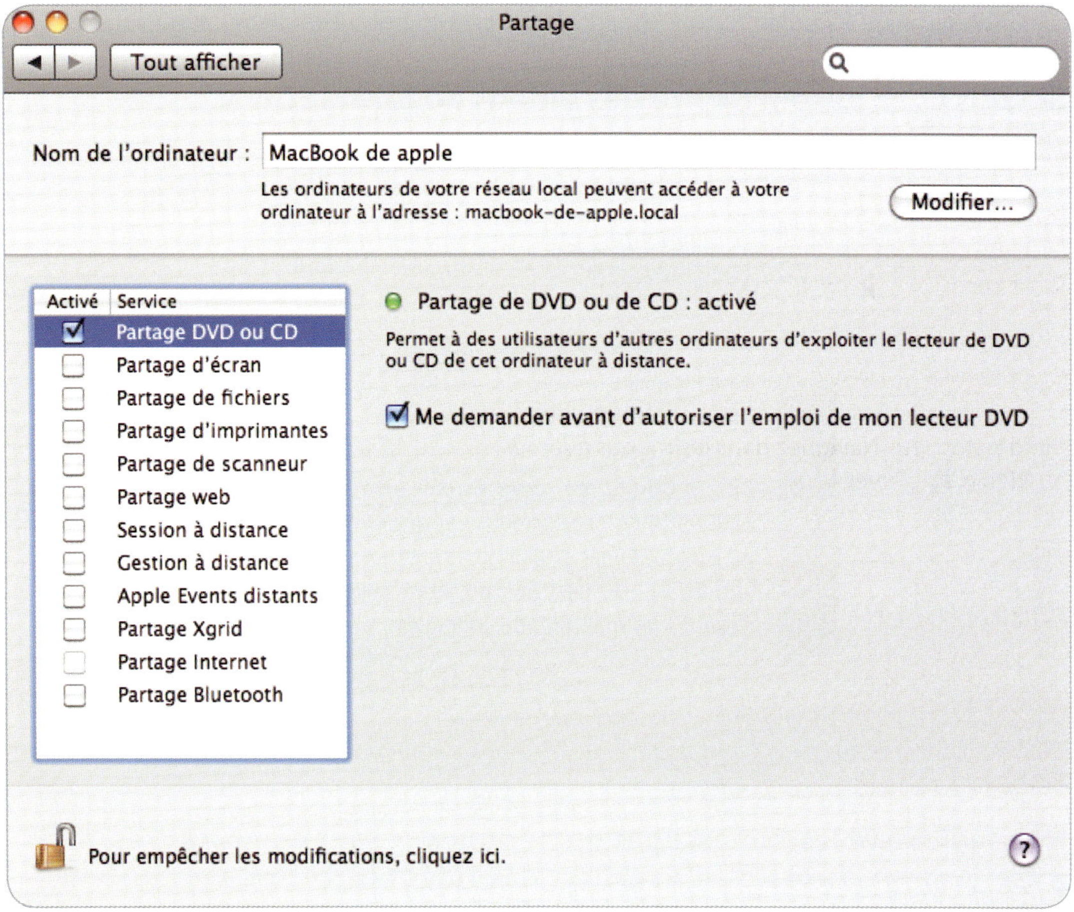

Partagez votre lecteur !

Il se peut que certains DVD soient impossibles à lire : cela est dû aux systèmes de protection contre le piratage…

Les DivX et autres vidéos immatérielles

Le Mac ne lit pas, par défaut, les vidéos DivX ni celles au format Windows Media Video. Heureusement, il y a des utilitaires qui ajoutent cette fonction à QuickTime, le lecteur vidéo vedette d'Apple, et aussi des lecteurs externes, qui se chargent de lire à peu près tous les formats qui existent.

Si vous avez besoin de lire des vidéos au format Windows Media

- Première solution : télécharger VLC, un lecteur gratuit, sur www.videolan.org. Vous devrez toujours utiliser ce logiciel pour lire ce genre de vidéos à l'avenir.
- Deuxième solution : télécharger Flip4Mac, un utilitaire payant, sur www.flip4mac.com, qui vient s'ajouter à QuickTime pour que celui-ci puisse lire ce genre de vidéos.

Si vous avez besoin de lire des vidéos au format DivX

- Première solution : télécharger VLC, un lecteur gratuit, sur www.videolan.org. Vous devrez toujours utiliser ce logiciel pour lire ce genre de vidéos à l'avenir.
- Deuxième solution : télécharger Perian, un utilitaire gratuit, sur www.perian.org, ce qui permet à QuickTime de lire de nombreux formats de vidéos.

Mac World

Spartacus, le Mac collector
En 1997, pour fêter ses 20 ans, Apple crée une machine d'exception, produite en série limitée, qu'elle appelle Spartacus. Vendu 50 000 francs, le Spartacus est une sorte d'iMac avant l'heure : il intègre écran, clavier, trackpad, enceintes et même tuner TV ! Son design, aujourd'hui un peu ringard, était impressionnant à l'époque. C'est à présent une machine de collection, très rare à trouver.

MONTAGE VIDÉO

Non seulement les Caméscopes numériques se sont démocratisés, mais il est désormais possible de réaliser des vidéos correctes avec un bon appareil photo numérique. Dès lors, les besoins en montage vidéo augmentent, et Apple comme Microsoft l'ont bien compris. L'un et l'autre intègrent un logiciel de montage dans leur système : iMovie pour Apple et Windows Movie Maker pour Microsoft.

iMovie

Lorsque vous lancez iMovie, celui-ci vous propose de prendre en compte les séquences vidéo que vous auriez éventuellement déjà ajoutées dans iPhoto (celles issues de votre appareil photo par exemple). En acceptant, vous vous retrouverez avec une collection de vidéos à partir desquelles vous pourrez travailler. Si vous n'avez jamais ajouté de vidéos dans iPhoto, aucun problème : vous allez pouvoir en transférer dès à présent, dans iMovie.

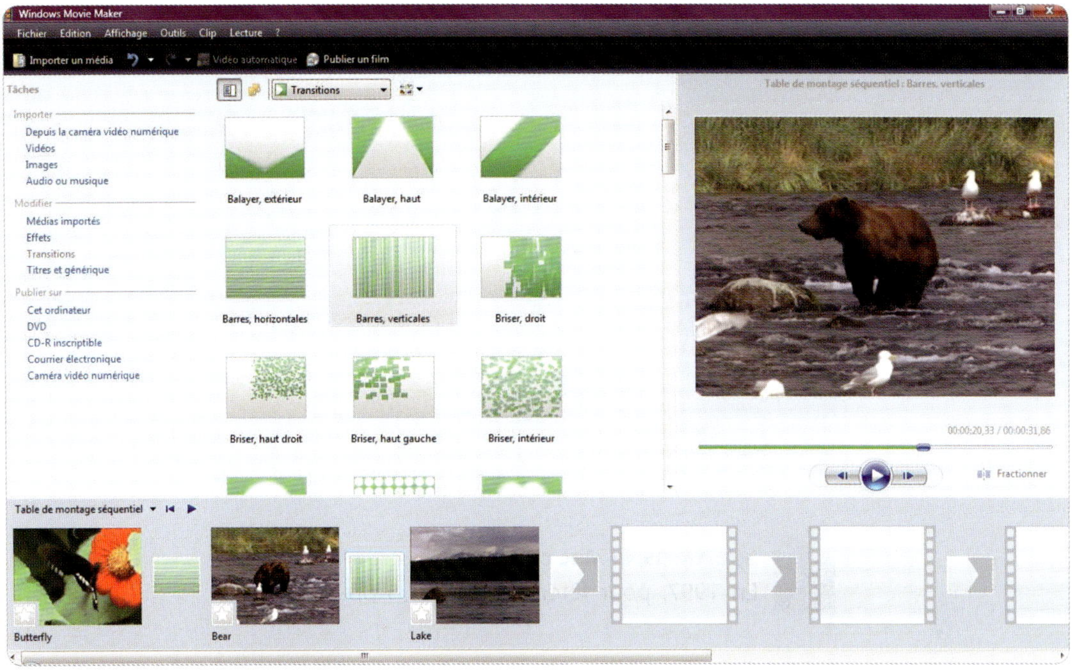

L'interface de Windows Movie Maker

1/ Pour ajouter des séquences vidéo dans iMovie, cliquez simplement sur le bouton affichant une caméra, à gauche de l'écran. Ensuite, dans le menu déroulant, choisissez la source : iSight (la caméra intégrée à votre Mac, celle que vous utilisez pour la visioconférence) ou bien le Caméscope que vous avez branché à votre Mac. Cliquez ensuite sur le bouton **Capturer** et choisissez le disque dur sur lequel vous allez importer la vidéo, le nom de l'événement et le mode de coupe.

2/ Une fois l'importation réalisée, vous pouvez la retrouver dans votre bibliothèque d'événements, sous son nom ou à *Dernière importation*. La séquence s'affiche à droite sous forme de vignettes se succédant, comme une pellicule. Sélectionnez le morceau qui vous intéresse avec la souris et glissez-le vers la fenêtre supérieure. iPhoto vous demande de nommer l'événement et de choisir le format d'image entre 16/9, 3/2 et 4/3. Si vous avez plusieurs sources vidéo de plusieurs formats différents, ce n'est pas grave : choisissez l'un ou l'autre, de préférence celui pour lequel vous avez le plus de séquences. Les parties enregistrées sous un autre format s'afficheront simplement avec des bandes noires aux extrémités. Vous pouvez aussi choisir un style de montage, une sorte de modèle dans lequel les transitions sont toutes faites, ce qui peut vous faire gagner du temps.

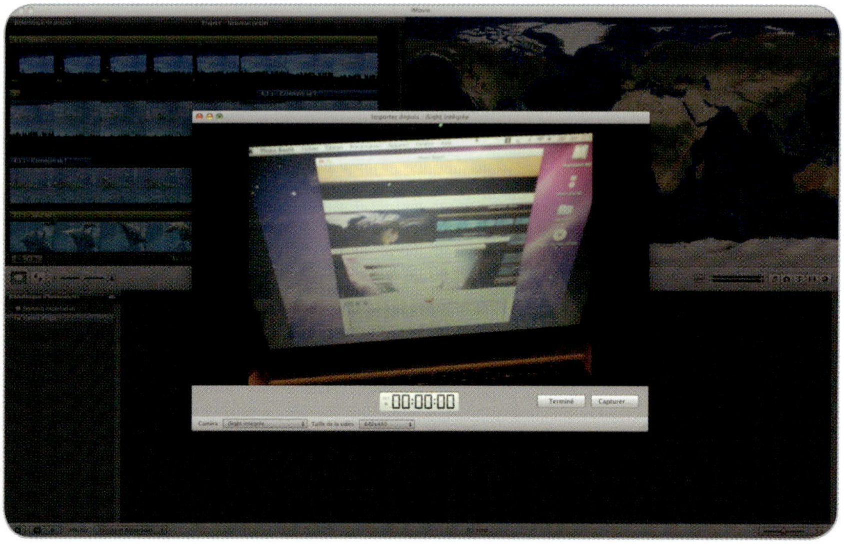

Capture d'une séquence via la webcam

3/ Continuez simplement à glisser les morceaux de vidéos dont vous avez besoin vers la fenêtre du haut, les uns à la suite des autres. Si vous avez choisi un modèle particulier, les transitions et les introductions se font toutes seules : vous aurez un aperçu du résultat en survolant la séquence avec la souris ou en lançant la lecture avec la [Barre d'espace].

4/ Vous pouvez à tout moment supprimer un bout de séquence en le sélectionnant avec la souris puis en appuyant sur la touche [Suppr]. Si l'aperçu de votre séquence est trop long ou trop court, vous pouvez en modifier l'échelle avec la réglette en bas à droite de la fenêtre supérieure. Si vous ne parvenez pas à couper une scène exactement comme vous le voudriez, essayez l'éditeur de précision, accessible via le menu en forme de roue crantée, qui apparaît lorsque vous survolez une séquence. Le détail s'affiche alors en bas et vous avez accès à une vue image par image grâce à la réglette du bas.

5/ Si vous préférez décider vous-même du style de chacune de vos transitions, cliquez sur l'avant-dernier bouton de droite, entre le **T** et la planète Terre, pour afficher toutes celles qu'iMovie propose, juste en dessous. Survolez-les pour avoir un aperçu de leur style et glissez-en une entre deux séquences dans la fenêtre du haut à gauche pour l'ajouter à votre montage.

Un montage avec un thème automatique

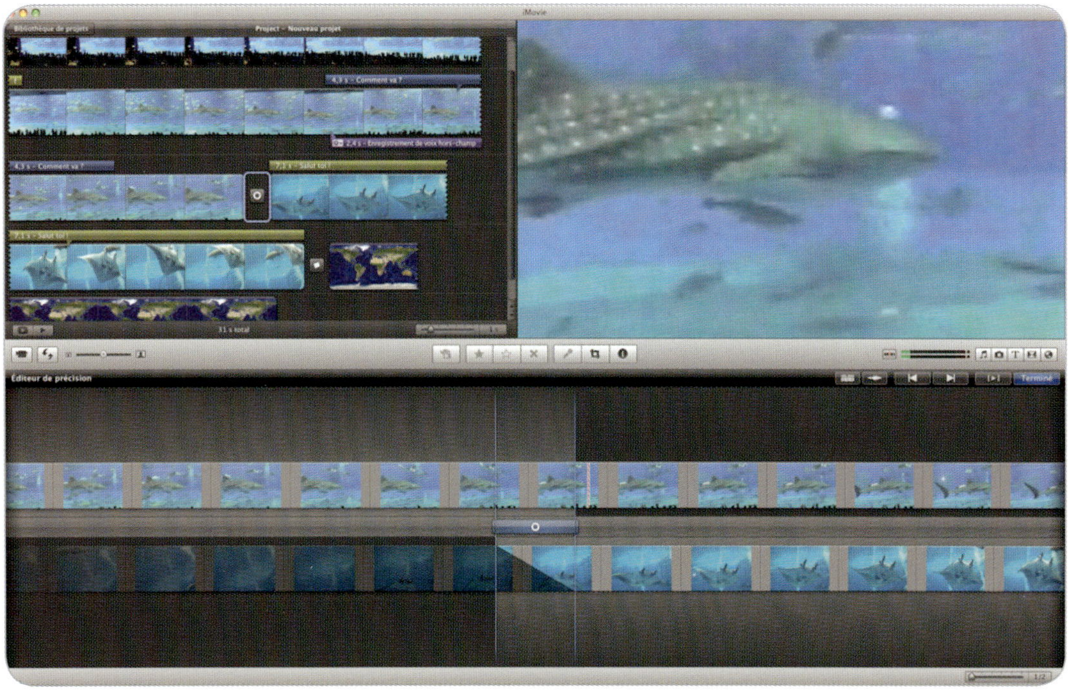

L'éditeur de précision

6/ Pour insérer du texte sur votre montage, utilisez le bouton **T**, à gauche de celui des transitions : de nombreux styles sont disponibles. Glissez-en un sur votre montage : des champs de texte apparaissent sur la vidéo. Cliquez dessus pour y ajouter votre propre message. Pour réduire ou augmenter le temps d'affichage du texte, utilisez le curseur avec la barre bleutée qui est apparu au-dessus de la séquence, dans la fenêtre en haut à gauche.

7/ Les autres boutons à droite permettent d'aller chercher des médias dans iPhoto et iTunes et même d'ajouter des cartes du monde à votre montage.

8/ Lorsque vos plans s'enchaînent comme vous le voulez, il est temps peut-être d'ajouter votre voix à l'ensemble, pour faire un commentaire par exemple. Pour cela, utilisez le bouton **Voix hors-champ**, reconnaissable à son micro, au centre de l'écran. Une fenêtre flottante apparaît, dans laquelle vous pouvez choisir la source d'entrée de la voix : micro intégré ou micro externe le cas échéant. Réglez également le volume d'entrée. Ensuite, cliquez sur l'image à partir de laquelle vous souhaitez faire débuter l'enregistrement de la voix. Un compte à rebours de 3 secondes commence, puis vous pouvez parler. Cliquez n'importe où pour arrêter l'enregistrement. Une barre violette est ajoutée en dessous de la séquence : c'est votre voix. Vous pouvez la déplacer avec votre souris ou l'effacer avec la touche [Suppr] du clavier.

Ajoutez une voix off, comme au 20 heures !

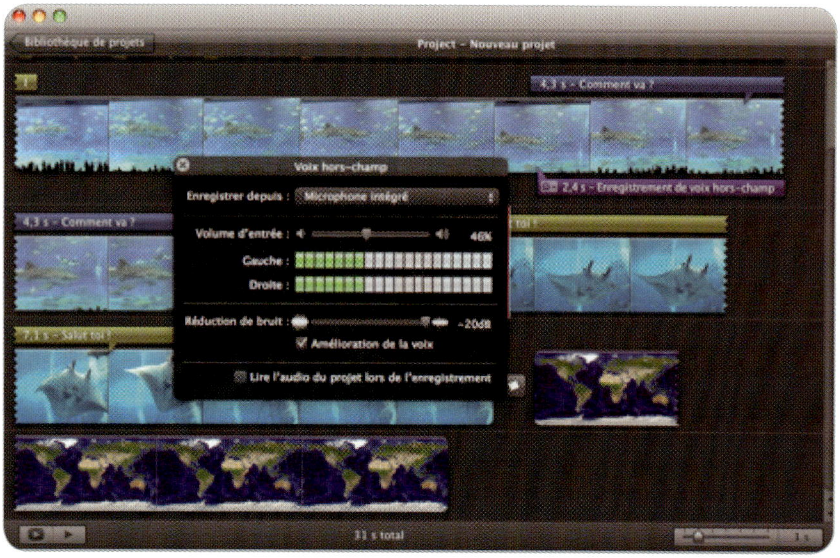

9/ Lorsque le projet est terminé, il ne vous reste plus qu'à l'exporter dans le format qui vous convient. Pour cela, utilisez le menu **Partage**. Dans ce menu, vous trouverez plusieurs options d'exportation automatique vers YouTube, MobileMe, iTunes, iDVD, etc. Si vous voulez encore plus d'options d'exportation, choisissez **Exporter à l'aide de QuickTime**. Dans le menu déroulant **Exporter**, vous trouverez une vingtaine de formats, dont certains personnalisables avec le menu déroulant **Mode**.

L'export du montage

● Final Cut

iMovie est parfait pour réaliser des montages rapides et de vidéos familiales. Mais si vous voulez aller un peu plus loin, avec des effets plus complexes, des options d'import/export plus larges et des outils plus précis, Apple commercialise Final Cut (deux versions sont disponibles : Express et Studio, http://store.apple.com/fr).

La prise en main de Final Cut est très différente de celle d'iMovie. Le but ici n'est pas de vous livrer une description approfondie de ce logiciel (cela nécessiterait un livre entier) mais de simples clés qui vous permettront de démarrer très rapidement.

1/ L'importation de vidéos dans Final Cut s'effectue grâce à la commande **Capturer** du menu **Fichier**. Vous pouvez aussi glisser des fichiers vidéo depuis votre disque dur vers la fenêtre **Navigateur**, en haut à gauche.

Un montage plus professionnel… et plus complexe !

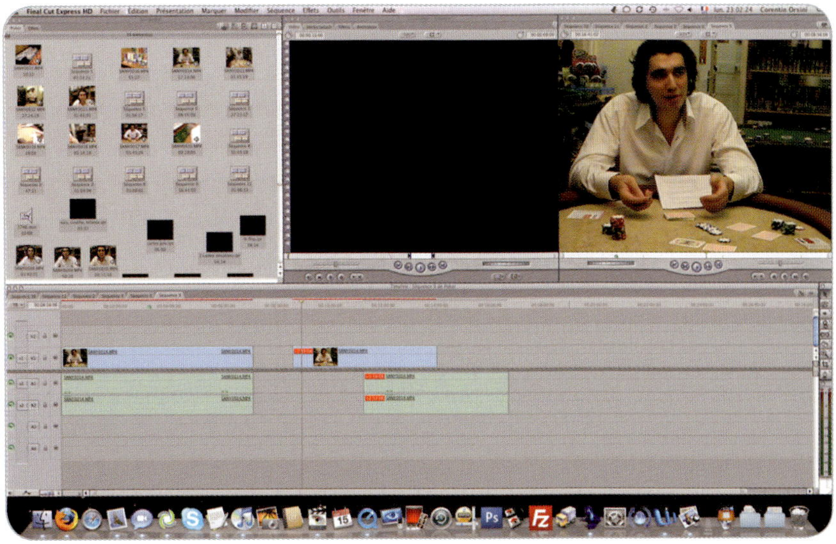

2/ Les séquences vidéo et audio sont bien séparées sur la Timeline, en bas. Vous pouvez raccourcir l'une ou l'autre indépendamment (en désactivant la « sélection liée » en haut à droite de la fenêtre de la Timeline) et faire des coupes en plein milieu grâce à l'outil **Lame de rasoir**, accessible à droite.

3/ Les effets sont accessibles via l'onglet **Effets** de la fenêtre **Navigateur**, en haut à gauche. Glissez simplement l'effet choisi sur la Timeline audio ou vidéo, entre deux pistes ou au-dessus d'une piste.

4/ Pour éditer un élément de la Timeline en détail, faites un double-clic dessus pour afficher son contenu en haut, au milieu et à droite.

TRANSFORMEZ VOTRE MAC PORTABLE EN TV PORTABLE

Moyennant l'achat d'un petit tuner pas plus gros qu'une clé USB, vous pouvez recevoir la télévision sur votre Mac portable. Quel intérêt ? Avoir une deuxième télé à la maison, mais aussi pouvoir programmer des enregistrements numériques et surtout disposer d'un téléviseur portable à emporter partout ! Voici ce qu'il faut savoir :

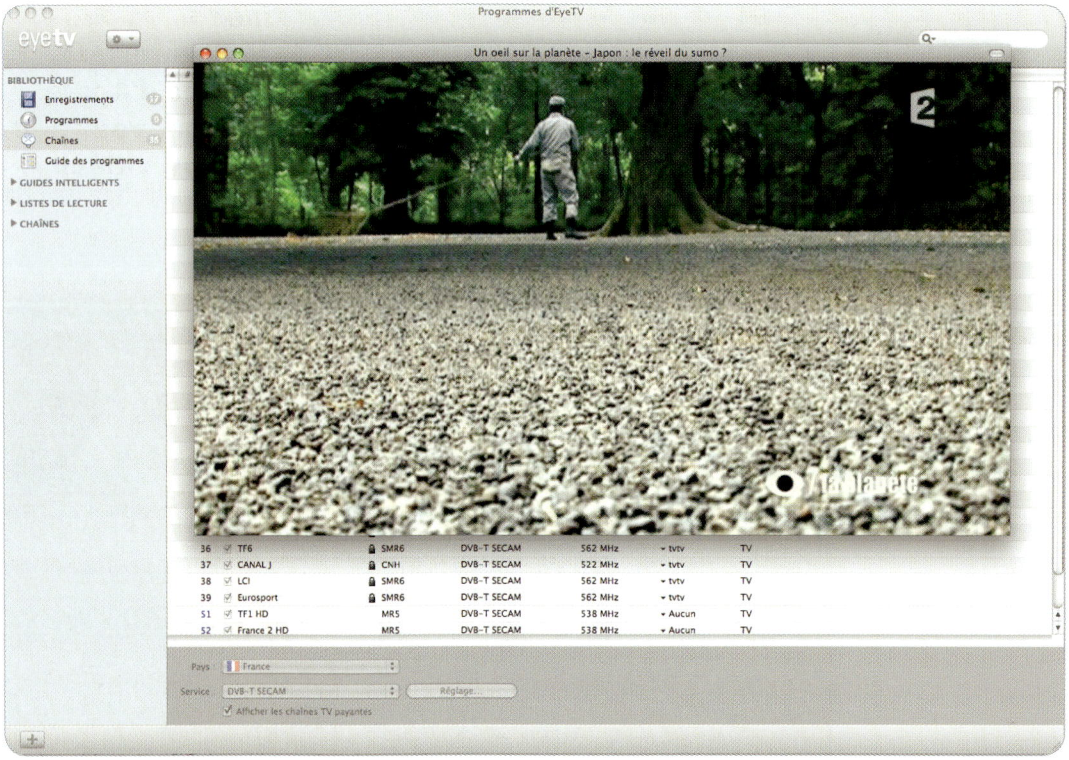

Une fenêtre de TV dans votre Mac

Il existe plusieurs marques de tuners pour Mac, dont les principales sont Elgato (www.elgato.com), Miglia, (www.miglia.com), Formac (www.formac.com) ou Pinnacle (www.pinnaclesys.com). Préférez un tuner TNT HD.

Généralement, les fabricants de tuners vendent aussi de petites antennes bâton. Ainsi, pas besoin de raccorder votre Mac à une prise antenne murale : vous branchez la petite antenne bâton au tuner et vous obtenez une véritable TV portative ! N'espérez pas l'utiliser efficacement dans le TGV mais cela peut fonctionner correctement sur votre lieu de vacances par exemple. Il suffit de ne pas être trop éloigné de l'émetteur.

Un enregistrement d'une heure peut peser plusieurs gigaoctets, surtout si c'est de la haute définition ! Prévoyez un gros disque dur et/ou archivez vos vidéos sur des DVD de temps en temps !

ÉPATEZ LA GALERIE AVEC FRONT ROW

Dans vos applications, vous trouverez Front Row : il s'agit d'une interface de lancement et de gestion de vos fichiers multimédias. Cela a l'air obscur mais c'est en réalité ultrasimple : en ouvrant Front Row, vous transformez votre Mac en une sorte de juke-box multimédia, un peu comme l'Apple TV. Vous n'y gagnez rien si ce n'est une belle interface, compatible avec la petite télécommande blanche optionnelle d'Apple, et un accès rapide aux dernières bandes-annonces de films. Mais vous pouvez épater la galerie en lançant la lecture de vos DVD, photos, vidéos et musique, de cette manière !

Front Row, une belle interface multimédia

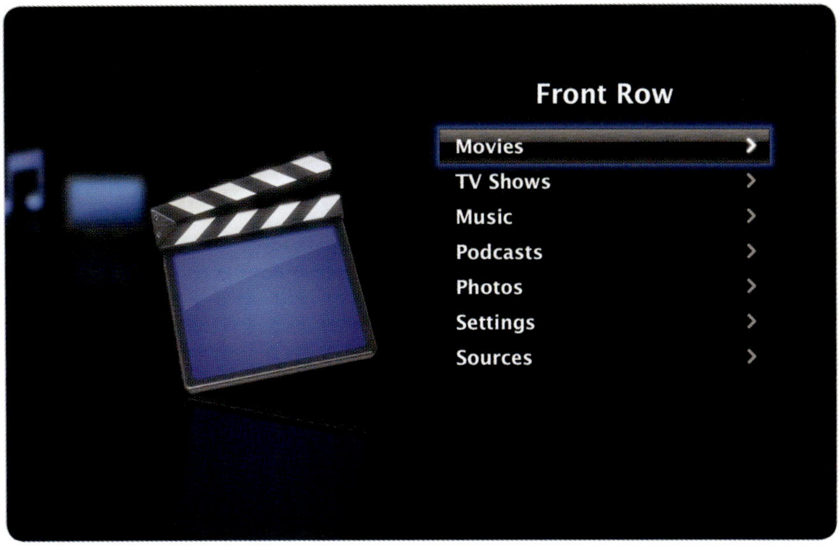

LES POINTS ESSENTIELS À RETENIR

- Le Mac lit bien sûr les DVD vidéo, mais il est aussi capable de lire les vidéos aux formats plus « exotiques », comme le DivX. Il suffit de télécharger quelques plug-ins.

- Le montage vidéo avec iMovie demande un peu de pratique mais se révèle efficace pour la plupart des besoins courants des utilisateurs amateurs.

- Pour aller plus loin dans le montage vidéo, Apple propose Final Cut en deux versions, dont la "pro", utilisée par de nombreux studios vidéo.

- Vous pouvez profiter de la télévision en voyage sur votre Mac portable, grâce à un tuner TNT et une petite antenne.

8

Vos sauvegardes automatiques avec Time Machine

On ne répétera jamais assez combien il est important de faire des sauvegardes. N'accordez pas votre entière confiance à un ordinateur, même un Mac ! Les disques durs, en plus d'être fragiles, ont une durée de vie limitée. Que diriez-vous si le disque dur de votre Mac grillait, emportant avec lui vos 10 000 photos, votre bibliothèque musicale, vos documents importants, vos e-mails, bref, votre vie numérique ? Sachez que c'est beaucoup plus courant que vous ne le pensez.

Croyez-moi, l'investissement d'une centaine d'euros dans un disque dur externe n'est rien comparé à la perte potentielle de vos données. Il est vrai qu'il n'y a pas très longtemps encore cette opération était relativement fastidieuse : il fallait savoir précisément ce qu'on avait sauvegardé la dernière fois et ce qu'il fallait alors ajouter.

Apple l'a bien compris et propose désormais un outil qui va vous changer la vie : Time Machine. Il s'agit en quelque sorte d'un robot qui sauvegarde automatiquement votre Mac, sans que vous ayez à vous en soucier. Mon conseil : utilisez-le !

MISE EN ROUTE DE TIME MACHINE

Time Machine nécessite quelques préparations au départ pour pouvoir être complètement opérationnel et vous laisser l'esprit libre concernant vos sauvegardes. Deux étapes importantes : le choix du disque et la configuration de Time Machine.

● Un disque dur externe pour un Mac portable

Il faut tout d'abord bien cerner vos besoins en termes de sauvegardes. Qu'avez-vous besoin de sauvegarder ? Seulement vos photos, seulement vos vidéos, l'ensemble de vos documents, absolument tout le contenu de votre ordinateur ?

La capacité

Dans tous les cas, prévoyez large. Si vous voulez sauvegarder vos photos par exemple, vérifiez la place qu'elles occupent sur votre disque en ouvrant votre dossier *Utilisateur* (symbolisé par une petite maison), votre dossier *Images*, puis en faisant un clic droit sur *iPhoto Library* et en choisissant **Lire les informations**.

Dans l'onglet **Général**, vous trouverez la taille totale de votre photothèque. Mon conseil est de doubler, tripler, voire quadrupler ce chiffre pour déterminer la capacité minimale dont vous aurez besoin pour votre disque dur externe. Pourquoi ? Parce que d'abord vous allez accumuler d'autres clichés dans les années à venir, ensuite, sachez que la capacité réelle d'un disque dur est inférieure de 10 % à celle affichée sur sa boîte, enfin parce que Time Machine a besoin de beaucoup d'espace pour fonctionner de manière optimale.

Pour le cas où vous voudriez sauvegarder la totalité de votre Mac, ne choisissez donc pas un disque dur externe d'une capacité égale à votre disque interne, mais plutôt supérieure de 50 %, voire du double.

L'interface et le format matériel

Il existe plusieurs formats de disques, dont deux principaux pour le grand public : 2,5 pouces et 3,5 pouces. Le format 2,5 pouces est, comme son nom l'indique, plus petit et regroupe donc les disques durs facilement transportables et très souvent autoalimentés (ils ne nécessitent pas de branchement électrique). Ils sont aussi plus fragiles. Le format 3,5 pouces est plus grand, plus robuste et a besoin d'être alimenté en électricité. Il est aussi, à capacité égale, beaucoup moins cher. A priori, je vous conseillerais plutôt le format 3,5 pouces, sauf que vous avez acheté un portable, qui par définition est amené à voyager avec vous ! Dans ce cas, un 2,5 pouces est plus adapté.

En fait, tout dépend de votre utilisation. Si vous êtes plutôt sédentaire et que votre portable reste la plupart du temps branché chez vous, optez pour un disque 3,5 pouces. Si vous l'emmenez souvent avec vous en voyage, optez pour un disque dur externe à l'image de l'ordinateur : portable ! Ce qui veut dire un 2,5 pouces… Sachez en tout cas que le fait de laisser un disque dur externe branché à un Mac portable influe sur l'autonomie de ce dernier, surtout si vous transférez des données entre les deux ! Pensez donc à brancher votre Mac pendant vos transferts.

Ensuite, il vous faut choisir une interface, autrement dit un type de prise : USB, FireWire 400 ou FireWire 800. Si vous avez un MacBook, je vous conseille d'opter pour une connexion FireWire 400, plus rapide que l'USB, et si vous avez un MacBook Pro, choisissez le FireWire 800. Le MacBook Air, lui, ne possède qu'un port USB, donc vous n'avez pas le choix.

Le formatage logiciel

Vous avez acheté un disque dur externe et l'avez branché à votre Mac ? Parfait. Ultime étape avant de vous plonger dans Time Machine, le formatage du disque. Allumez votre disque et attendez qu'il apparaisse sur le Bureau de votre Mac. Ouvrez le dossier *Applications*, le dossier *Utilitaires*, puis *Utilitaire de disque*. Sélectionnez le disque externe en question dans la colonne de gauche, puis cliquez sur l'onglet **Partitionner**. Sélectionnez **1 partition** dans le menu déroulant, cliquez sur le bouton **Options** en bas, cochez *Tableau de partition GUID*, et validez. Sélectionnez **Mac OS étendu (journalisé)** dans le menu déroulant **Format** et cliquez enfin sur le bouton **Appliquer** en bas à droite. Confirmez en cliquant sur **Partitionner**.

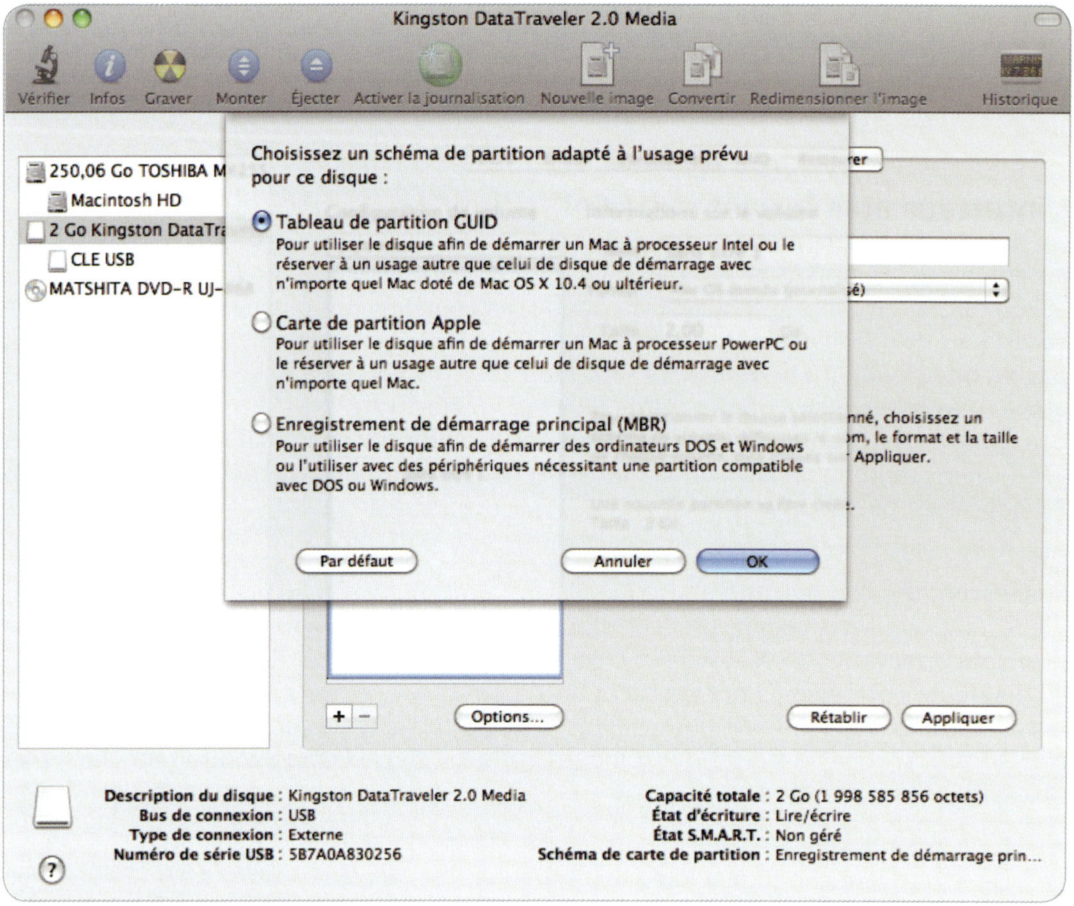

Le formatage correct pour Time Machine

Mac World

Les campements devant les Apple Stores

À chaque ouverture d'un nouvel Apple Store dans le monde, c'est la même scène : des tentes et des sacs de couchage envahissent le trottoir d'en face. Il s'agit tout simplement de fans d'Apple qui campent devant le magasin en chantier pour être les premiers à y pénétrer ! Et c'est même le cas lors de la sortie de certains nouveaux produits, comme l'iPhone dernièrement. Le phénomène est plus particulièrement présent aux États-Unis, mais gageons que l'ouverture du premier Apple Store à Paris, prévue dans le carrousel du Louvre fin 2009, attirera son lot de fidèles quelques jours avant !

Configuration de Time Machine

Une fois le disque branché, allumé et partitionné, il convient de configurer Time Machine.

1/ Le Mac vous demande s'il doit utiliser le disque dur externe pour sauvegarder avec Time Machine. Confirmez en cliquant sur **Utiliser comme disque de sauvegarde**. Les préférences de Time Machine se lancent et vous pouvez voir que le gros bouton, à gauche, est positionné sur *Activé*.

Les préférences de Time Machine

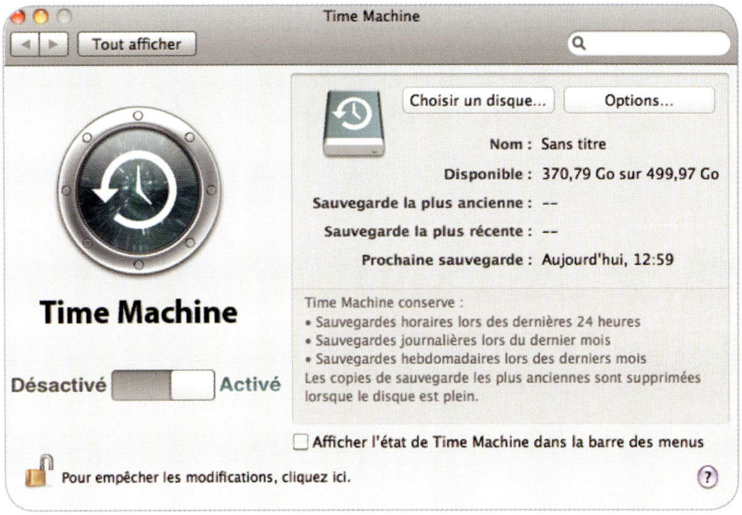

2/ Cliquez sur le bouton **Options** à droite pour déterminer ce que Time Machine ne doit pas sauvegarder. Servez-vous du bouton + pour ajouter un ou des dossiers à ne pas sauvegarder. Ne faites rien si vous voulez que Time Machine sauvegarde tout le contenu de votre Mac. Validez pour revenir à la fenêtre principale.

Deux dossiers à ne pas sauvegarder

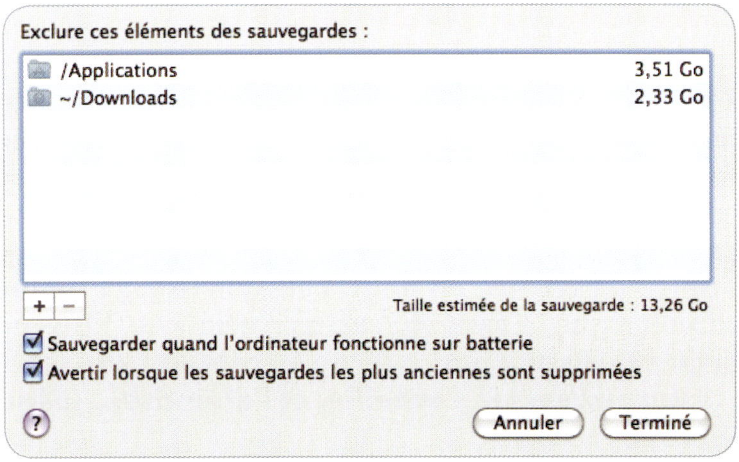

3/ Vous pouvez cocher la case *Afficher l'état de Time Machine dans la barre des menus* pour pouvoir lancer des sauvegardes rapidement, depuis un menu. À l'aide du bouton **Choisir un disque**, vous pouvez vérifier que le disque sélectionné est bien celui que vous voulez utiliser pour vos sauvegardes, ou vous pouvez en désigner un nouveau. Quittez les Préférences Système.

Le menu Time Machine

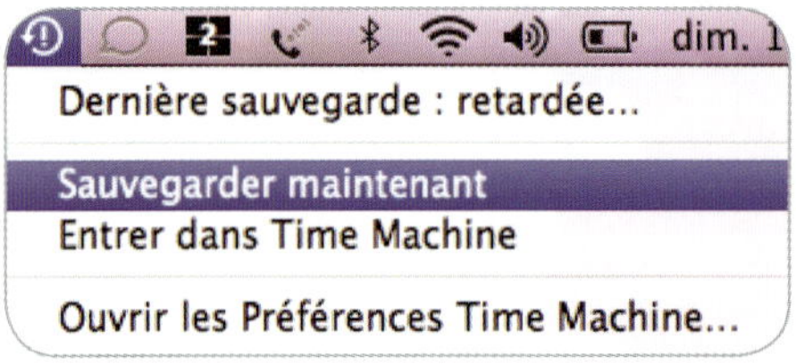

Vous pouvez faire démarrer la sauvegarde quand bon vous semble

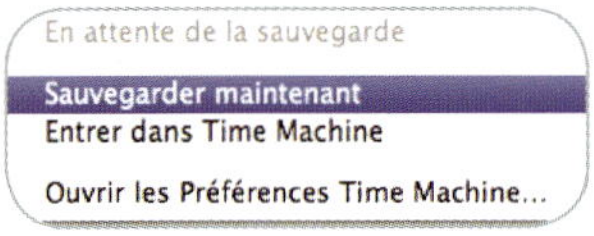

4/ La première sauvegarde commencera toute seule, mais vous pouvez aussi la forcer à démarrer immédiatement en allant dans le menu de Time Machine (une flèche formant un cercle), en haut à droite, dans la barre de menus et en choisissant **Sauvegarder maintenant**. La première sauvegarde peut durer plus de dix heures. Ne l'interrompez pas. Les prochaines sauvegardes seront bien plus rapides.

UTILISATION AU QUOTIDIEN

Afin de préserver au maximum votre disque dur externe et votre portable, je vous conseille de laisser votre disque éteint et débranché en permanence et de ne le brancher que de temps en temps, une fois par semaine environ. Ainsi, Time Machine fera une sauvegarde hebdomadaire : vous la verrez progresser dans la barre de menus, en haut. Lorsque le logo ne tournera plus, cela indiquera que la sauvegarde est terminée. Vous pourrez alors éjecter le disque dur externe en glissant son icône verte depuis le Bureau vers la Corbeille, et l'éteindre... jusqu'à la prochaine sauvegarde !

RÉCUPÉRATION DES SAUVEGARDES

Votre Mac a grillé ? On vous l'a volé ? Ou tout simplement vous changez de Mac ? Il est temps de récupérer ce que Time Machine a sauvegardé pendant des mois, voire des années.

● Vous voulez restaurer votre ancien Mac sur un Mac flambant neuf

Rien de plus simple. Lors du premier démarrage de votre nouveau Mac, celui-ci vous demandera si vous voulez importer les données de votre ancien Mac. Il vous faudra alors choisir **Importer depuis une sauvegarde Time Machine** et brancher le disque dur sur lequel vous avez sauvegardé l'ensemble de vos données. Vous aurez ainsi presque l'impression de ne pas avoir changé d'ordinateur !

● Vous voulez restaurer votre ancien Mac sur un autre Mac, déjà utilisé

Dans ce cas, vous avez deux solutions : soit vous importez toutes vos données en écrasant simultanément celles qui sont déjà présentes dans votre nouveau Mac, soit vous créez une nouvelle session pour importer vos données en conservant les éléments présents sur le nouveau Mac.

Pour importer vos données en effaçant les éléments déjà présents

Branchez votre disque dur externe à votre nouveau Mac et allumez-le. Mac OS vous demande si vous souhaitez utiliser ce disque pour sauvegarder avec Time Machine. Cliquez sur **Annuler** : vous ne voulez pas sauvegarder mais au contraire récupérer une sauvegarde. Cliquez ensuite sur l'icône de Time Machine dans le Dock. Une boîte de dialogue vous informe qu'aucun emplacement de stockage n'a été défini. Cliquez sur le bouton **Disque précédent**. Sélectionnez votre disque dur externe dans la liste qui apparaît, puis cliquez sur le bouton **Utiliser le disque sélectionné**. L'interface de Time Machine apparaît alors, affichant la galaxie et une chronologie. Si votre disque dur offre suffisamment d'espace de stockage, vous pouvez remonter le temps et choisir une configuration datant de plusieurs semaines ou mois. Si vous voulez restaurer la sauvegarde la plus récente, revenez à l'écran **Aujourd'hui** et cliquez sur **Restaurer**, en bas à droite.

La galaxie Time Machine

Pour importer vos données en conservant les éléments déjà présents

Créez une nouvelle session sur votre nouveau Mac, en suivant la procédure décrite au chapitre *Configurez et utilisez votre Mac portable*. Démarrez sur cette nouvelle session. Suivez la procédure décrite ci-dessus. Vous vous retrouvez avec deux sessions, l'une correspondant à votre nouvel ordinateur, l'autre, à l'ancien !

Mac Malin

Les sauvegardes en ligne

Les plus prudents d'entre vous pourraient être tentés de doubler leur sauvegarde avec une solution en ligne… et ils auraient bien raison ! Sachez tout de même que l'opération est longue, relativement fastidieuse et souvent coûteuse. Je vous conseille de ne sauvegarder sur Internet que ce qui vous est vraiment précieux. Vous pouvez utiliser MobileMe, le service d'Apple (www.me.com), mais aussi bien d'autres services comme Steekr (www.steekr.com), Mozy (www.mozy.com), Box (www.box.net) ou encore LiveDrive (www.livedrive.com).

LES POINTS ESSENTIELS À RETENIR

- Sau-ve-gar-dez ! Votre Mac vous a coûté de l'argent, mais ce qu'il contient n'a parfois pas de prix.
- Choisissez votre disque dur selon votre besoin. N'hésitez pas à les comparer et prévoyez large !
- Utilisez Time Machine : vous gagnerez du temps et vous éviterez tous les soucis de gestion des sauvegardes.

9

Si vous voulez ajouter Windows

Vous avez besoin d'utiliser un logiciel qui malheureusement ne tourne que sur PC ? Votre fils veut installer les derniers jeux vidéo sortis ? Pas de panique ! Depuis quelques années, il est possible d'installer Windows sur un Mac. En fait, vous conserverez Mac OS X mais vous aurez aussi accès à Windows. Tout cela est possible grâce aux processeurs Intel, utilisés désormais par Apple sur ses Mac. Ainsi, vous pouvez profiter du meilleur des deux mondes.

Il va d'abord falloir acheter une version de Windows. Eh oui, Windows, c'est payant, même si l'on ne s'en rend pas compte lorsqu'on achète un PC, puisque le système de Microsoft est systématiquement inclus dans les nouvelles machines (comme l'est le système d'Apple dans les Mac !). Ensuite, suivez la procédure d'installation :

1/ Ouvrez votre disque dur, puis votre dossier *Applications* et *Utilitaires*. Lancez Assistant Boot Camp. Cliquez sur **Imprimer le guide d'installation et de configuration** pour vous référer à ce document en cas de souci.

2/ Choisissez la fraction de votre disque dur qui sera dévolue à Windows et retenez-la. Cliquez ensuite sur **Partitionner**.

Prévoyez suffisamment large pour faire tourner Windows correctement

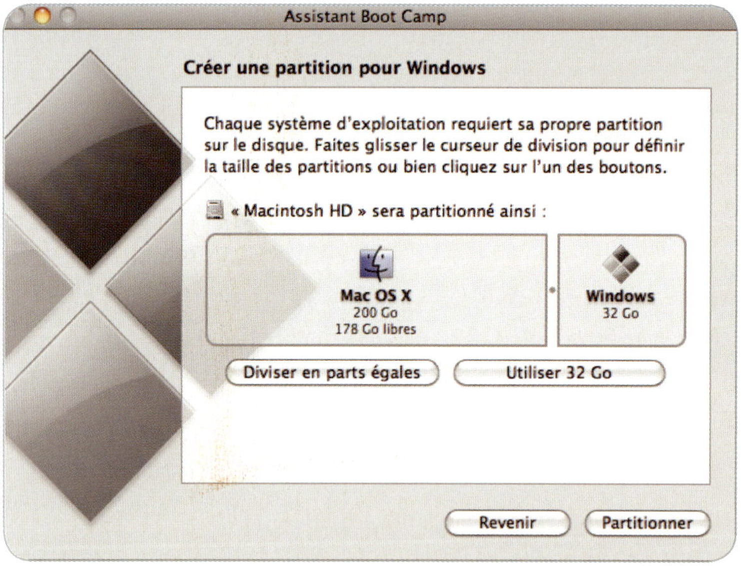

3/ Insérez le DVD d'installation de Windows, puis cliquez sur **Démarrer l'installation**.

4/ Le Mac redémarre sur le DVD de Windows. Il vous est demandé de choisir la partition sur laquelle vous désirez installer Windows, celle-là même que vous avez définie quelques minutes auparavant. Choisissez ensuite le formatage de la partition en NTFS.

5/ L'installation s'effectue et votre Mac redémarre en affichant Windows. Dernière opération : insérez le DVD d'installation de Mac OS X pour installer les pilotes nécessaires à une bonne utilisation de Windows sur le Mac.

UTILISATION AU QUOTIDIEN

➔ Lorsque vous démarrez votre Mac, maintenez la touche ⌥ (Alt) enfoncée pour pouvoir choisir entre Windows et Mac OS X.

Lorsque vous êtes dans Mac OS X et que vous voulez que le prochain démarrage s'effectue sous Windows, ouvrez les Préférences Système, puis **Démarrage**, et sélectionnez Windows à la place de Mac OS X qui est sélectionné par défaut.

Quel système se lancera au prochain démarrage ?

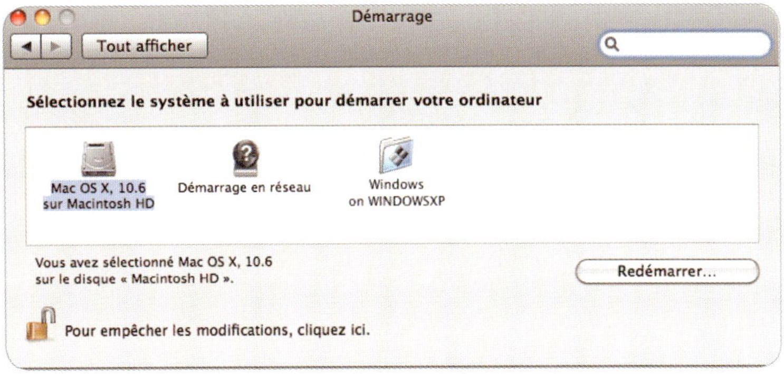

LES ALTERNATIVES : VMWARE ET PARALLELS

Il y a encore mieux que Boot Camp : VMware Fusion (www.vmware.com/fr/products/fusion) et Parallels Desktop (www.parallels.com/fr/products/desktop) permettent d'utiliser Windows sans avoir à redémarrer, autrement dit directement à l'intérieur de Mac OS X !

Jonglez entre les systèmes !

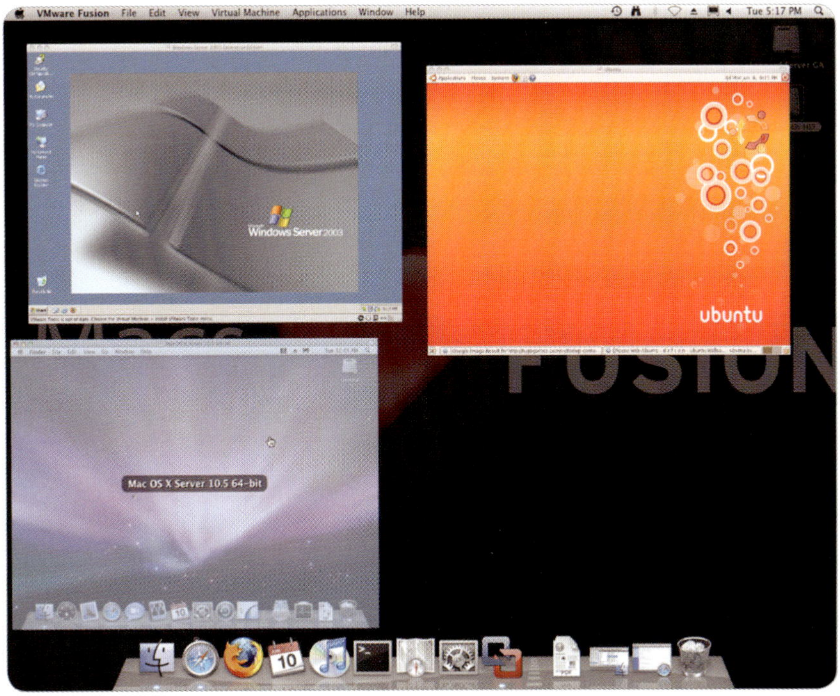

Si vous avez souvent besoin de passer d'un univers à l'autre, de jongler avec des fichiers et des applications issus des deux univers, considérez donc l'achat de l'un de ces deux logiciels ! Sachez que vous pouvez également installer Linux sur votre Mac et ainsi avoir accès aux trois univers sur la même machine !

LES POINTS ESSENTIELS À RETENIR

- Vous pouvez tout à fait installer deux voire trois systèmes sur un Mac : Windows, Mac OS et même Linux.

- Il suffit d'acheter une version de Windows, si vos besoins sont peu fréquents. Si vous devez travailler souvent entre Windows et Mac OS, vous devrez aussi acheter un autre logiciel : VMware Fusion ou Parallels.

10

Extinctions et débogage

Peu d'utilisateurs savent qu'il existe plusieurs manières de mettre fin à leur utilisation quotidienne de leur ordinateur. Et lorsqu'ils sont au courant, ils ne connaissent pas toujours les différences qui existent entre les options de fermeture. Faisons le point.

Votre Mac s'éteint via le menu puis la commande **Éteindre**. Une boîte de dialogue apparaît alors, vous demandant de confirmer. Si vous ne faites rien pendant une minute, le Mac s'éteindra effectivement, ceci pour éviter toute mauvaise manipulation.

En cas de fausse manip, vous pouvez rectifier le tir

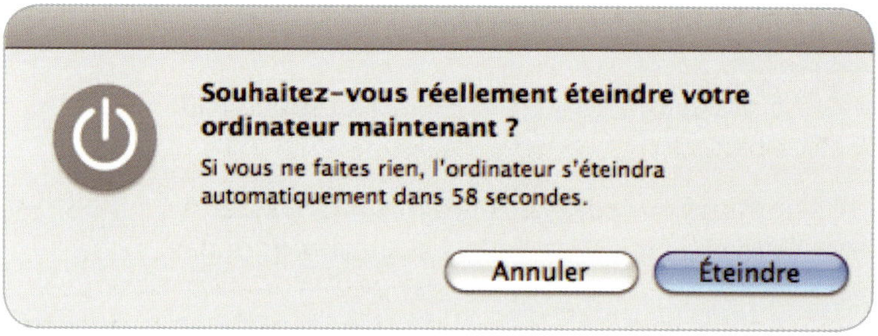

Vous pouvez aussi afficher une boîte de dialogue similaire mais un peu plus complète en appuyant sur le bouton physique d'allumage/extinction, en haut à droite de votre clavier, celui-là même qui vous a servi à allumer votre portable. Vous pourrez ainsi choisir entre **Éteindre**, **Suspendre**, **Redémarrer** ou **Fermer la session**.

LA MISE EN VEILLE, POUR QUELQUES HEURES

Au lieu d'éteindre votre Mac, vous pouvez le mettre en veille, également via le menu **Pomme**, puis la commande **Suspendre l'activité**.

Vous disposez encore de deux autres possibilités de mise en veille : repliez l'écran alors même que votre portable est allumé, ou appuyez sur le bouton physique d'allumage/extinction et choisissez **Suspendre**.

Pour réactiver votre Mac après une suspension d'activité, appuyez sur n'importe quelle touche de votre clavier ou sur le bouton physique d'allumage/extinction, ou bien dépliez votre portable le cas échéant. Voyez comme le démarrage est bien plus rapide qu'après une extinction complète !

Vous pouvez utiliser la mise en veille la plupart du temps, mais pensez à éteindre complètement votre Mac de temps en temps (toutes les cinq à dix utilisations) pour lui permettre de « souffler » un peu. Vous y gagnerez en réactivité.

Attention, votre Mac portable, lorsqu'il est en veille, consomme tout de même un peu d'énergie. Si vous le laissez en veille sans qu'il soit branché au secteur, la batterie se déchargera. Bien sûr, elle durera beaucoup plus longtemps que lorsque le Mac est allumé, mais si vous l'oubliez toute une nuit, vous la retrouverez bien entamée le lendemain.

LA FERMETURE DE SESSION

Cette fonction peut vous être très utile si vous avez plusieurs comptes sur votre Mac (voir le chapitre Configurez et utilisez votre Mac portable) et voulez en fermer un pour passer à un autre, sans éteindre le Mac.

→ Allez dans le menu et choisissez **Fermer la session XX**. Validez. Votre session se ferme et le Mac affiche la page de sélection de session.

→ Il y a une méthode encore plus rapide pour passer d'un utilisateur à l'autre - avec en plus un bel effet visuel ! Commencez par vous rendre dans les Préférences Système, dans **Comptes**, puis **Options**. Déverrouillez ces options grâce au cadenas en bas et cochez *Activer la permutation rapide d'utilisateur*. Fermez la fenêtre. Dès lors, à tout moment, vous pouvez cliquer sur le menu qui porte le nom de votre session, en haut à droite de l'écran, puis choisir la session que vous voulez lancer dans le menu. Un cube géant se tourne et affiche la bonne « face ».

Basculez sur une autre session sans fermer la première

POUR VOUS SORTIR D'UN MAUVAIS PAS

Si votre Mac se bloque, qu'il ne répond plus ou qu'il « mouline » (avec une roue colorée à la place de votre curseur) sans s'arrêter pendant plusieurs minutes, essayez la combinaison de touches Cmd + ⌥ + Esc. Choisissez dans la liste qui apparaît l'application qui pose problème et cliquez sur Forcer à quitter. L'astuce fonctionne dans de nombreux cas.

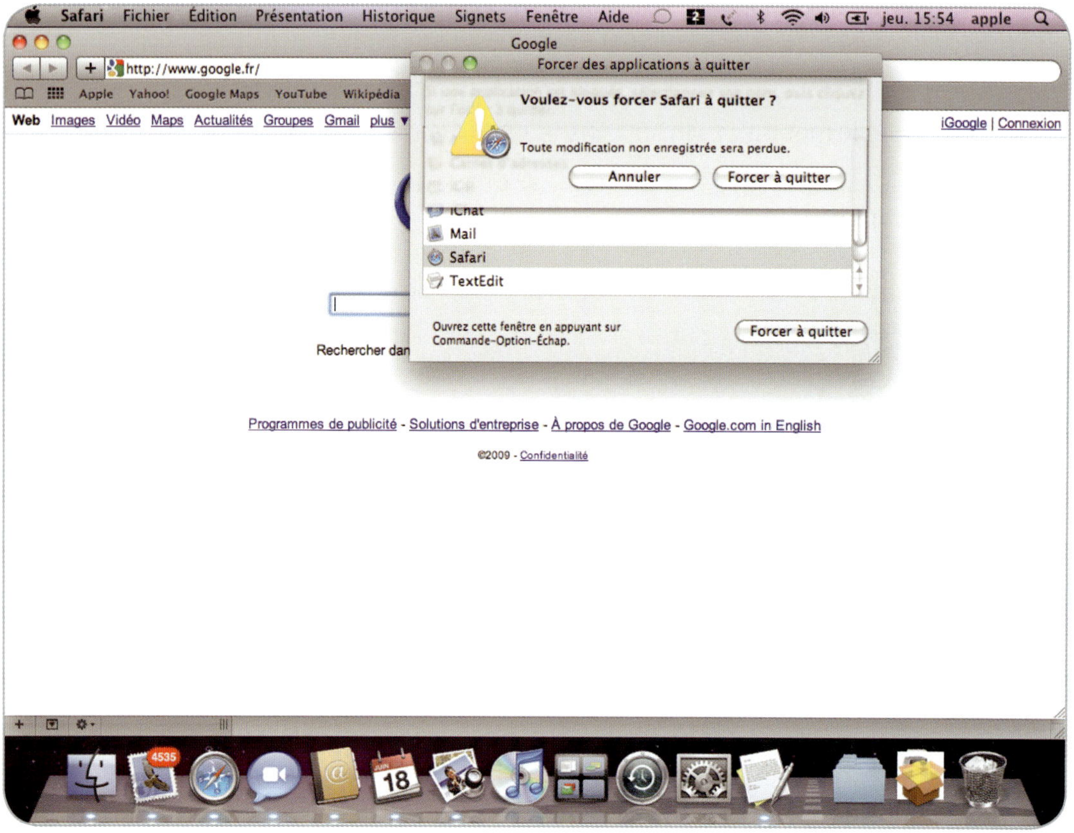

Une astuce bien pratique pour débloquer des situations difficiles

LE REDÉMARRAGE

Parfois, la combinaison de touches ci-dessus ne fonctionne pas et le Mac semble clairement bloqué. Et parfois, le Mac n'est pas bloqué mais... impossible pour vous d'accomplir une tâche pourtant banale ! Ce sont les joies de l'informatique ! Essayez alors de relancer le Mac via le menu puis la commande Redémarrer. En général, tout rentre dans l'ordre au démarrage suivant.

LES POINTS ESSENTIELS À RETENIR

- Tout se fait via le menu ou le bouton d'allumage/extinction du clavier.
- N'hésitez pas à mettre votre Mac en veille plutôt que de l'éteindre, mais laissez-le se reposer de temps en temps en l'éteignant complètement !

11

Boostez votre Mac portable !

Ce n'est pas parce que vous avez opté pour un portable que vous ne pouvez pas le faire évoluer ! Lorsque vous commencez à percevoir quelques signes de ralentissement, vous pouvez y remédier en ajoutant de la RAM par exemple. Et si vous avez besoin de plus de place pour stocker vos données, sans vous encombrer d'un disque externe, vous pouvez remplacer votre disque dur interne ! Suivez le guide.

AJOUTEZ DE LA RAM

Vous devez acheter le type de RAM qui correspond précisément à votre modèle de Mac portable. Ce sera de toute manière toujours de la So-Dimm, autrement dit de petites barrettes. Mais pour le reste, renseignez-vous en magasin ou sur Internet pour ne pas vous tromper. Vous aurez besoin de la date d'achat de votre Mac et, bien sûr, de savoir quel est son modèle. Sachez que vous ne pouvez pas ajouter de RAM à un MacBook Air. Pour les MacBook et MacBook Pro, l'ajout de barrettes de RAM est relativement facile : retournez votre portable et, au choix :

- Si vous avez acheté votre Mac avant juin 2009, la batterie est amovible. Retirez-la puis repérez deux languettes à actionner pour extraire les barrettes de mémoire RAM. Introduisez les nouvelles barrettes à la place, remettez les languettes en place ainsi que la batterie.

- Si vous avez acheté votre Mac après juin 2009, la batterie est inamovible. Il vous faut donc dévisser les dix petites vis qui entourent votre Mac portable lorsqu'il est retourné. Ensuite, retirez la plaque métallique et vous apercevrez immédiatement les barrettes de mémoire, au centre de la machine. Extrayez-les délicatement et remplacez-les.

Pour vous assurer que votre manipulation a bien été prise en compte, démarrez votre Mac, déroulez le menu et choisissez **À propos de ce Mac**.

Un Mac doté de 4 Go de RAM

Retrouvez le pas à pas complet, avec les schémas, dans votre mode d'emploi livré avec votre Mac portable. Si vous l'avez perdu, il est accessible en ligne, sur le site d'Apple, rubrique *Support*.

Mac World

Le Mac, machine universelle

Depuis qu'Apple intègre des processeurs Intel dans ses Mac, ces derniers sont capables de faire tourner Windows comme n'importe quel PC. Et comme ils supportent aussi très bien Linux, on peut dire qu'ils sont universels. En effet, le Mac est le seul ordinateur à pouvoir faire tourner les trois principaux systèmes d'exploitation informatiques. Les PC ne peuvent pas accueillir Mac OS X, à moins de bidouiller des heures pour un résultat médiocre. C'est pourquoi certains développeurs de logiciels optent pour des Mac, par souci d'économie !

AJOUTEZ UN DISQUE DUR

Pour peu que vous stockiez quelques vidéos, photos et albums musicaux sur votre Mac portable, vous devriez vite atteindre sa capacité maximale de stockage… Vous n'avez plus qu'à changer le disque dur interne ou à acheter un disque externe. Mais attention : si vous optez pour la première solution, la garantie n'aura plus cours !

● Changez le disque dur interne

Vous devez acheter un disque dur interne de 2,5 pouces à connexion SATA et vérifier que vous pouvez changer facilement le disque de votre modèle de Mac portable. Tout dépend de la date d'achat et du modèle. Renseignez-vous en magasin ou sur Internet. L'opération est un peu plus complexe que pour la RAM.

→ Si la batterie de votre Mac est amovible, enlevez-la. Touchez la surface métallique à l'intérieur de l'ordinateur afin de décharger toute électricité statique que vous pourriez avoir emmagasinée. Puis dévissez les vis qui se trouvent sur la barre d'attache du disque dur, celle qui le maintient accroché au portable. Ne dévissez pas celles qui sont directement sur le disque : nul besoin de l'ouvrir. Tirez sur la languette et débranchez le disque avec précaution. Si votre disque dur n'est pas fourni avec des vis de montage, récupérez les quatre vis de votre ancien disque dur (aux quatre coins) et montez-les sur le nouveau avant de l'installer. Branchez le nouveau disque à la place de l'ancien, remettez-le en place exactement là où était l'autre et revissez la barre d'attache.

→ Si la batterie n'est pas amovible, vous devez dévisser les dix vis de votre Mac portable retourné puis suivre la même procédure que celle qui est décrite ci-dessus.

Retrouvez le pas à pas complet, avec les schémas, dans votre mode d'emploi livré avec votre Mac portable. Si vous l'avez perdu, il est accessible en ligne, sur le site d'Apple, rubrique *Support*.

● Branchez un disque dur externe

Pour un ordinateur portable, rien de mieux qu'un disque dur de 2,5 pouces, pratique à transporter et auto-alimenté. Vous pourrez ainsi vous en servir partout, sans avoir besoin de prise électrique ni d'espace de rangement trop conséquent. Choisissez la liaison USB si vous avez un MacBook Air, USB ou FireWire 400 si vous avez un MacBook et USB ou FireWire 800 si vous avez un MacBook Pro.

RACCORDEZ VOTRE MAC PORTABLE À UN ÉCRAN EXTERNE

Lorsque vous utilisez votre Mac à la maison, vous pouvez profiter d'un grand écran externe à la place du petit écran du portable.

➔ Il suffit pour cela d'acheter le câble Adaptateur Mini DisplayPort vers DVI commercialisé par Apple. Une extrémité se branche sur la petite prise immédiatement à droite de vos ports USB, sur le côté de votre portable, et l'autre se branche sur l'entrée DVI de votre moniteur informatique : la liaison est ainsi numérique, de très bonne qualité. Tous les moniteurs récents possèdent une prise DVI.

➔ S'il s'agit d'un moniteur plus ancien ne disposant pas d'une prise DVI, vous devez acheter l'autre adaptateur : Mini DisplayPort vers VGA.

➔ Si vous souhaitez raccorder votre portable à un téléviseur LCD ou plasma récent (qui possède une prise HDMI), c'est tout à fait possible en utilisant le câble Adaptateur Mini DisplayPort vers DVI, couplé à un autre câble DVI vers HDMI.

Pour faire une présentation sur grand écran ou vidéo-projecteur, vous avez le choix entre utiliser votre portable comme d'habitude, en regardant son propre écran, ou bien l'utiliser en regardant directement ce que vous faites sur le grand écran ou la projection. Dans ce cas, vous pourriez vouloir fermer le portable, pour ne pas être gêné par l'écran ou pour économiser la batterie.

1/ Pour cela, il vous suffit de brancher un clavier et/ou une souris USB à votre portable, puis de brancher le moniteur externe ou le vidéo-projecteur.

2/ Refermez le Mac portable lorsque le bureau apparaît sur le grand écran. Ensuite, appuyez sur une touche du clavier ou sur un bouton de la souris pour réactiver le Mac alors qu'il est toujours fermé.

3/ Si vous utilisez une souris et un clavier Bluetooth, jumelez-les avec votre Mac d'abord, puis, dans les *Préférences Système*, choisissez **Bluetooth** et cliquez sur le bouton **Avancé...** en bas à droite et cochez la case *Autoriser les appareils Bluetooth à réactiver l'ordinateur*. Ensuite, suivez la même procédure qu'avec un clavier et une souris USB.

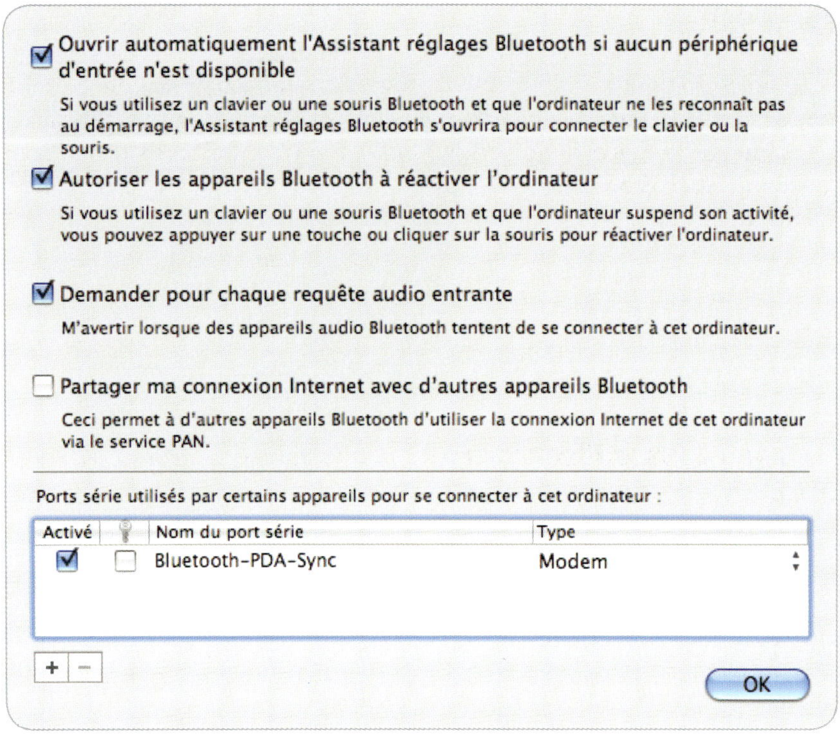

Autorisez la réactivation du Mac avec une souris Bluetooth

Mac Célère

Pour débloquer une situation

Si un logiciel met plus de temps que d'habitude à effectuer une tâche simple, essayez de passer à un autre logiciel avec la combinaison de touches ⌘ + Tabulation. Si, en revenant au logiciel de départ, celui-ci est toujours bloqué, essayez de forcer à quitter avec ⌘ + ⌥ + esc. Pour fermer une fenêtre, utilisez ⌘ + W et ajoutez ⌥ pour fermer toutes celles qui sont ouvertes dans l'application en cours.

CHOISISSEZ UNE HOUSSE, UNE COQUE ET UNE SACOCHE

Parmi les centaines de housses qui existent sur le marché, notez les marques be.ez et Incase, plutôt innovantes, puisqu'elles proposent des housses colorées en polyuréthane et en néoprène, qui protègent efficacement les Mac portables sans occuper de volume supplémentaire.

Une housse be.ez

Pour ce qui est des sacoches, en bandoulière, à poignées ou à roulettes, le choix est large chez les maroquiniers classiques mais aussi chez certaines marques destinées aux ordinateurs en priorité, comme Knomo, Incase, Tucano, SwissGear, Brenthaven…

Une sacoche à bandoulière pour MacBook Air

Du côté des coques de protection, la marque Speck propose des produits en plastique translucide, dont certains au toucher satiné, pour éviter de rayer votre portable et, accessoirement, tenter de vous distinguer dans la masse des utilisateurs de Mac nomades.

Coque satinée Speck

Et si vous êtes tenté par une personnalisation poussée de votre portable, vous pouvez opter pour un revêtement en bois proposé sur le site http://iamhumannow.com ou l'application d'une couleur vive sur la totalité de la surface de votre ordinateur, avec http://colorwarepc.com.

Un MacBook en bois !

Il existe aussi de nombreux stickers conçus spécialement pour les ordinateurs portables, vendus sur plusieurs sites, dont Laptopcustom.com, Moostick.com, Mandellia.fr ou Skinizi.com. Vérifiez bien que le sticker que vous voulez est prévu pour votre modèle de Mac portable.

D'une manière générale, si vous cherchez une housse, un sac ou une coque pour votre Mac portable, connectez-vous au site d'Apple (www.apple.com/fr) et cliquez sur **Store** puis sur **Mallettes pour portables** dans la colonne de gauche.

Mac World

Les produits Mac friendly

Parmi les très nombreuses marques de matériel informatiques, seules quelques-unes ont une véritable dimension Mac et une histoire liée aux ordinateurs d'Apple. On peut citer Formac, Lacie et Macway pour les disques durs, Belkin et Griffin pour les petits accessoires pour iPod, Epson pour les imprimantes ou Macally pour divers accessoires. Ce qui ne veut pas dire que les autres marques ne sont pas valables !

EQUIPEZ-VOUS POUR VOYAGER

Un portable, c'est fait pour emmener en voyage ! Dès lors, vous pourriez avoir besoin de quelques petits accessoires de voyage, dont voici une liste non exhaustive !

→ Le kit de voyage Apple : il s'agit de six embouts de prises électriques conçus spécialement pour que les Mac portables puissent être rechargés en Amérique du Nord, en Chine, au Japon, en Corée, en Australie, en Europe, au Royaume-Uni et à Hong-Kong. Le kit contient aussi un câble USB et un adaptateur secteur USB pour les iPhone et iPod. Indispensable à tout globe-trotter.

Le Kit de voyage d'Apple

Le doubleur de sortie audio : lorsque vous regardez un DVD dans le train ou dans l'avion, vous utilisez un casque pour ne pas déranger vos voisins. Mais lorsque vous voulez regarder le film à deux, comment faire, avec une seule sortie audio ? Utiliser un doubleur de prise Jack, pour brancher deux casques !

SmartShare, de Griffin

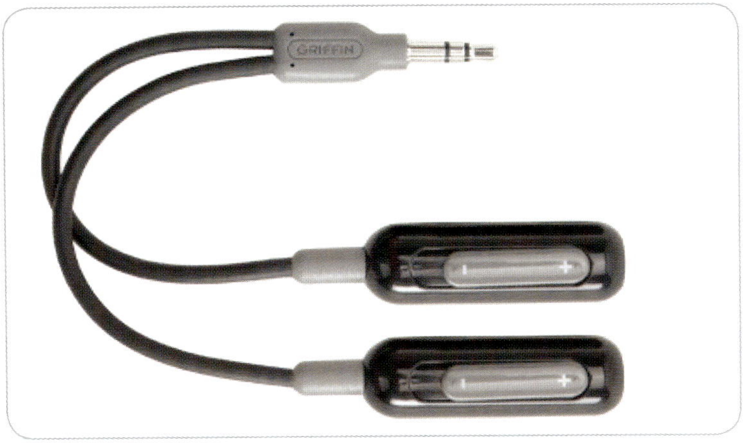

Une batterie supplémentaire : si vous avez besoin d'utiliser votre portable plus de 6 heures d'affilée sans le brancher, vous pouvez opter pour une batterie supplémentaire (sauf pour les MacBook Air).

Une batterie additionnelle

L'adaptateur mini-DVI vers DVI (ou VGA) : pour brancher le Mac portable à un grand écran ou un vidéo-projecteur, en réunion.

L'adaptateur vidéo

Un mini vidéo-projecteur : ultra-portable, le vidéo-projecteur miniature est le meilleur ami du commercial nomade. Il peut être placé dans la même sacoche que l'ordinateur et ainsi emmené facilement en déplacement. Son petit nom ? Le Pico-projecteur ! Plusieurs marques en commercialisent : Toshiba, 3M, Optoma…

La clé 3G : pour pouvoir vous connecter depuis n'importe où, n'importe quand, vous aurez besoin d'une clé 3G, à brancher en USB sur le portable. Mais gare à la facture à l'étranger !

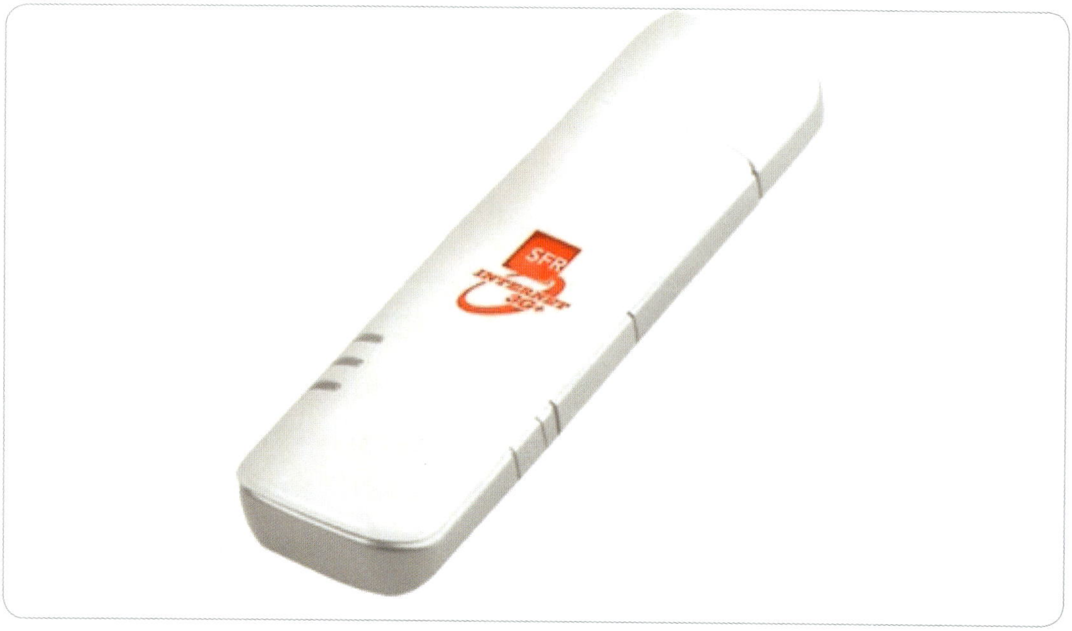

Une clé 3G, pour se connecter depuis partout

Huckleberry : il s'agit d'un petit boitier contenant deux miroirs, que l'on accroche en haut de l'écran d'un MacBook pour le transformer en caméscope ! En fait, il permet de se servir de la webcam intégrée pour filmer derrière l'écran du Mac portable. Astucieux !

Mac World

Le Newton
En 1993, Apple avait sorti l'ancêtre de l'iPhone : le Newton. Il s'agissait d'un assistant personnel, comme on disait à l'époque, dans lequel on pouvait entrer ses rendez-vous et prendre des notes, à l'aide de l'écran tactile à reconnaissance d'écriture ! Mais ce n'était pas un téléphone, son prix était élevé et il est certainement apparu beaucoup trop tôt sur le marché. La gamme a été arrêtée en 1998.

CHOISISSEZ UN BON APPAREIL PHOTO

Compagnon idéal du Mac portable : l'appareil photo numérique, dont vous pourrez transférer les œuvres petit à petit au cours d'un long voyage par exemple. Les appareils photo numériques se sont clairement démocratisés ces dernières années, mais aussi grandement améliorés. À présent, le nombre de pixels importe peu, mais de nombreux points sont primordiaux pour choisir un bon appareil. Il convient de regarder :

- La réactivité. C'est le point faible des appareils compacts, contrairement aux reflex. Mais certains compacts tirent leur épingle du jeu, avec une mise au point comprise entre une demi-seconde et une seconde selon la luminosité et un démarrage autour d'une seconde. Les reflex, eux, ne connaissent aucun problème à ce niveau : il n'y a quasiment pas de délai entre la pression du déclencheur et la prise de la photo.

- Le zoom. Les compacts ont longtemps stagné à des zooms médiocres de 3X ou 4X, jusqu'à ce que Panasonic sorte une gamme de compacts dotés de zoom 10X. Depuis, les autres constructeurs s'y mettent et l'on a enfin droit à des zooms dignes de leur nom. Sur les reflex, vous achetez les objectifs que vous voulez, donc les zoom que vous voulez.

- La sensibilité. Au-delà de 400 iso, le grain est très présent sur les photos prises avec des compacts moyens. Fuji maîtrise depuis plusieurs années les hautes sensibilités et ses appareils sont capables de prendre des clichés de nuit, en 800 et même 1600 iso, très corrects. Les reflex sont encore une fois meilleurs que les compacts sur les hautes sensibilités, mais ce n'est pas toujours le cas : à vérifier.

- Le mode manuel : certains compacts sont « débrayables », c'est-à-dire qu'ils autorisent l'utilisateur à régler lui-même les conditions de prise de vue : temps d'exposition, ouverture et autres. Cela peut être pratique pour certaines photos de nuit ou pour apprendre la photo à votre rythme. Les reflex, par définition, comportent tous un mode manuel.

- Le mode vidéo. Certains compacts (et même des reflex) offrent un mode vidéo assez avancé, allant même jusqu'à la vidéo HD (Haute Définition). La mise au point n'est pas toujours parfaite mais, en plein jour, le résultat peut être plutôt bon.

LES POINTS ESSENTIELS À RETENIR

- N'hésitez pas à ajouter de la mémoire vive (RAM) pour gagner en rapidité et à changer le disque dur interne pour stocker plus de données. Suivez les instructions de votre mode d'emploi (téléchargez-le si vous l'avez perdu).
- Vous pouvez utiliser votre Mac portable avec un grand écran externe à la maison pour plus de confort.
- Faites un tour sur le site d'Apple pour trouver des housses, des coques et des mallettes adaptées à votre modèle de Mac portable.
- Si vous voyagez beaucoup, vous pourriez avoir besoin de l'un de ces accessoires nomades.

12

Dépannez votre Mac portable

Parfois, les problèmes informatiques ne sont pas si graves que ça, surtout dans le monde Mac. Un utilisateur débutant peut même dépanner lui-même sa machine dans certains cas ! Voici quelques pannes classiques chez les Mac portables et les solutions préconisées par Apple.

Avant de procéder à un dépannage, vérifiez que les dernières mises à jour de programmes internes sont installées sur votre ordinateur. Les dernières mises à jour sont disponibles sur le site d'Apple.

Plusieurs pannes possibles sont présentées ci-dessous. Suivez les étapes correspondant à la panne afin de savoir si le problème provient du lecteur ou du support. Inspectez les disques avant leur utilisation afin de vérifier qu'ils ne sont pas fissurés, rayés ou endommagés, notamment l'anneau intérieur du disque qui doit être lisse et sans bavure. Un disque comportant des défauts physiques peut se bloquer dans le lecteur ou l'endommager.

L'insertion de disques de taille ou de forme non standard dans un lecteur non conçu pour les accueillir peut endommager ce dernier. Les lecteurs à chargement par fente des Mac portables peuvent seulement lire les disques ronds standard de 120 mm de diamètre. L'utilisation d'autres types de disques annule la garantie d'Apple.

● Le lecteur ne reconnaît aucun disque

1/ Assurez-vous que votre disque n'est pas voilé. Pour cela, posez-le à l'envers sur une surface plane et vérifiez qu'il est bien plat lui-même. N'utilisez pas un disque courbé car il pourrait rester bloqué dans le Mac.

2/ En raison de l'étroitesse de la fente d'insertion, une à deux secondes sont nécessaires pour que le lecteur identifie la présence du disque et commence le chargement. Si le lecteur ne parvient pas à introduire le disque ou l'introduit partiellement puis s'arrête, tentez d'insérer le disque plusieurs fois pour corriger le problème.

3/ N'insérez jamais de disque dont la surface serait composée d'une matière spéciale, comme c'est le cas des disques de nettoyage ou des disques à brosses.

4/ Redémarrez le Mac et réessayez de lire le CD ou le DVD. Si cela ne fonctionne toujours pas, il va vous falloir réinitialiser le contrôleur de gestion du système (SMC). Si votre Mac date d'avant 2009, suivez cette méthode : éteignez votre Mac, débranchez-le et retirez la batterie. Appuyez sur le bouton d'alimentation et maintenez-le enfoncé pendant 5 secondes, puis relâchez-le. Replacez la batterie et rebranchez l'adaptateur secteur. Démarrez le Mac normalement. Si votre Mac date de 2009 ou plus, éteignez-le puis connectez l'adaptateur secteur à une source d'alimentation qui fonctionne. Sur le clavier, appuyez sur les touches ⌘ + [Ctrl] + ⌥ (de gauche) et appuyez également une fois sur le bouton d'alimentation. Patientez cinq secondes, puis appuyez sur le bouton d'alimentation pour démarrer l'ordinateur.

5/ Si cela ne fonctionne pas, contactez Apple pour bénéficier d'un dépannage.

Le lecteur accepte les disques mais ils n'apparaissent pas sur le bureau ou ils sont automatiquement éjectés

1/ Assurez-vous que la surface du disque est exempte de rayures et de poussière susceptibles d'empêcher le disque d'apparaître sur le bureau.

2/ Réinitialisez le contrôleur de gestion du système (SMC), comme indiqué ci-dessus.

3/ Assurez-vous que votre lecteur peut lire le type spécifique de fichier utilisé. Par exemple, un « lecteur combo » peut lire un DVD-R et graver un CD-R, et non un DVD-R. L'utilitaire *Informations Système* peut fournir des informations supplémentaires concernant les supports pris en charge par votre portable.

4/ Si les disques ne sont toujours pas reconnus, contactez Apple afin de bénéficier d'un dépannage.

Le lecteur n'éjecte pas les disques ou ceux-ci s'éjectent lentement

1/ Si l'éjection des disques semble lente ou difficile, insérez un disque et éjectez-le plusieurs fois de suite.

2/ Si le lecteur n'éjecte pas les disques lorsque vous appuyez sur la touche d'éjection du clavier, essayez de glisser l'icône du disque vers la corbeille. Si le disque ne s'éjecte toujours pas, maintenez le bouton du trackpad enfoncé pendant le redémarrage du Mac.

3/ Réinitialisez le contrôleur de gestion du système (SMC), comme indiqué ci-dessus.

4/ Si le problème persiste, contactez Apple afin de bénéficier d'un dépannage.

LES PANNES CONCERNANT LE TRACKPAD

Le curseur saute ou se déplace tout seul ou ne répond pas bien à vos mouvements ?

Le trackpad fonctionne selon un principe appelé couplage de capacitance. Lorsque que votre doigt se déplace sur sa surface, le trackpad évalue la variation de capacitance entre deux couches d'électrodes et traduit ce mouvement en déplacement du curseur à l'écran.

Assurez-vous qu'il n'y a bien qu'un seul point de contact entre votre doigt et le trackpad (sauf pour les mouvements spéciaux nécessitant plusieurs doigts). Le trackpad est conçu pour fonctionner uniquement avec votre doigt et non un stylo ou un autre objet. Veillez également à ne pas appuyer votre poignet sur le trackpad ou à proximité. Le trackpad pourrait considérer que votre poignet le touche et déplacer le curseur dans sa direction.

Si vous avez les mains moites, l'humidité qui se dépose sur le trackpad peut également nuire à son bon fonctionnement. Essuyer le trackpad avec un chiffon sec suffit en général à résoudre ce type de problème. Si le problème persiste, vous pouvez acheter une protection spécifique en Téflon à placer sur le trackpad pour que l'humidité ne soit plus en son contact. Avant d'installer la protection en Téflon, assurez-vous que le trackpad est propre et sec. Vous pouvez le nettoyer à l'aide d'un chiffon humecté d'un nettoyant doux pour les vitres. Ne vaporisez pas le produit directement sur le trackpad.

De la crème solaire ou de la lotion peut également conduire au même dysfonctionnement. N'enduisez pas vos mains de tels produits ou envisagez d'acheter une protection en Téflon.

Certains bijoux peuvent également causer des interférences. Enlevez vos bagues et bracelets pour voir si le fonctionnement erratique du trackpad disparaît.

Apple a eu connaissance de comportements de ce type liés à des alimentations fabriquées par une société tierce. Si vous utilisez l'un de ces adaptateurs secteur, débranchez-le et essayez de faire fonctionner l'ordinateur à partir de la batterie Apple pour voir comment se comporte le trackpad. Essayez également d'utiliser l'adaptateur secteur Apple au lieu de celui de la société tierce. Si le comportement du trackpad est normal lorsque vous utilisez la batterie ou l'adaptateur Apple, le problème vient certainement de votre adaptateur tiers.

LES PANNES CONCERNANT LE DÉMARRAGE DU MAC

Votre Mac portable ne s'allume plus ou semble s'allumer mais n'affiche qu'un écran noir ?

1/ Déconnectez tout appareil connecté à l'ordinateur et essayez à nouveau d'allumer l'ordinateur.

2/ Si vous utilisez un MacBook ou un MacBook Pro, vérifiez le niveau de la batterie. Appuyez sur le petit bouton qui se trouve sur la batterie ou sur le côté de l'ordinateur. Vous devriez distinguer les voyants verts qui indiquent le niveau de charge de la batterie. Si vous ne voyez qu'un seul voyant qui clignote, la batterie a besoin d'être rechargée.

3/ Débranchez l'adaptateur de la prise de courant et du Mac. Attendez une minute. Rebranchez l'adaptateur, d'abord sur la prise murale, ensuite sur le Mac. Vérifiez que la prise de courant fonctionne en y branchant un autre appareil. Lorsque vous rebranchez l'adaptateur à l'ordinateur, le voyant de l'adaptateur secteur doit être vert ou orange.

4/ Recherchez la présence de corps étrangers dans la prise MagSafe du Mac, par exemple du métal collé sur l'aimant qui se trouve dans le port, ce qui pourrait empêcher le connecteur de s'enfoncer correctement. Du côté de l'adaptateur, examinez le connecteur CC pour voir si de la poussière ou des débris s'y sont glissés et vérifiez qu'aucune broche ne manque, n'est pliée ou n'est coincée. Pour nettoyer les connecteurs, utilisez un coton-tige ou une brosse à dents. Attention, les connecteurs doivent être parfaitement secs avant d'être rebranchés au courant électrique.

5/ Vérifiez que vous utilisez bien l'adaptateur conçu pour votre ordinateur. Si vous avez des doutes ou s'il vous faut un nouvel adaptateur, déterminez quel adaptateur est approprié pour votre ordinateur.

6/ Appuyez simultanément sur les touches [ctrl] et ⌘ et sur le bouton d'alimentation et maintenez-les enfoncés pendant trois secondes pour essayer de redémarrer l'ordinateur.

7/ Zappez la PRAM. Pour ce faire, appuyez sur le bouton d'alimentation et ensuite simultanément sur les touches ⌘ + ⌥ + [P] + [R] et maintenez-les enfoncées jusqu'à ce que vous entendiez le bip de démarrage au moins une seconde fois après le bip de démarrage initial.

8/ Réinitialisez le SMC. Pour ce faire, débranchez l'adaptateur secteur, retirez la batterie, puis appuyez sur le bouton d'alimentation et maintenez-le enfoncé pendant cinq secondes. Sur le MacBook Air, appuyez simultanément sur les touches ⇧ (de gauche) + [Ctrl] (de gauche) + ⌥ (de gauche) et sur le bouton d'alimentation sans les maintenir enfoncés.

9/ Si vous avez récemment installé de la RAM, vérifiez qu'elle est enfoncée correctement et qu'elle est compatible avec votre ordinateur. Retirez la nouvelle mémoire pour voir si l'ordinateur démarre correctement en son absence.

10/ Si vous n'arrivez toujours pas à démarrer votre ordinateur après avoir essayé chacune de ces étapes, prenez rendez-vous pour une révision auprès d'Apple.

13

Les questions fréquentes

Les portables, de par leur technologie évoluée, suscitent toujours nombre d'interrogations sur leur utilisation. De manière générale, ils sont un peu plus fragiles que les ordinateurs de bureau, mais ils sont aussi beaucoup plus exposés aux risques puisqu'ils sont nomades par définition.

Oui, vous pouvez. Sachez simplement qu'une batterie a une durée de vie totale exprimée en cycles de charge et décharge. Ainsi, après 300 cycles de charge et décharge, sa capacité ne sera plus que des trois quarts de celle de départ. Pour la préserver au maximum, essayez donc de ne la recharger que lorsqu'elle est vraiment vide et évitez de brancher et débrancher le secteur plusieurs fois par jour si vous n'y êtes pas obligé. Mais ne vous inquiétez pas outre mesure : si vous utilisez votre portable de manière intensive et que votre batterie devient plutôt faible après un an d'utilisation, vous avez toujours la possibilité d'en acheter une nouvelle auprès d'Apple, pour 139 euros (sauf pour le MacBook Air).

POURQUOI LA DURÉE DE VIE DE MA BATTERIE VARIE-T-ELLE D'UNE UTILISATION À L'AUTRE ?

Tout dépend en fait de votre utilisation. Si vous regardez un DVD avec volume et luminosité à fond, votre portable durera beaucoup moins longtemps que si vous tapez du texte avec la luminosité au minimum. Faites l'essai, vous verrez ! Et puis pour économiser votre batterie au maximum, éjectez les DVD, désactivez Bluetooth et Airport et débranchez vos périphériques. En espérant simplement qu'il vous reste quelque chose à faire avec votre Mac après cela ! ☺

COMMENT PROTÉGER MON MAC PORTABLE DES CHOCS ?

Vous pouvez acheter une coque de protection rigide ou souple, à laisser en permanence sur votre Mac, mais cela ne le protègera pas des chocs importants. Si vous devez transporter régulièrement votre Mac, je vous conseille l'achat d'une sacoche spécifiquement conçue pour les ordinateurs portables, offrant un espace rembourré et des parois plutôt rigides. Vous trouverez un large choix de sacoches sur le site d'Apple.

OÙ TROUVER DE L'AIDE SPÉCIFIQUE AU MAC PORTABLE ?

Vous pouvez vous connecter sur le site officiel d'Apple www.apple.com/fr et cliquer sur la rubrique Assistance. Vous trouverez toute une section consacrée aux portables, avec des vidéos explicatives, des modes d'emploi textuels, des solutions de dépannage…

Si vous préférez avoir à faire à un être humain, vous pouvez vous rendre dans un Apple Store qui abrite un Genius Bar, où vous pourrez poser vos questions à des experts Apple. Les premiers

Apple Store français ouvrent fin 2009 à Paris et Montpellier, mais il y en a déjà des centaines d'autres dans le monde.

La rubrique d'assistance des portables

EST-CE NORMAL QUE MON MAC PORTABLE CHAUFFE ?

Oui, si cela reste dans des proportions raisonnables. Si vous manquez vous brûler en le prenant, c'est qu'il y a un problème ! D'une manière générale, il est déconseillé d'utiliser un portable sur ses genoux et encore moins un MacBook Air, puisque ce dernier a tendance à chauffer beaucoup plus que les autres modèles.

COMMENT ÉVITER LE VOL DE MON MAC PORTABLE ?

Les vols d'ordinateurs portables étant malheureusement fréquents, Apple a intégré une compatibilité de ses portables avec le système antivol de Kensington. Il vous suffit d'acheter le kit de Kensington, qui consiste en un câble d'acier et un verrou à clé ou à code. Ce dernier

s'insère dans le petit trou prévu à cet effet sur le côté de votre portable. Ainsi, vous pouvez attacher votre Mac portable à votre bureau ou votre radiateur pendant votre absence.

Un câble d'acier pour attacher votre portable à votre bureau

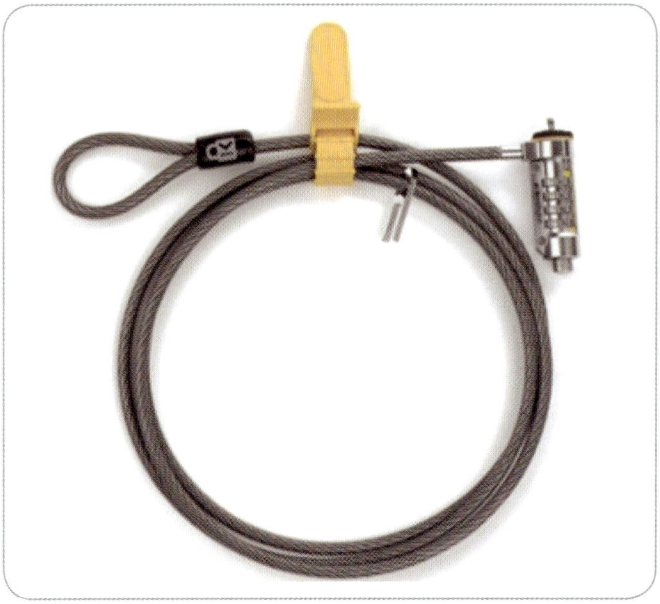

14

Les raccourcis clavier

Pour effectuer des tâches répétitives, rien de mieux que quelques raccourcis clavier bien maîtrisés ! Il en existe une multitude et chaque application en propose des dizaines, mais certains sont communs à toutes les applications et même au système Mac OS X lui-même. La liste ci-dessous n'est pas exhaustive et vous pourrez toujours trouver des raccourcis clavier par vous-même en fouillant dans les menus des logiciels que vous utilisez : ils sont indiqués à droite de la commande. Mais attention, il n'y en a pas pour toutes les fonctions !

Ces raccourcis fonctionnent dans le Finder (le système Mac OS X) mais aussi dans les applications développées par Apple et, pour certains, ailleurs !

- ⌘ + A : **Tout sélectionner**. Cela fonctionne pour des dossiers, des fichiers, des photos, du texte, etc. Très utile pour déplacer ou supprimer un grand nombre d'éléments.

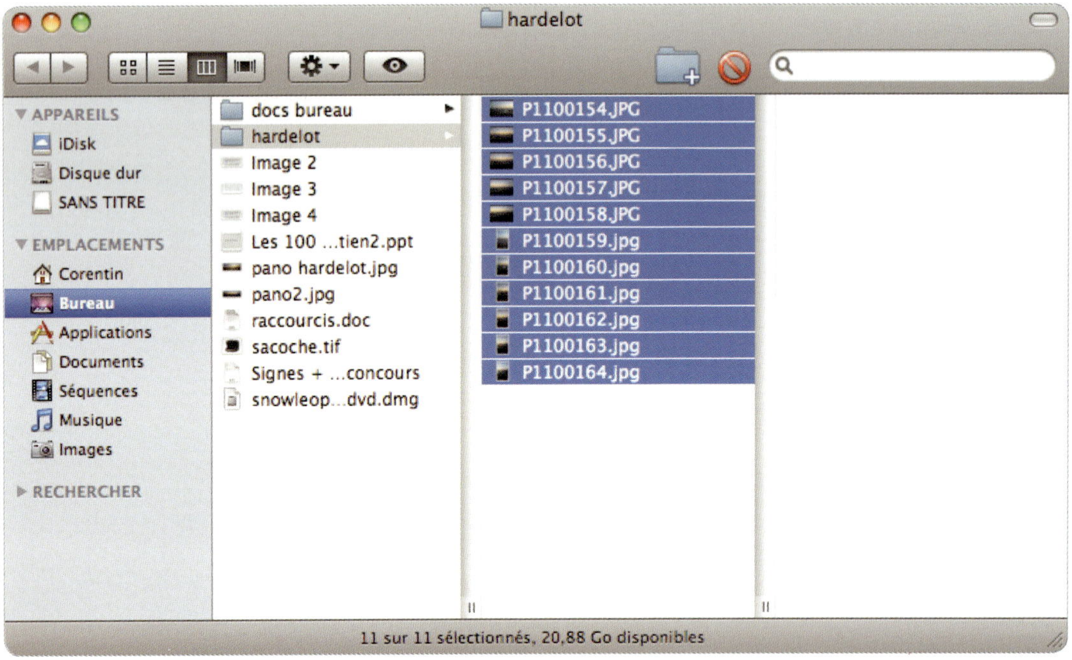

Sélection de tous les fichiers de ce dossier d'un coup

- ⌘ + S : **Sauvegarder**, ou plutôt **Enregistrer**. S'applique aux fichiers modifiables.
- ⌘ + X + S : **Enregistrer sous**. Pour enregistrer votre document sous un autre nom, à un autre endroit que la version sur laquelle vous êtes en train de travailler.
- ⌘ + Q : **Quitter**. Dès lors que vous vous trouvez dans une application, vous pouvez utiliser ce raccourci pour la quitter définitivement.
- ⌘ + O : **Ouvrir**. Dans une application, affiche l'explorateur de fichiers pour sélectionner celui à ouvrir. Dans le Finder, lorsqu'une icône est sélectionnée, ouvre le fichier ou le dossier.
- ⌘ + W : **Fermer**. Cela a pour effet de fermer la fenêtre en cours, mais pas forcément de quitter l'application.
- ⌘ + ⌥ + W : **Tout fermer**. Pour fermer rapidement toutes les fenêtres ouvertes dans l'application où vous vous trouvez ou dans le Finder.

- ⌘ + Z : **Annuler**. Rien de mieux pour revenir en arrière et annuler une bourde.
- ⌘ + ⇧ + Z : **Rétablir**. Cela annule l'annulation pour être clair !
- ⌘ + C : **Copier**. Pour garder en mémoire une photo, un texte, un mot et pouvoir le coller autre part.
- ⌘ + X : **Couper**. Même effet que **Copier** mais efface l'original.
- ⌘ + V : **Coller**. Après avoir copié un élément, vous pouvez le coller autre part avec ce raccourci.
- ⌘ + I : **Lire les informations**. Pratique pour en savoir plus sur une photo, un fichier ou autre.

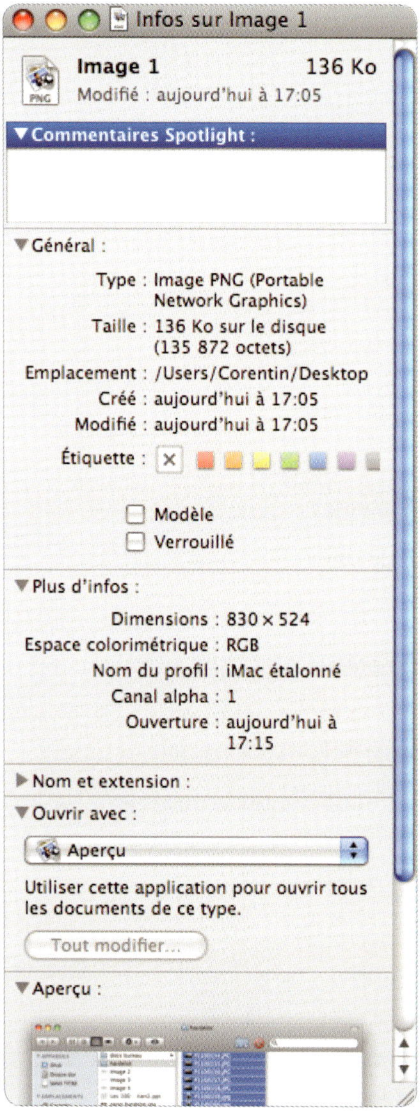

Informations à propos d'un fichier

- ⌘ + [Effacer] : **Placer dans la corbeille**. Vous pouvez récupérer le fichier après cette opération, avec ⌘ + [Z].
- ⌘ + ⇧ + [Effacer] : **Vider la corbeille.** Un message de confirmation apparaîtra.
- ⌘ + [D] : **Dupliquer**. Permet de dupliquer rapidement des fichiers et dossiers pour y faire des modifications dont on n'est pas sûr par exemple.

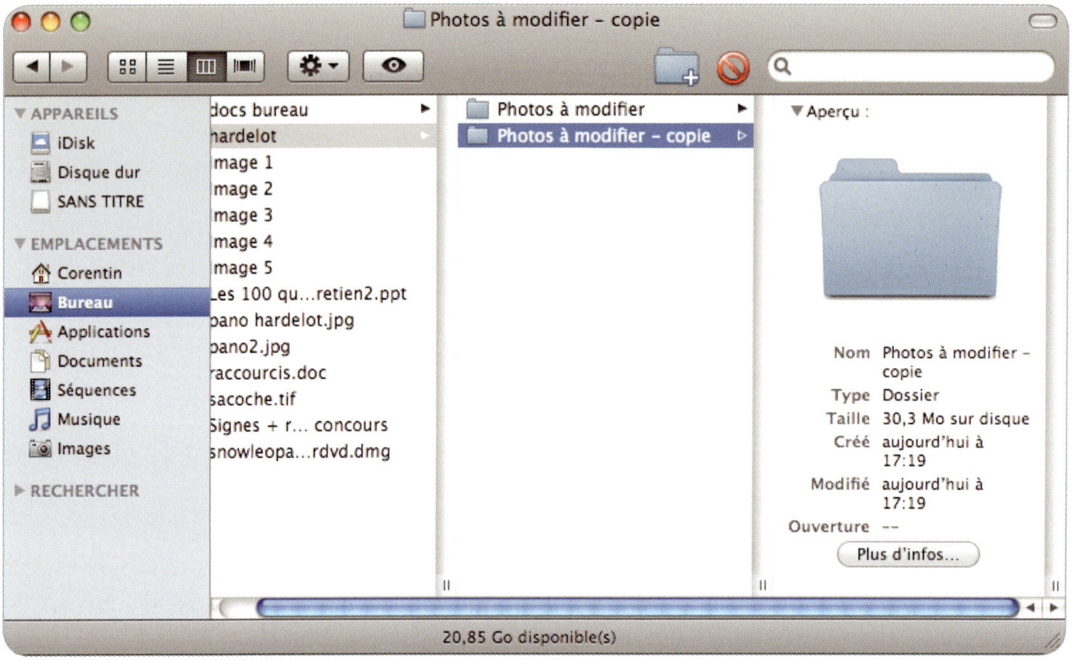

Un dossier et sa copie

- ⌘ + [N] : **Ouvrir une nouvelle fenêtre du Finder**. Dans les applications, **Créer une nouvelle page**, un nouveau document.
- ⌘ + ⇧ + [N] : **Créer un nouveau dossier.** Fonctionne dans le Finder.
- ⌘ + [+] : **Augmenter la taille**. Cela influe sur le texte ou les images.
- ⌘ + [-] : **Diminuer la taille**. Cela influe sur le texte ou les images.

LES RACCOURCIS « SORTIE DE CRISE »

- ⌘ + ⌥ + [esc] : **Forcer à quitter**. Si votre Mac est bloqué et ne répond plus, peut-être que l'application sur laquelle vous travaillez rencontre un problème. En la quittant, tout peut rentrer dans l'ordre.

Forcer à quitter

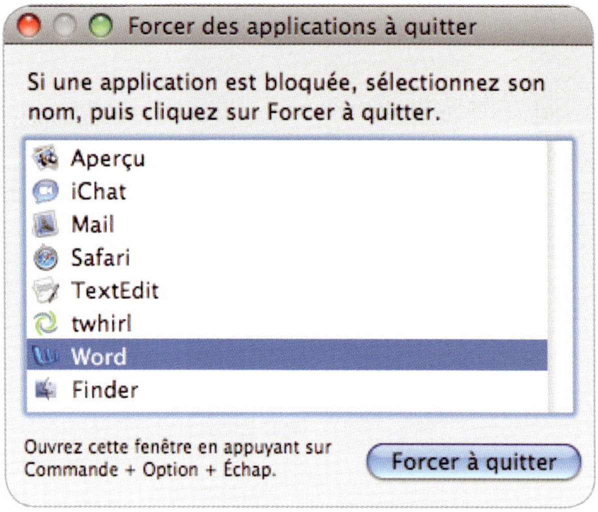

- ⌘ + [tabulation] : **Changer d'application**. Pour passer rapidement à une autre application.
- ⌘ + ⇧ + [Q] : **Fermer la session**.

LES RACCOURCIS AVANCÉS

- ⌘ + ⇧ + [A] : Ouvrir le dossier *Applications*. Où que vous soyez dans le Finder, en utilisant ce raccourci, vous vous retrouverez en plein dossier *Applications* !
- ⌘ + ⇧ + [H] : Ouvrir le dossier de départ, celui qui porte le nom de votre session.
- [Ctrl] + [A] : Placer le curseur au début du paragraphe.
- [Ctrl] + [E] : Placer le curseur à la fin du paragraphe.
- [Ctrl] + [T] : Effacer le caractère précédent et le caractère suivant.
- [Ctrl] + [V] : Passer à la page suivante.
- ⌘ + [M] : Placer dans le Dock. La fenêtre en cours rapetisse et va se nicher dans le Dock.
- ⌘ + Flèche : Sélectionner ces lettres/ce mot. Fonctionne pour un texte.
- [fn] + [F1], [F2], [F2]… : Activer l'autre fonction. Pour accéder à certaines autres fonctions des touches [F1], [F2], etc., il vous faut utiliser la touche [fn].
- ⌘ + ⇧ + [3] : Réaliser une capture d'écran. Celle-ci s'enregistre automatiquement sur le bureau sous le nom Image 1.

Plusieurs captures enregistrées sur le bureau

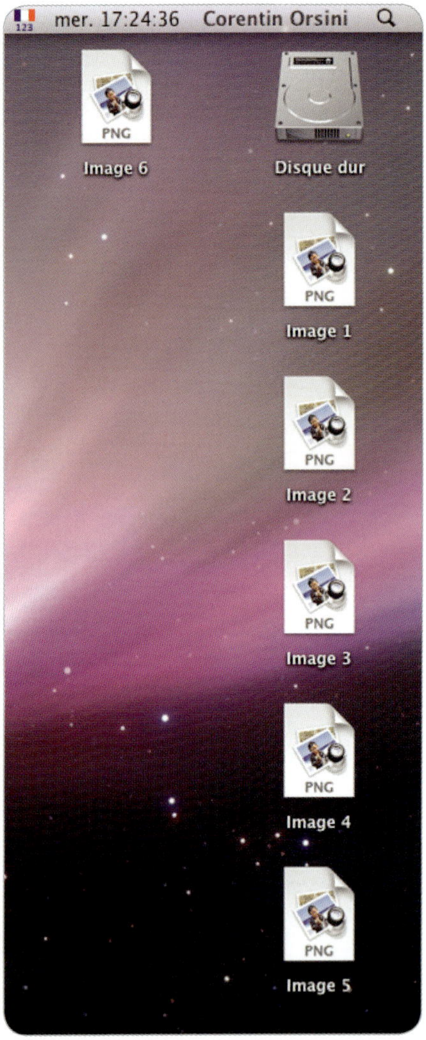

- ⌘ + ⇧ + [4] : Réaliser une capture d'écran partielle. Fait apparaître un curseur en croix permettant de sélectionner une partie de l'écran. Et en appuyant sur la barre espace, vous pourrez capturer précisément une fenêtre en un clic.

LES RACCOURCIS WEB

- ⌘ + [R] : **Rafraîchir la page**. La page actuelle se recharge.
- ⌘ + [T] : **Créer un nouvel onglet**. Fonctionne dans Firefox et Safari mais vous devez activer la navigation par onglets dans ce dernier au préalable.
- ⌘ + [D] : **Ajouter aux signets**.

Un nouveau signet

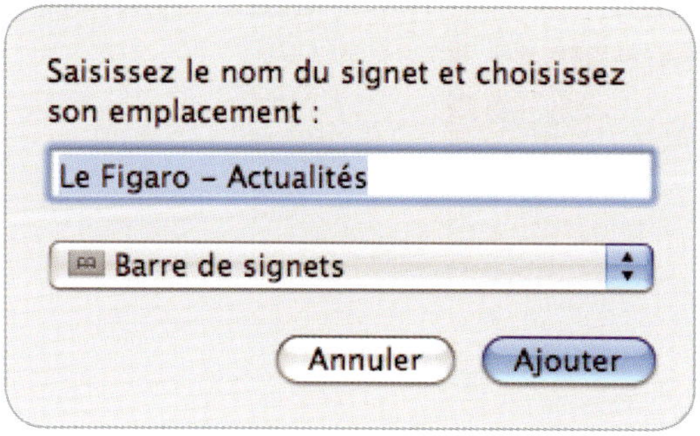

LES RACCOURCIS TRACKPAD/SOURIS

- Double clic : **Sélectionner un mot**, un élément, d'une phrase. Fonctionne dans tout texte, partout.
- Triple clic : **Sélectionner un paragraphe**. Fonctionne dans tout texte, partout.
- Clic droit : **Corriger le mot**. Lorsque le correcteur orthographique repère une faute, le mot est souligné en rouge ou en vert et vous pouvez faire un clic droit dessus pour connaître les corrections.

LES RACCOURCIS QUICKTIME

- [Barre espace] : Lire la vidéo / Mettre en pause.
- [J] : Retour rapide.
- [L] : Avance rapide.
- [I] : Point de départ d'une sélection.
- [O] : Point de fin d'une sélection

CPI Aubin Imprimeur
LIGUGÉ

Achevé d'imprimer en octobre 2009
Dépôt légal octobre 2009 / N° d'impression : P 73301
Imprimé en France